독일
도산법

Reinhard Bork 저 · 최준규 역

Einführung in das Insolvenzrecht

박영사

한국어판 저자 서문

독일의회가 1994년 신도산법을 결의한 직후, 나는 이에 대한 교과서를 집필하기 시작하였다. 1판은 1995년에 나왔고 1판의 제목은 "신도산법 입문"이었다. 당시만 해도 독일도산법과 나의 교과서 모두가 큰 성공을 거두리라고 예상하지 못하였다. 1999. 1. 1.부터 시행된 신도산법은 독일에서 잘 받아들여졌고, 이를 통해 도산법과 도산실무는 뚜렷한 발전과 현대화를 이루었다. 얼마 지나지 않아 독일 신도산법은 세계적으로도 가장 현대화된 법으로 인정받게 되었고, 현대 경제상황에 맞추어 도산법을 개정하려던 나라들 또는 개정해야 했던 나라들(동구권)에 대해서는 — 세계은행과 국제통화기금의 추천에 따라 — 모범이 되었다.

이와 함께 나의 교과서도 호평을 받게 되었다. 도산법 시행 전에 이미 2판이 나왔다. 현재는 9판에 이르고 있는데, 면수도 초판이 219면이었던 것에 비해 현재는 309면으로 늘어났다. 또한 이 책이 일차적으로 염두에 두었던 학생들 사이에서뿐만 아니라 실무계에서도 표준적 책으로 평가받고 있다.

외국에서도 이 책은 인식되었다. 많은 외국의 친구와 동료들이 영어판을 출간하여 독일어에 익숙하지 않은 외국 독자들도 이 책을 접할 수 있게 하자고 여러 번 제안하였다. 나는 이러한 제안을 매우 큰 칭찬으로 받아들이긴 했지만, 독일법만을 다룬 교과서를 외국 독자를 위해 영어로 번역하는 것에 대해서는 지금까지 주저해왔다. 그렇기 때문에 영어권이 아닌 다른 나라들에서 내 교과서가 그 나라의 언어로 번역되어 나오는 것에 대해, 나는 더욱 기쁘게 생각한다. 2014년 북경대학출판부에서 중국어판이 나온 이후, 이제 한국어판이 나오게 되었다. 이는 나의 동료인 서울대학교 최준규 교수가 작업한 결과물이다. 나는 그의 노고와 나의 책에 대한 평가에 감사한다.

이 책이 한국에서도 많은 독자들의 호평을 받는다면, 나는 무척 기쁠 것이다. 이를 통해 내가 한국과 독일 사이의 법적 사고의 교류에 작은 기여를 할 수 있다면, 나는 무척이나 기쁠 것이다.

2020. 5. 함부르크에서

라인하르트 보르크(Reinhard Bork)

역자의 글

이 책은 독일 함부르크 대학 라인하르트 보르크(Reinhard Bork) 교수의 『도산법 입문』(Einführung in das Insolvenzrecht) 제9판(2019)을 번역한 것이다. 간결하고 쉬운 문장으로 독일 도산법의 핵심법리를 일목요연하게 설명하는 것이 이 책의 장점이다. 이 책은 입문서이지만 중요한 내용을 빠짐없이 담고 있고, 각주를 통해 심화내용도 설명하고 있다.

이 책의 저자인 보르크 교수는 1956년생으로서, 1988년 "화해(Vergleich)"를 주제로 한 교수자격논문이 통과되었고, 본 대학을 거쳐 1990년부터 지금까지 함부르크 대학에 재직하고 있다. 보르크 교수는 독일 도산법의 권위자로서 『도산법 입문』뿐만 아니라, 도산법 관련 여러 단행본을 출간하였다. 도산상황 전후(前後)의 지급거래의 법률관계를 분석한 책(『Zahlungsverkehr in der Insolvenz』, RWS, 2002), 영국과 독일의 기업회생 관련 법제도를 비교분석한 책(『Rescuing Companies in England and Germany』, Oxford University Press, 2012), 국제도산에 관한 법원리를 탐구한 책(『Principles of Cross-Border Insolvency Law』, Intersentia, 2017) 등이 그 예이다.

필자는 다음과 같은 두 가지 이유에서 이 책을 번역하였다.

공부를 하다보면, 도산법의 특성을 강조한 나머지 도산법을 외따로 존재하는 자족적(自足的) 법영역처럼 보는 듯한 견해들을 마주하게 된다. 그런데 도산법은 평시 실체법(계약법, 담보법)의 연장선 위에서 바라볼 필요가 있는 전통적 법이기도 하다. 평시 실체법을 도그마틱의 관점에서 바라볼 필요가 있는 것만큼, 도산법도 도그마틱의 관점에서 고찰할 필요가 있다. 기능적, 정책적 분석도 중요하지만, 법리적 분석이 우선 충실히 이루어져야 한다. 도산실체법에 관한 쟁점을 검토할 때에는, 우리와 유사한 민사실체법을 갖고 있는 독일의 논의를 살펴보는 것이 유용할 수 있다. 가령 부인권, 상계, 도산절차 상 계약관계의 처리, 도산절차 상 담보권자의 지위, 장래채권 양도담보의 도산절차 상 효력 등의 쟁점에 관하여 독일 도산법을 검토하는 것은 유용하다. 필자가 이 책을 번역한 첫 번째 이유이다.

기업회생제도와 관련하여 독일은 ① 미국과 달리 구제의 문화(rescue culture)에 익숙하지 않고, ② 도산절차를 채권자의 권리실현 절차라는 관점에서 바라보며, ③ 채권자의 도산절차 참여권이 강조된다는 점이 특징적이다. 독일법의 이러한 기조는 이 책에서도 여실히 드러난다. 가령 보르크 교수는 채무자에 의한 자기관리는 "고양이에게 생선가게를 맡기는 것(den Bock zum Gärtner machen)"으로서 원칙적으로 타당하지 않다고 본다. 이러한 관점에 대해서는 여러 비판이 가능하다. 그럼에도 불구하고 독일의 기업회생제도 중에는 우리에게 참고가 되는 부분도 있다. 가령 도산절차에서 채권자의 권리를 보호하고 절차참여권을 보장하기 위한 장치들, 도산절차종료 이후 신규자금 공급자에게 우선권을 보장하기 위한 장치 등은 우리가 주목해야 할 부분이라고 사료된다. 이 책은 독일 기업회생제도의 기본적 내용을 파악하는 데 유용하다. 필자가 이 책을 번역한 두 번째 이유이다.

번역을 하는 과정에서 각주부분은 전체를 다 번역하지 않고, 필자가 볼 때 우리법 상 의미가 있는 판례나 설명 부분 위주로 번역하였다. 각주 원문에는 판례번호만 있는 경우에도, 판례요지를 설명하는 것이 의미가 있다고 판단되면 필자가 해당 판례원문을 찾아 그 요지를 번역하여 각주에 덧붙였다. 또한 우리법과의 비교·대조가 필요하거나 좀 더 구체적이고 친절한 설명이 필요하다고 생각되는 부분은 '역자 주'의 형태로 필자의 설명을 덧붙였다. 원문에서는 각 장마다 해당 장의 주제와 관련된 독일 참고문헌들을 소개하고 있다. 그러나 한국 독자들에게 이 부분은 유용성이 떨어진다고 판단하여 싣지 않았다. 다만 방주번호 자체는 책 전체 체계를 고려하여 그대로 남겨두었다. 책 중간중간에 방주번호만 있고 내용은 없는 부분이 나오는 이유는 위와 같은 사정 때문이다.

독일유학경험도 없고 도산실무경험도 없는 필자가 공연히 만용을 부린 것은 아닌지 걱정이 앞선다. 최대한 주의를 기울이며 번역을 하려고 노력했지만, 필자의 역량부족으로 인해 여전히 오역(誤譯)이 많을 수 있다. 그래도 시도조차 하지 않으면 발전할 가능성조차 없기에 용기 내어 공간하게 되었다.

먼저 이 책의 번역을 선뜻 수락해 주신 보르크 교수님께 감사의 말씀을 전한다. 학술서 번역지원사업을 통해 재정적 지원을 해 주신 서울대학교 법학연구소 정긍식 소장님께도 깊이 감사드린다. 그리고 출판을 맡아 주신 박영사의 안종만 회장님, 안상준 대표님과 제반 업무를 맡아 주신 조성호 이사님, 편집과 교정을 위해 고생해 주신 이승현 과장님께도 고마움의 인사를 드리고자 한다. 끝으로 필자의 번역문을 읽고 한국 법률가의 관점에서 부자연스럽거나 이해가 가지 않는 부분을 꼼꼼하게 지적하여 준 홍정호 변호사, 서성기 법무관께 감사드린다.

2020. 11.

최준규

차 례

1편

도산법의 기초

§1: 도산절차의 개념과 목적

채무자의 재산이 모든 채권자들을 만족시키기에 부족한 경우, 우리는 채무자가 도산상태에 빠졌다고 말한다. 도산법 제1조 제1문에 따르면 도산절차는 "① 채무자의 재산을 환가하여 분배하거나, ② 도산계획에서 도산법과 다른 내용의 규율을 — 가령 사업의 계속을 위해 — 마련함으로써, 채권자들을 집단적으로 만족시키는" 절차이다. 도산절차의 목적은 **채권자들의 집단적 만족**이다. 도산절차는 전체집행절차이고 개별집행과 구별된다. 개별집행절차에서 각 채권자는 자신을 위해 개별 책임재산을 공취(攻取)한다. 복수의 채권자들이 동일한 재산을 압류한 경우, 그들은 우선주의 원칙에 따라, 즉 압류의 순서에 따라(민사소송법 제804조 제3항) 환가대금으로부터 만족을 받는다. 이러한 "채권자들의 경쟁"은 채무자의 재산이 모든 채권자들을 위해 충분히 존재할 때에만 용인될 수 있다. 채무자의 재산이 충분하지 않다면, 가장 빠른 채권자는 전액 만족을 받고 다른 채권자들은 전혀 변제받지 못할 수 있는데 이는 불공평하다. 따라서 개별집행절차 대신에 전체집행절차, 즉 채권자들의 집단적 만족을 목표로 하고 개별 채권자의 공취를 금지하는 절차가 등장해야 한다.[1] 1

도산절차는 채무자의 재산이 모든 채권자들을 만족시키기에 충분하지 않다는 것을 전제로 한다. 이 전제가 충족되지 않으면 도산절차 개시원인이 존재하지 않기 때문에 도산절차는 개시될 수 없다(도산법 2

1 도산절차 진행 중 도산채권자들의 개별집행은 금지된다. 도산법 제89조 제1항 참조.

제16조 이하; Rdnr.101 이하); 채무자의 재산이 충분하다는 점이 나중에 밝혀졌다면, 도산절차는 중지되어야 한다(도산법 제212조; Rdnr.361). 모든 채권을 변제하기에 충분하지 않은 재산가치가 존재하는 경우, 모든 채권자들의 집단적 만족은 집단적 변제를 뜻할 뿐만 아니라 항상 **비율적 변제**를 뜻한다: 채권은 전액이 아니라 일정 %만 변제되고, 그 비율은 처분할 수 있는 환가가능 재산이 얼마나 되는지에 달려있다. 이 경우 도산법은 채권자평등주의(*par condicio creditorium*)에 기초하고 있다. 채권자평등주의는 도산법 제1조, 제38조에서 언급되고 있고 도산법의 핵심개념이다: 모든 도산채권자들의 변제비율은 동일해야 한다(차별취급을 정당화하는 특별한 사정이 없는 한; Rdnr.81 이하).

3 채권자들의 만족은 **채무자재산의 환가를 통해** 이루어진다. 도산법은 환가가능한 채무자재산을 *도산재단*이라고 부른다(도산법 제35조; Rdnr.141). 도산법 제38조에 따르면 도산재단은 도산채권자들[2]의 만족을 위해 처분할 수 있다. 이를 위해 도산절차는 *재산책임의 실현*을 담당한다: 채무자의 모든 책임재산이 환가되어야 한다. 대부분의[3] 채권자들은 책임재단(Haftungsmasse)을 신뢰하면서 채무자와 법률관계를 맺는다(다만 채권자들은 위급한 순간이 도래하면 채무자의 어떠한 재산을 처분할 수 있을지에 대해 막연한 생각만 하는 경우가 많다). 이 책임재단은—현존하는 한—지금 환가된다. 도산절차는 실체법적 책임질서를 관철하기 위한 순수한 재산지향적 절차이고, 채무자의 인격에 대한 윤리·도덕적 비난이 이루어지는 절차가 아니다.

4 채무자재산의 환가에는 **세 가지 방법**이 있다:

(1) 대부분의 경우 채무자 재산의 개별 목적물들이 금전화되고, 그 환가대금은 채권자들에게 배당된다. 이를 재산의 *청산*이라고 부른

2 도산채권자의 개념에 대해서는 Rdnr.81 참조.

3 모든 채권자가 아니다. 본문의 서술은 채무자의 불법행위로 인해 손해배상청구권을 행사하는 불법행위채권자의 경우 타당하지 않다.

다.[4] 청산의 경우 도산법의 임무가 쇠락한 사업을 시장으로부터 적시에 제거하는 것임은 분명하다(이른바 질서기능).

(2) 사업의 경우 청산 이외에 *회생*이 고려된다. 회생에서 채무자 재산(사업주체, 즉 사업"보유자"—자연인, 법인 또는 법인격 없는 조합—의 재산으로서의 사업; Rdnr.36 이하)은 다음과 같은 방법으로 채권자들을 위해 사용된다. 채무자의 재산은—통상적으로 상당한 투자와 구조조정을 거친 후—수익을 거둘 수 있도록 다시 최적화되고, 그 수익으로부터 채권자들이 변제를 받을 수 있게 된다(Rdnr.413 이하). 이를 "투자형 환가(investive Verwertung)"라고도 부른다. 사업이 도산관리인을 통해 또는 도산계획에 따라 성공적으로 회생하고 그에 따라 도산절차가 종결되면, 채무자는 자신의 사업에 대한 처분권을 되찾게 된다. 이 경우 사업뿐만 아니라 사업주체, 즉 도산채무자도 회생하게 된다.

(3) 마지막으로 *양도형 회생*이 있다. 양도형 회생에서는 존속가능한 사업이나 사업 일부가 다른 권리주체, 가령 경쟁회사나 수용(受用)회사(Auffanggesellschaft)에 양도되고 그 매각대금이 종전 사업주체의 채권자들에게 분배된다. 종전 사업주체는 통상 법인(유한책임회사)이고 이 법인은 도산절차를 통해 청산된다(Rdnr.158). 따라서 이를 "회생형 청산"이라 부르기도 한다: 양도를 통해 회생되는 사업은 청산되는 사업주체와 분리된다(Rdnr.434 이하).

도산법에 따르면 위 세 가지 방법은 서로 **동순위이다**. 실무에서는 5
청산이 가장 중요하지만, 청산이 법적으로 우선하지 않는다. 채권자들에게 최선의 변제를 약속할 수 있는 방법이 우선권을 가져야 한다. 도산절차개시는 모든 형태의 환가방법에 공통되고 단일한 절차이다.[5]

---

4 상세한 내용은 Rdnr.227 이하 및 Rdnr.342 이하 참조. 도산절차가 단체법적 청산의 기능도 하는지 여부에 대해서는 Rdnr.158 참조.

5 독일 도산법은 우리 채무자회생법과 달리 파산절차와 회생절차가 별도로 존재하지 않고, 단일한 도산절차가 존재한다(역자 주).

어떠한 환가방법을 따라야 하는지에 대한 결정은 이러한 도산절차개시 후, 채권자 집회의 보고기일에서 이루어진다(도산법 제29조 제1항 제1호. 제156조 이하).[6]

6 채권자들은 또한 두 번째로 중요한 결정을 해야 한다. 세 가지 환가방법들은 모두, **법률 규정에 의해서 또는 도산계획을 기초로 사적자치의 원칙에 따라 실현될 수 있다**(도산법 제1조 제1문). 도산법은 도산관리인에 의한 강제환가 절차를 마련하고 있을 뿐만 아니라, 절차참가자들이 도산계획에서 구체적 개별사안에 더 적합한 — 법률규정과 다른 내용의 — 절차를 합의하는 것을 허용하고 있다(도산법 제217조 이하; Rdnr.364 이하). 도산계획은 무엇보다도 사업이 회생해야 하는 경우 필요하지만, 회생의 경우에만 허용되는 것은 아니다(도산법 제1조 제1문은 "가령" 사업의 유지를 위해 도산계획을 활용할 수 있다고 규정하고 있다). 도산계획에서 청산절차도 규율할 수 있다.

7 지금까지 설명한 바에 따르면 도산절차는 우선 재산환가 절차이다. 채무자 재산은 Rdnr.4에서 언급한 방법 중 한 방법에 따라 환가되고, 그 환가대금은 채권자들에게 분배되어야 한다. 그 밖에 도산절차의 두 번째 목적이 있다: 채무자를 위한 **잔존채무면책**(도산법 제1조 제2문; Rdnr.445 이하). 잔존채무면책은 단체(회사)의 경우 저절로 발생한다. 왜냐하면 단체는 통상 도산절차가 종료되면 소멸하고 채무자와 함께 채무도 사라지거나(Rdnr.447), 회생절차에서 면책이 이루어지기

6 보고기일 채권자집회는 도산절차개시 신청 후 6개월이 지나 열리는 경우가 드물지 않고 사업회생을 위해 이렇게 오랫동안 기다릴 수는 없기 때문에, 도산법의 위와 같은 구조는 실무상 여러 난점을 불러온다. 따라서 임시도산관리인이 이미 조치 — 도산절차 개시 후 보고기일 전에 도산관리인이 이 조치를 (자신의 조치로) 전환시킨다 — 를 취해 놓는 경우가 대부분이다. 즉 (임시)도산관리인이 환가방법에 대하여 (필요하면 임시 채권자협의회의 동의를 얻어, 도산법 제22a조, 제158조) 사실상 결정을 하는 경우가 종종 있다; 보고기일에는 채권자들에게 이 결정이 단지 고지될 뿐이다.

때문이다(Rdnr.4, 6). 그러나 자연인의 경우 별도의 잔존채무면책절차가 필요하다. 왜냐하면 순수한 재산환가절차에서는 비율적 채권만족만 이루어지기 때문이다(Rdnr.2). 도산절차 종료 후 채권자는 미변제부분에 관하여 채무자에게 다시 권리를 행사할 수 있다(도산법 제201조 제1항). 도산절차에서 채권변제 비율은 통상 10% 미만이기 때문에, 제한 없이 사후권리행사를 허용하면 채무자는 회생을 하기 매우 어렵게 된다. 정직한 채무자들의 새로운 출발을 가능하게 하려고, 도산법은 제286조 이하에서 잔존채무면책절차를 마련하고 있다.

§2: 개혁법으로서의 도산법

A. 법률의 발전과 개혁

도산법의 주요 법원(法源)은 1999년 1월 1일 시행된 도산법(Insol- **8**
venzordnung)이다. 도산법은 *구 파산법*(Konkursordnung: vom 10.2.1877; RGBl.351), *구 화의법*(Vergleichsordnung: vom 26.2.1935; RGBl. I, 321), 그리고 — 구 동독에 속했던 새로운 주를 위한 — *구 전체집행법*(Gesamt-vollstreckungsordnung: vom 23.5.1991; BGBl, I, 1185)을 대체하여 마련되었다. 이로써 1978년 시작되었던 입법작업이 완료되었다. 1978년 연방법무부 장관은 도산법위원회를 설치하였다. 이 위원회에는 도산법학자 및 실무가, 노동조합 및 기타 단체의 전문가들이 참가하였다. 이 위원회는 도산법 개혁을 위한 제안을 만드는 과제를 부여받았다. 이러한 과제의 배경에는, — 무엇보다도 1973년 "석유위기"의 경제적 결과로 인해 야기된 — 다음과 같은 인식, 즉 현행 파산법과 화의법은 도산재단의 부족으로 인해 더 이상 그 법에 부여된 역할을 수행할 수 없다는 인식이 놓여 있었다; "파산의 파산(Konkurs des Konkurses)"이라는 말은 널리 알려져 있었다. 모든 절차의 약 3/4이 도산재단의 부족으로 개시조차 되지 못하였다. 개시되더라도 10%는 (도산재단의 부족으로) 조기에 중지되었다. 파산채권자들에게 배당이 이루어지는 경우에도, 평균 변제율은 3-5%에 불과하였다. 도산사건 중 인가된 화의절차가 차지하는 비율은 1%에 불과하였다. 도산상태에 있는 사업의 회생을 위한 절차는 전적으로 불충분하였다. *Häsemeyer*는 다음과 같이 지적하였다. "① 근로자들이 국고(國庫: öffentliche Kasse)로부터 그들의 임금을 받을 수 있게 도와주고, 담보권자들을 담보권침해로부터 보호하는 데 그 역할이 국한된, ② 이와 관련하여 마지막으로 남은 처분가능한 채무자재산을 모두 소모시키는 파산절차는 그 목적을 위반한 것이다."

9 도산법 위원회는, 자신의 작업과 관련하여 제54회 독일법률가대회로부터 근본적인 자극을 받았고, 1985년 *첫 번째 보고서*를, 1986년 *두 번째 보고서*를 제출하였다. 이 보고서들은 — 그 후의 연방법무부 초안들과 함께 — 학계와 실무계에서 열띤 토론의 대상이 되었다. 이 보고서들에 대한 당시의 비판을 고려하여, 연방법무부는 1988년 도산법 개혁을 위한 법률의 *토론용 초안*(Diskussionsentwurf)을 공간(公刊)하였다. 이 토론용 초안은 1989년 한 차례 보충되었고, 뒤이어 같은 해에 *참조용 초안*(Referentenentwurf)이 나왔다. 입법절차가 위와 같은 단계에 이르렀을 때, 독일이 통일되었고 새로운 주(구 동독의 주)에만 적용해야 하는 도산법이 필요하게 되었다. 입법자는 기존 파산법과 화의법을 독일연방에 새로 가입한 주들에 확대적용하는 방법을 취하지 않고, *전체집행법*(Rdnr.8)을 별도로 만들어 동독도산법과 전체집행에 관한 1975년 명령(Verordnung)을, 개정법의 형식으로 인수하였다.

10 1992. 4. 15. 도산법에 관한 *정부안*(Regierungsentwurf)과 함께 형식적인 입법절차가 시작되었다. 이 정부안은 무엇보다도 도산관리인 측

으로부터 강력한 비판을 받았고, *의회 법률위원회*(Rechtsausschuss)의 심의과정에서 현저히 간결해지고 간단해졌다. 이 법률안이 1994. 4. 21. 연방의회(Bundestag)에서 통과되었다. (따라서 법률의 "입법이유"는 정부안 중 이유서술부분과 — 정부안이 변경된 부분에 관해서는 — 법률위원회의 보고부분에서 확인할 수 있다). 연방상원(Bundesrat)에 의해 소집된 중재위원회(Vermittlungsausschuss)는 법률을 원래 예정되었던 1997. 1. 1.이 아니라 1999. 1. 1.부터 시행하자고 제안하였고, 연방의회는 1994. 6. 17. 연방상원은 1994. 7. 8. 이에 동의하였다. 1994. 10. 5. 법률이 최종적으로 성립되었고, 1994. 10. 18. 연방관보에 공표되었다.

B. 개혁의 주안점

도산법개혁은 흠이 있는 파산법을 절차의 목적(Rdnr.1 이하)을 고 **11**
려하여 최적화하려고 시도하였고, 두 가지 근본적인 **목적**을 추구하였다: 도산법개혁은 가급적 많은 도산절차가 개시되고 진행될 수 있도록 하기 위해, 그 결과 가급적 많은 도산사건들이 규정된 절차 내에서 처리될 수 있도록 하기 위해, *도산재단의 부족에 대비한 조치*를 마련하였다. 또한 도산법개혁은 *청산과 회생을 더 잘 조정하는 것*도 의도하고 있다. 도산법은 이러한 개혁목적들을 지향한다. 이러한 개혁목적은 입법사의 관점에서 흥미로울 뿐만 아니라, 법률의 (목적론적) 해석시에도 항상 고려되어야 한다. 개혁법으로서 — 그러나 그 자체도 계속 개혁이 필요한 개혁법으로서의 — 도산법은 다음과 같은 점들을 강조하고 있다:

도산법은 **도산재단 부족에 대비한 다양한 조치**를 담고 있다. 이를 **12**
위해서는 무엇보다도 추가손해를 막기 위해 쇠락한 사업을 가급적 빨리 시장에서 퇴출시키고(Rdnr.4), 새로운 채무의 부담이나 현존 자산의 소비로 인해 적극재산과 채무 사이의 격차가 더 벌어지는 것을 막는 것이 중요하다.

13 이와 관련하여 구법과 비교해 달라진 점은 다음과 같다. ① 도산절차 개시원인으로 지급불능의 우려가 추가되었다(도산법 제18조; Rdnr. 106). ② 도산절차비용만 충당할 수 있다면 — 도산절차비용 지급이 유예된 경우에는 이 요건도 필요하지 않다 — 도산절차는 개시될 수 있다(도산법 제26조 제1항; Rdnr.116 이하). ③ 적시에 도산절차개시 신청을 하도록 유도하기 위해 다음과 같은 장치가 마련되었다. ㉠ 잔존채무면책제도(도산법 제286조 이하; Rdnr.445 이하), ㉡ 자기관리제도(도산법 제270조 이하; Rdnr.463 이하), ㉢ 업무집행 대표자와 이사회 구성원의 도산절차 비용에 대한 2차적 책임(도산법 제26조 제3, 4항; Rdnr.98). ④ 재단채무를 새롭게 구성한 것(Rdnr.84), ⑤ 도산절차 진행 중에 취득한 재산도 도산재단에 포함시킨 것(도산법 제35조; Rdnr.145), ⑥ 부인권을 강화한 것(Rdnr.243 이하), ⑦ 도산관리인이 담보물을 환가할 수 있게 하고 도산관리인 환가시 환가대금 중 환가비용은 도산재단을 위해 우선적으로 배당하는 것(도산법 제166조 이하; Rdnr.301 이하)도 도산재단 부족을 막는 데 기여할 수 있다.

14 도산법은 **통일적인 절차**를 도입하였다.

15 파산법과 화의법의 병존(Rdnr.8)뿐만 아니라, 동독법과 서독법의 병존(Rdnr.9)도 모두 사라졌다. 오로지 단일한 도산법만 존재하고, 도산법의 목적은 순수하게 재산지향적인 절차 내에서 실체법상의 책임질서를 실현하는 것이다(Rdnr.3). 다만 자연인(소비자와 사업자 모두 포함)의 도산과 법인의 도산은 모두 동일한 규정에 따른다는 구법의 원칙은 제한적인 범위에서 유지되고 있다(Rdnr.36 이하, 476 이하).

16 신 도산법은 여러 측면에서 **회생을 촉진**하기 위해 노력하고 있다.

17 가령 법원 밖 회생에 대한 장애물(가령, 구 민법 제419조에 따른 재

산인수인의 책임. 이 책임으로 인해 양도형 회생에 지장이 있었다. Rdnr.444)이 제거되었다. 그리고 유한책임회사의 경우 간이한 방식의 자본감축이 가능하게 되었다(유한책임회사법 제58a조 이하; Rdnr.428). 도산절차에서 양도형 회생이 처음으로 입법화되었다(도산법 제160조 제2항 이하; Rdnr. 433 이하). 또한 도산계획이라는 도구(Rdnr.19)는 회생을 용이하게 한다. 그러나 도산법 제정 후 10년이 지나면서 회생법으로서의 도산법은 개선이 필요하다는 점이 드러났다. 이러한 배경에서 입법자는 "기업회생의 추가 원활화를 위한 법률(Gesetz zur weiteren Erleichterung der Sanierung von Unternehmen: ESUG)"을 통해 회생을 더욱 촉진하는 규정 — 도산법 제270b조에 따른 이른바 "보호막절차(Schutzschirmverfahren: Rdnr.468)" — 을 도산법에 도입하였다.

채권자자치의 강화도 또 다른 강조점이다. 18

이는 채권자협의회에 관한 규정(도산법 제22a조, 제67조 이하; Rdnr. 91)과 채권자집회에 관한 규정(도산법 제74조 이하; Rdnr.87), 채권자집회의 권한에서 드러난다. 그러나 채권자자치가 드러나는 것은 무엇보다도 도산계획에 관한 규정이다(도산법 제217조 이하; Rdnr.364 이하). 이 규정은 채권자들이 더 나은 만족을 얻기 위해 도산법규정에서 벗어나는 것을 허용한다. 채권자집회는 도산관리인에게 그러한 도산계획을 수립하도록 위임할 수 있고(도산법 제157조 제2문), 이러한 도산계획의 수립과정에 채권자협의회가 참여하며(도산법 제218조 제3항), 도산계획에는 채권자 조(組)의 동의가 필요하다(도산법 제222조, 제243조 이하). 19

도산재단을 공평하게 분배하기 위해, 파산법과 달리 채권자 그룹이 새롭게 구성되었다. 그리고 무담보 도산채권자를 위한 모든 우선변제권이 폐지되었다. 20

재단채권자 중에서 구 파산법 제59조 제1항 제3호에 따른 근로자의 우선권이 폐지되었다. 왜냐하면 근로자는 도산금(Insolvenzgeld)을 21

통해 또한 사회계획에 따른 청구권을 재단채권으로 규정함으로써(도산법 제123조 제2항 제1문), 충분히 보호되기 때문이다(Rdnr.209). 도산절차 진행 중에 이미 발생한 재단채권을 변제하기에도 도산재단이 충분하지 않다는 사실이 밝혀졌다면, 재단채권자들의 순위는 도산법 제209조(새로운 재단채권자의 청구권이 갖는 순위도 규율하고 있다. Rdnr.328)에 따라 결정된다. 도산채권자는 하나의 단일한 순위그룹을 형성한다(도산법 제38조; Rdnr.354); 구 파산법 제61조(파산채권자들 사이에서도 순위를 정한 규정)의 파산우선권은 폐지되었다.

22 도산법개혁은 **소비자도산절차와 잔존채무면책 절차**의 도입을 통해 근본적인 혁신을 가져왔다.

23 소비자도산절차에서는 우선 채무자와 채권자들 사이의 채무조정에 관한 합의가 시도된다; 법원에 의한 절차는 2차적으로 이루어질 뿐이다(도산법 제304조 이하; Rdnr.476 이하). 자연인에 대해서는 잔존채무 면책이 가능하다(도산법 제286조 이하; Rdnr.445 이하). 이 규정들도 도산법 시행 후 수년이 지나자 개선필요성이 드러났다. "잔존채무면책절차의 단축과 채권자권리의 강화를 위한 법률(Gesetzes zur Verkürzung des Restschuldbefreiungsverfahrens und zur Stärkung der Gläubigerrechte)"을 근거로, 오늘날 위 규정들은 현대화되었다.

§ 3: 도산법의 구성

24 구 파산법과 달리 도산법에서는 1편과 2편이 **총칙규정**이다. 도산법은 목표를 설정하는 조항인 제1조로 시작하여(Rdnr.1), *절차*에 관한 일반조항(도산법 제2－10조)으로 연결된다. 그리고 도산절차 개시원인을 포함한 *개시절차*에 관한 조항(도산법 제11－34조)이 나오고, *도산재단*의 정의 규정(도산법 제35－37조), *채권자*들의 분류규정이 나온다(도

산법 제38-55조). 다음은 *도산관리인*에 대한 규정(도산법 제56-66조)과 *채권자자기관리기관*에 관한 규정(도산법 제67-79조)이다.

3편은 **도산절차개시의 효과**에 관한 부분이다. 우선 *일반적 효과*에 관한 규정이 나온다(도산법 제80-102조). 가령 절차개시가 처분권한에 미치는 효과, 그와 관련된 효과로서 소송절차 및 상계적상에 미치는 효과가 다루어진다. 그 다음으로 *진행 중인 법률행위에 미치는 효과*에 관한 조문이 나온다(도산법 제103-128조). 여기에는 근로계약관계도 포함된다. 이어서 *부인권*에 관한 조문이 나온다(도산법 제129-147조). 25

4편은 **도산재단의 관리 및 환가**에 관한 부분이다. 우선 *도산재단의 보전*에 관한 조문이 나오고(도산법 제148-155조), 이어서 *환가방법 결정*에 관한 조문이 나온다(도산법 제156-164조; Rdnr.4). 이어지는 장은 *별제권*의 대상인 목적물의 환가 관련 조문이다(도산법 제165-173조). 5편은 **도산채권자에 대한 변제**에 관한 부분이다. *채권의 확정*(도산법 제174-186조), *환가대금의 배당*(도산법 제187-206조)에 관해 규율하고 있다. 그 밖에 **절차의 중지**에 대해서도 규정하고 있다(도산법 제207-216조). 26

도산법의 나머지 부분은 도산법의 특수한 제도에 대해 다루고 있다. 6편은 **도산계획**에 관하여(도산법 제217-269조), 7편은 **기업집단도산**의 조정에 관하여(도산법 제269a-269i조), 8편은 채무자를 통한 **자기관리**에 관하여(도산법 제270-285조), 9편은 **잔존채무 면책**에 관하여(도산법 제286-303a조), 10편은 **소비자도산절차**에 관하여(도산법 제304-314조), 11편은 **특수한 도산절차**에 관하여(도산법 제315-334조. 상속재산 도산과 부부공동재산 도산), 12편은 **국제도산**에 관하여(도산법 제335-358조), 13편은 **법률의 시행**에 관하여 규정한다(도산법 제359조). 27

§ 4: 도산절차의 전형적인 진행과정의 개관

28 모든 도산절차는 채무자 또는 채권자의 **신청**으로 시작한다(도산법 제13조).[7] 신청으로 개시절차가 시작된다(도산법 제11조 이하). 개시절차에서 도산법원(도산법 제2조)은 개시요건을 심사한다: **도산절차개시의 근거**(도산법 제16조 이하)가 존재하는지 그리고 절차비용을 충당할 수 있는 **충분한 도산재단**이 존재하는지(도산법 제26조).[8] 이 단계에서 법원은 **보전조치**를 명할 수 있다. 가령 법원은 임시 도산관리인을 선임하고 처분제한을 명할 수 있다(도산법 제21조 이하). 개시요건이 충족되면 **개시결정**에 의해 본래의 도산절차가 시작된다(도산법 제27조 이하). 법원은 이 결정에서 도산관리인(도산법 제27조 제1항 제1문)을 선임하고, 보고기일(도산법 제29조 제1항 제1호, 제156조 이하)과 심사기일(도산법 제29조 제1항 제2호, 제176조)을 지정한다. 보고기일에서 채권자집회는 무엇보다도 청산절차, 회생절차, 양도형 회생절차 중 무엇을 선택할 것인지(Rdnr.4), 도산계획을 마련할 것인지(Rdnr.6) 결정한다.[9] 심사기일에는 어떠한 채권자가 어떠한 채권으로 어떠한 순위에 따라 배당절차에 참여하는지에 대한 심사가 이루어진다(Rdnr.30).

29 도산절차개시결정과 함께 **도산재단에 대한 관리처분권**은 채무자로부터 **도산관리인에게로** 이전된다(도산법 제80조). 이제 도산관리인이 도산재단의 점유를 인수하고, 도산재단을 구성하는 개개의 재산을 확인하고 관리한다(도산법 제148조 이하). 도산관리인은 진행 중인 소송절차(도산법 제85조 이하)와 진행 중인 계약관계에 대하여(도산법 제103

---

7 이는 소비자도산절차의 경우도 마찬가지이다(도산법 제304조 이하). 그러나 소비자도산의 경우 특별규정들이 있다. 상세한 내용은 Rdnr.476 이하 참조.

8 재단채무를 변제하기에도 도산재단이 부족하다는 점이 나중에 밝혀지면, 도산절차는 도산법 제207조 이하에 따라 중지된다(Rdnr.360).

9 이하의 서술은 청산의 전형적 상황을 다룬 것이다. 회생에 관해서는 Rdnr.412 이하 참조. 도산계획에 관해서는 Rdnr.364 이하 참조.

조 이하) 이를 계속할 것인지 종료할 것인지 결정해야 한다. 그 밖에 도산관리인은 채무자재산으로부터 유출된 목적물을 부인권 행사를 통해 도산재단으로 돌려놓을 수 있다(도산법 제129조 이하). 채권자집회에서 보고기일(Rdnr.28)에 청산을 결정한 경우, 채무자재산의 **환가**가 이루어진다(도산법 제159조 이하). 가령 채권이 추심되고, 그 밖의 재산들이 매각된다. 별제권의 대상인 목적물에 대해서도 도산법 제165조 이하의 규정에 따라 환가가 이루어진다.

환가대금을 배당하기 전에, **채권확정절차**에서 환가대금에 대한 정당한 도산채권자들이 누구인지 조사가 이루어진다(도산법 제174조 이하). 조사는 다음과 같은 방식으로 이루어진다: 환가대금을 배당받으려는 자는, 자신의 채권이 채권자표에 기재되도록 하기 위해 도산관리인에게 신고해야 한다(도산법 제174조 제1항 제1문). 신고된 채권이 실제 존재하는지에 대한 심사는 이루어지지 않는다. 심사기일(Rdnr.28)에 신고에 대한 이의가 없으면, 그 채권은 확정된다. 도산법원은 이 채권을 채권자표에 기재하고, 이로써 그 채권은 (소송절차를 거치지 않고도!) 집행권원을 갖게 된다(도산법 제178조). 그러나 도산관리인이나 다른 채권자가 그 신고에 대하여 이의를 제기하면, 신고가 정당한지에 대하여 이의자와 사이에 소송절차가 진행된다(도산법 제179조). 이 절차에서 내려진 판결(Urteil)은 소송당사자뿐만 아니라 도산관리인과 다른 모든 도산채권자들을 구속한다(도산법 제183조). 채권확정절차 이후 **배당절차**(도산법 제187조 이하)가 진행된다. 배당이 종료되면 우선 종결기일을 진행하고(도산법 제197조), 그 후 **도산절차가 폐지**된다(도산법 제200조). 30

배당을 통해 채무는 배당비율만큼 소멸한다(Rdnr.7). 채무자가 자신의 채무로부터 완전히 벗어나고 싶다면, 채무자는 **잔존채무면책**을 신청해야 한다(도산법 제287조). 신청이 적법하고(도산법 제287a조 제2항) 31

다른 거절사유가 없으면(도산법 제290조), 법원의 결정에 의해 채무자에게 면책을 위한 추가요건이 고지된다(도산법 제287a조 제1항). 이에 따라 채무자에 대하여 6년간의 — 도산절차개시시점부터 기산한다 — 성실행동기간(Wohlverhaltensperiode)이 시작된다. 이 기간동안 채무자는 자신의 노동력을 활용해야 하고, 자신의 수입 중 압류가능한 부분을 수탁자에게 이전해야 한다(도산법 제287b조, 제295조). 그가 이러한 책무를 위반하면, 면책은 거절된다(도산법 제296조 이하). 그가 책무를 이행하면 면책은 보장된다(도산법 제300조). 이에 따라 채무자는 (도산법 제302조의 예외를 제외하고는) 모든 도산채권자들에 대하여 잔존채무로부터 면책된다. 채무자는 자신의 채권을 신고하지 않은 도산채권자들에 대해서도 면책된다(도산법 제301조).

2편

도산절차 참가자

§ 5: 채무자

32

도산법 제1조에 따르면 도산절차는 채무자재산의 환가를 통해 채 33
권자들을 집단적으로 만족시키는 절차이다. 따라서 채무자지위에 관하여 두 가지 말을 할 수 있다: 도산절차는 채무자에 대한 절차이다. 왜냐하면 한편으로 채무자는 **그에 대하여 채권자들의 청구권** — 전체집행의 방법으로 관철되어야 하는 청구권 — **이 존재하는 자**이기 때문이다(도산법 제38조도 참조); 또한 다른 한편으로 채무자는 **환가되는 재산의 보유자**이기 때문이다.[10]

보통 채무자는 자기 채무이행을 위해 그의 전체 재산으로 책임을 34
진다. 도산법은 이러한 통상적 상황을 전제로 하고, 채무자의 환가가능한 총 재산[11]이 환가되어야 한다는 명제에서 출발한다. 이를 **전체도산 또는 포괄도산**이라고 한다. 그러나 — 아래에서 자세히 살펴보는 것처럼 — 특별재산만이 도산절차의 대상이 되는 예외적인 상황도 있다(사례 : 상속인이 채무자인 경우 특별재산으로서의 상속재산; Rdnr.42, 491). 이 경우 **특별도산**이라고 한다. 특별도산은 법이 명시적으로 언급한 경우에만 고려된다.

채무자는 자기 재산에 대한 처분권(도산법 제80조)과 재산자체를 35

---

10 다만, 법인격 없는 사단과 민법상 조합의 경우 — 도그마틱적 이해에 따르면 — 예외가 존재한다. Rdnr.38 및 41 참조.

11 이 경우 채무자의 사적(私的) 재산과 사업용 재산은 구별되지 않는다(Rdnr.36 참조).

박탈당하므로, 도산절차에 의해 직접 영향을 받는 자이다. 도산절차에 직접 영향을 받는 자로서 채무자는 **도산절차참가자**이다. 채무자가 도산절차참가자라는 점은 무엇보다도, 채무자에게 법적 청문권이 보장되어야 한다는 것을 뜻한다(도산법 제14조 제2항; Rdnr.114). 소송법적으로 이 문제는 누가 도산절차에서 절차의 주체가 될 수 있는가, 즉 절차참가능력이 있는가라는 문제와 연결된다. 채무자가 도산절차에 참가할 수 있는 능력을 **도산능력**이라고 부른다. 도산능력은 기본적으로 실체법상 권리능력 및 절차법상 당사자능력에 상응하는 개념이다: 권리능력(민법 제1조)이 있고 당사자능력(민사소송법 제50조)이 있는 자는 도산능력도 있다;[12] 권리능력이 없는 자는 — 원칙적으로(Rdnr.37 이하, 41) — 도산능력도 없다.[13] 도산능력은 도산법 제11, 12조에서 상세히 규정하고 있다. 이 조항들의 배경에는 어떠한 재산이 환가되어야 하는가라는 질문이 놓여있다. 개별 내용은 다음과 같다:

A. 자연인과 법인

36 자연인과 법인은 권리능력이 있고(민법 제1조), 당사자능력이 있다(민사소송법 제50조 제1항). 따라서 의문의 여지없이 도산능력도 있다. 이에 따라 도산법 제11조 제1항은 모든 (살아있는)[14] 자연인과 모든 법인[15]의 재산에 대하여 도산절차가 개시될 수 있다고 규정하고 있다.

12 따라서 도산능력은 *행위능력이나 소송행위능력과 관련이 없다;* 행위능력이 없는 채무자의 재산에 대해서도 도산절차가 개시될 수 있다.

13 따라서 지분공동체(Bruchteilsgemeinschaft)와 상속인공동체(Erbengemeinschaft)는 도산능력이 없다.

14 채무자가 사망하면 상속인의 재산에 대한 도산절차 또는 상속재산도산절차가 고려된다(Rdnr.489 이하). 도산절차 진행 중 채무자가 사망하면 상속재산도산절차로 전환될 수 있다.

15 설립과정에 흠이 있지만 유효하게 설립된 법인은 도산능력이 있다. BGH ZIP 2006, 2174 Rdnr.11ff.

자연인이지만 사업자가 아닌 경우도 마찬가지이다: 소비자도 — 도산법 제304조로부터 명백히 인정되는 것처럼 — 도산절차에 적합한 주체이다. 자연인이 사업자인 경우 개인재산과 사업의 분리는 일어나지 않는다:[16] 도산절차의 목적물은 항상 채무자의 총재산이다(Rdnr.34). 왜냐하면 채무자는 그의 총재산으로 책임을 지기 때문이다. 그의 개인재산으로도 사업상 채무에 대하여 책임을 지고, 그 역(逆)도 마찬가지이다.

B. 권리능력 없는 사단

37 도산법 제11조 제1항 제2문은 권리능력 없는 사단을 법인과 동일하게 취급하고 있다. 이는 권리능력 없는 사단의 도산능력을 인정하는 것이다. 즉, 이는 권리능력 없는 사단의 당사자능력을 인정하는 민사소송법 제50조 제2항과 마찬가지로 *절차법적인* 언명(Aussage: 言明)이다. 도산법적 의미에서 채무자는 사단 그 자체이다; 단체의 구성원이 아니라 단체 자체에 도산법상 채무자에게 부여된 권리와 의무가 귀속된다.

38 이 경우, 도산법적 의미에서 채무자는 자신의 재산이 환가되어야 하는 실체법상 채무자라는 기본원칙(Rdnr.33)에 예외를 인정하는 것이다. 왜냐하면 환가되는 재산의 보유자는 *실체법적으로* 권리능력 없는 사단의 구성원이지, 사단 자체가 아니기 때문이다.[17] 도산절차를 통해

---

16 상법 제17조 제2항이 도산절차에서도 적용된다는 점, 즉 상인은 자신의 민법상 이름 대신 자신의 상호로서 도산절차의 주체가 될 수 있다는 점이 결론을 바꾸지는 않는다. 이 경우에도 동일한 자연인에 대하여 도산절차가 진행되는 것이다. 언제나 그는 채무를 부담하는 채무자이고 환가되는 총 재산의 보유자이다.

17 그러나 오늘날 다수설은 권리능력 없는 사단 자체를 실체법상 재산보유자로 본다. 과거 다수설은 해당 재산이 실체법적으로 단체구성원에 관련되어 있다고(그들의 합수적 구속에 연결되어 있다고) 보았다.

영향을 받는 재산보유자는 도산절차에 참여하지 못하고, 단지 사단을 통해서만 참여한다. 그러나 이는 도산법에 특수하게 인정되는 예외가 아니다. 왜냐하면 권리능력 없는 사단은 소송상 피고가 될 수 있고(민사소송법 제50조 제2항), 권리능력 없는 사단에 대하여 내려진 판결을 기초로 그 단체의 재산에 대하여 강제집행을 할 수 있기 때문이다(민사소송법 제735조). 이러한 규정들에 따라 채권자들의 권리추구 및 책임의 대상이 되는 특별재산에 대한 공취가 쉬워진다.

C. 법인격 없는 조합

39 도산법 제11조 제2항 제1호에 따르면 법인격 없는 조합의 재산에 대해서도 도산절차가 개시될 수 있다. 도산법은 법인격 없는 조합으로 합명회사, 합자회사, 합동회사, 민법상 조합, 선박조합(Partenreederei), 유럽경제이해단체(EWIV: Europäischen Wirtschaftlichen Interessenvereinigung)를 열거하고 있다. 이 조문은 다음 세 가지를 말하고 있다: 첫째 이 경우 합수(合手)적 구속을 받는 특별재산에 대한 도산절차가 허용된다[18]; 둘째 이러한 조합은 법인이 아니지만 도산절차에 관해서는 절차참가능력이 있고, 따라서 조합자체가 채무자로서 절차참가자이다; 셋째 — 권리능력 없는 사단과 마찬가지로 — 조합의 경우에도 실체법적 권리상태에 대한 예외가 부분적으로 인정된다. 개별적으로 살펴보면 다음과 같다:

40 **합명회사와 합자회사**는 실체법에 따라 그 자신이 권리와 의무를 갖는다(상법 제124조 제1항). 즉 합명회사와 합자회사는 도산절차에서 만족을 얻어야 할 청구권의 채무자이고 환가되어야 할 재산의 보유자이다. 합명회사와 합자회사는 법률에 의해 권리능력 있는 합수적 조

---

18 단체법적 청산에 대해서는 Rdnr.158 참조.

합으로 승인되었다.[19] 따라서 원칙적으로 합명회사와 합자회사의 도산능력을 상세히 살펴볼 이유가 없다. 그런데 도산법은 합명회사와 합자회사를 법인격 없는 조합으로 분류해 놓고 있다. 이러한 규정태도는 합명회사와 합자회사의 조합재산에 대한 독립된 파산절차를 제209조에서 규정하고 있었던 구 파산법 하에서 절차법적으로 조합원을 (도산)채무자로 보아야 한다는 견해가 있었다는 점에서 유래한다. 이 견해는 상법 제124조 제1항과 모순되었고 따라서 기각되어야 했다. 권리능력이 있고 소극적 당사자능력이 있는 자임에도 불구하고 별도의 특별규정이 없다면 도산능력이 없다는 견해는 받아들일 수 없다. 도산능력에 관하여 합명회사와 합자회사를 권리능력 없는 사단과 다르게 취급하는 것은 체계에 반한다. 따라서 도산법 입법자가 합명회사나 합자회사 자체를 도산법적 의미에서 채무자로 본 것은 올바른 방향으로 한발 나아간 것이다. 그러나 합명회사나 합자회사를 도산법 제11조 제1항 제1문에 포함시켰다면 더 좋았을 것이다(가령 도산법 제11조 제1항 제1문을 "권리능력 있는 자는 도산능력이 있다"라고 규정할 수 있었을 것이다).

구 파산법 하에서는 **민법상 조합**의 재산에 대하여 독립된 파산절차가 개시될 수 없었다; 항상 조합원의 재산에 대하여 파산절차가 진행되어야 했다. 그러나 현행 도산법은 민법상 조합(외적조합)[20]의 (특별)재산에 대한 도산절차를 허용하고 있다. 실체법의 관점에서 적어도 영업을 하는 민법상 조합은 권리능력이 있다고 본다면(현재 판례 및 통설), 합명회사 및 합자회사에 관하여 앞서 검토하였던 내용이 민법상 조합에 대해서도 그대로 타당하다. 이에 반해 민법상 조합은 권리능력이 없다고 보면, 도산법적 의미의 채무자는 자신의 재산이 환가되 41

19 현재 통설이다.
20 내적조합은 도산능력이 없다. AG Köln NZI 2003, 614.

어야 하는 실체법상 채무자라는 기본원칙(Rdnr.33, 38)에 대하여 다시 예외를 인정하는 것이다. 왜냐하면 재산의 보유자는 합수적인 구속관계에 있는 조합원들이기 때문이다. (입법자료를 보면) 입법자는 도산법 제11조 제2항 제1호에서 단지 민법상 조합의 도산능력만 규정한 것이고, 이 조항을 통해 민법상 조합의 실체법상 성격을 예단하면 안 된다고 밝히고 있다.

D. 상속재산과 부부공동재산

42 도산법 제11조 제2항 제2호에 따르면 상속재산, 계속되는 부부공동재산제의 공동재산, 부부공동으로 관리되는 공동재산에 대해서도 도산절차가 진행될 수 있다. 이 경우, 특별재산(상속재산 또는 부부공동재산)에 한정된 재산책임의 실현이 문제된다. 채권자들이 이 특별재산만 공취할 수 있고 상속인이나 배우자의 고유재산은 공취할 수 없다는 점에서 이는 특별도산절차이다; 특별재산만이 채권자들에게 책임법적으로 귀속된다. 문헌에서는 이 특별재산이 도산법적 의미에서 채무자가 될 수 있다고 한다. 그러나 이는 오해이다. 상속재산과 부부공동재산은 환가되는 재산이다. 상속재산과 부부공동재산 그 자체는 재산보유자, 실체법상 지급의무자, 도산절차의 주체인 "채무자"와 엄격히 구분되어야 한다. 재산보유자, 실체법상 채무자, 절차의 주체는 상속재산 도산의 경우 상속인이고, 부부공동재산 도산의 경우 부부이다.[21]

21 개별내용에 대해서는 Rdnr.490 이하, 507 참조. 도산법 제11조 제2항 제2호에서 입법자가 상속인공동체, 부부재산공동체 그 자체가 도산능력이 있다고 의도한 것인지는 명확하지 않다.

E. 공법인

도산법 제12조는 공법인의 도산능력을 다루고 있다. 이 조항은, 파산상황을 대비한 금고(Insolvenzkasse)에 대한 출자의무에 미치는 파급효 때문에 중요한 의미가 있다: 사용자는 사회법전 3권 제358조 제1항 제1문 및 기업연금법 제10조 제1항에 따라 분담금 또는 기여금을 납부해야 하고, 사용자가 도산상황에 놓이면 이 재원을 통해 도산금(Rdnr.209) 또는 연금을 받게 되는 근로자의 연금이 지급된다. 공법인이 도산능력이 있다면, 공법인도 분담금 또는 기여금을 납부해야 한다(사회법전 3권 제358조 제1항 제2문; 기업연금법 제17조 제2항). **43**

도산법 제12조 제1항 제1호에 따르면, 연방이나 주의 재산에 대한 도산절차는 허용되지 않는다. 즉 이러한 공공단체는 도산능력이 없다. 도산법 제12조 제1항 제2호에 따르면, 주의 감독을 받는 공법인, 주법이 명시적으로 도산능력이 없다고 규정한 공법인도 마찬가지이다.[22] 그 밖의 모든 사안들 — 연방법이나 주법이 도산능력에 대해서 언급하고 있지 않은 사안들 — 의 경우, 사법상 권리주체와 마찬가지로 도산능력이 긍정될 수 있는지를 개별적으로 심사해야 한다.[23] **44**

사례 : 공법상 라디오방송기관의 도산능력은 부정되어야 한다. 왜냐하면 이 기관은 헌법이 요구하는 과제들을 준수하고 있고, 따라서 주(州)가 재정적 보증의무를 부담하기 때문이다. 이러한 재정적 보증이 있기 때문에 도산능력은 배제된다.[24] **45**

---

22 이러한 공법인이 지급불능이 되면, 해당 주가 — 만약 공법인이 도산능력이 있었다면 사회법전 3편 및 기업연금법에 따라 지급해야 할 급부를 — 대신 부담한다(도산법 제12조 제2항).

23 공법인인 교회나 종교단체는 도산능력이 없고 따라서 분담금을 납부할 의무가 없다. BVerfGE 66, 1, 19ff.

24 BVerfGE 89, 144, 152ff.

F. 기업집단

45a 기업집단 자체는 권리주체가 아니고 도산법의 개념상 도산채무자도 될 수 없다. "한 명의 인(人) — 한 개의 재산 — 하나의 도산절차"라는 원칙에 따르면, 도산상태에 놓인 (기업집단에 속한) 모든 개별기업들에 대하여 독자적인 도산절차가 개시된다. 도산법은 도산상태에 놓인 개별기업들에 대한 도산절차를 더 잘 조정하기 위해, 임의규정인 제3a 내지 3e조 및 제13a조에서 (기업집단에 속한) 모든 회사들을 위한 공통재판적을 마련하고 있다(Rdnr.53. 2018. 4. 21.부터 시행). 마찬가지 취지에서, 도산법 제56b조는 도산상태에 놓인 여러 개별기업에 대하여 동일한 도산관리인을 선임하는 것을 허용하고 있고, 도산법 제269a 내지 269i조 및 270d조[25]는 도산절차기관의 협력을 통한 도산절차의 조정, 독자적인 그룹조정절차를 규율하고 있다. 모든 개별회사에 대해서 동일한 도산관리인이 선임된 경우, 자회사의 모회사에 대한 청구권이 관철된다면 이해관계충돌 문제가 발생할 수 있다; 이 경우 이러한 청구권을 관철하기 위해서는, 도산법 제92조 제2문의 법사상(Rdnr.238)에 따라 특별도산관리인을 선임해야 한다.

§ 6: 도산법원

46

A. 임무

47 도산법원의 임무는 무엇보다도 재산환가를 위한 **절차적 틀**을 만

25 EU차원에서는 EU도산규정 제56조 이하가 비슷한 내용을 규율하고 있다.

들고, 도산관리인을 감독하는 것이다. 환가 자체는 도산재단의 점유와 관리를 넘겨받은(도산법 제148조) 도산관리인의 임무이고, 도산관리인은 채권자집회에서 결정된 기준에 따라 환가를 해야 한다(도산법 제159조; Rdnr.60 이하). 이는 도산법원의 임무가 될 수 없는 경제적 활동이다. 도산법원은 이러한 일에 전혀 적합하지 않다.

절차적 틀을 만들기 위해, 도산법원에 우선 **도산개시절차**가 귀속 **48**
된다(도산법 제11조 이하; Rdnr.94 이하). 소비자도산절차의 경우 도산법원에 도산법 제306조 이하에 따른 채무조정계획의 중재도 귀속된다(Rdnr.485). 도산개시절차는 도산절차개시결정으로 종료하는데, 도산절차개시결정에는 **도산관리인의 임명**이 포함된다(도산법 제27조, 제56조 이하). 도산절차 개시 후부터 절차의 주도권은 도산관리인에게 있다. 도산법원의 임무는 **도산관리인의 감독**(도산법 제58조 이하), **채권자협의회의 설치**(도산법 제67조), **채권자집회의 소집**(도산법 제76조 제1항) — 가령 보고기일(도산법 제29조, 제156조)과 심사기일(도산법 제29조, 제176조) — 에 국한된다. 폐지[26](도산법 제200조) 또는 중지[27](도산법 제207조 이하)에 따른 **도산절차의 종료**는 다시 도산법원의 전속적 일이다. 그 밖에 **특별절차에서** — 가령 도산계획의 수립 및 감독(도산법 제231조, 제248조 이하), 자기관리(도산법 제270조 이하), 잔존채무 면책(도산법 제287a조, 제300조)의 경우 — **법원의 권한**이 있다. 이에 반해 **도산절차로 인해 발생한 법적 쟁송**(爭訟) — 가령 도산관리인에 대한 책임청구의 소(Rdnr.68), 도산관리인의 부인의 소(Rdnr.272), 채권신고의 정당성에 관한 소송(Rdnr.338) — 에 대하여 결정하는 것은 도산법원의 임무가 아니다. 독일법은 도산절차로부터 발생한 모든 법적 쟁송은 도산법원이 관할한다는 *관할집중의 원칙*(*vis attractiva concursus*)을 알지 못한다. 도산관리

26 정상적 종료(역자 주).
27 조기 종료(역자 주).

인의 참여 하에 진행되는 이러한 법적 쟁송의 관할은 일반 원칙에 따른다.

B. 관할

49 도산법 제2조 제1항에 따르면 **사물관할**은 지방법원이 소재하고 있는 구역에 있는 구(區)법원(Amtsgericht)에 있다. 도산법원은 (법원조직법 제22조에 따라 단독판사로 구성된), 사무분담계획에 따라 도산절차를 담당하는, 구법원의 한 부(部)이다. 이는 전속관할로서 당사자간 합의로 변경할 수 없다(민사소송법 제40조 제2항). 도산사건의 처리에 필요한 전문지식과 설비를 가급적 한 재판부에 집중시키기 위해, 전속관할로 규정하고 있다.

50 도산법 제3조 제1항 제1문에 따르면 **토지관할**[28]은 오로지 채무자의 보통재판적에 따라 결정된다. 자연인의 경우 보통재판적은 그의 주소(민사소송법 제13조)이다. 그 밖의 다른 채무자의 경우 그의 소재지, 즉 정관에 소재지로 기재된 장소, 또는 보충적으로 그 업무가 이루어지는 장소이다(민사소송법 제17조 제1항). 그러나 채무자의 독립적 경제활동의 중심지가 다른 장소에 있다면, 그 장소를 관할하는 도산법원에 전속관할이 있다(도산법 제3조 제1항 제2문). 기업의 경우 주된 사무소의 소재지가 어디인지가 중요하다. 도산절차 신청시 이러한 사정들—독립적 경제활동의 중심지, 주된 사무소의 위치—이 존재한다면, 그 후 사정이 바뀌더라도 관할은 관할항정 원칙(perpetuatio fori)에 따라 바뀌지 않는다(도산법 제4조에 따른 민사소송법 제241조 제3항 제2호의 유추). 도산절차 신청시 관할을 근거지우는 사정이 존재하지 않더라도, 신청에 대한 결정시까지—가령 주소이전을 통해—그러한

28 국제관할에 관해서는 Rdnr.512 참조.

사정이 갖추어지면 족하다.

사례 : 프랑크푸르트에 소재하는 합명회사의 자산과 쾨니히슈타 51
인에 사는 합명회사 사원의 자산에 대하여 도산절차가 개시되어야 한다. 합명회사에 대한 관할은 프랑크푸르트 구법원에 있다. 사원의 보통재판적은 쾨니히슈타인에 있으므로, 그에 대한 도산절차는 원칙적으로 그곳 구법원 관할이다. 그가 사원이라고 해서 그에 대하여 프랑크푸르트 구법원이 관할이 있는 것은 아니다. 왜냐하면 사원은 기업보유자가 아니고, 합명회사가 기업보유자이기 때문이다. 프랑크푸르트 구법원은 사원의 독립적 경제활동의 중심지가 프랑크푸르트일 경우에만 사원에 대하여 관할이 있다. 이를 위해서는 그 사원이 상법 제114조에 따라 합명회사의 업무를 사실상 수행해야 한다.

상업등기부에 뷔르츠부르크가 소재지로 기재된 유한책임회사가 있 52
다. 아우크스부르크에 주소를 둔 이사가 도산절차개시를 신청하였고, 회계장부는 아헨에 있으므로 그곳에서 "비공개 청산(stille Liquidation)"이 이루어져야 한다고 주장한다. 이 경우 뷔르츠부르크 도산법원에 관할이 있다. 유한책임회사는 더 이상 경제활동을 하지 않기 때문에, 관할은 오로지 상업등기부에 기재된 소재지에 따라 결정한다. 이사의 주소나 회계장부의 소재지는 관할결정과 무관하다.

기업집단(Rdnr.45a)의 경우 기업집단에 소속된 모든 회사에 대하여 53
개별적으로 토지관할을 결정해야 한다. 도산법 제3a조에 따른 수권을 사용하지 않는 한, 개별 기업에 대하여 다양한 법원이 관할을 갖게 되고, 이 법원들은 — 도산법 제56b조의 유보 하에 — 다양한 도산관리인을 선임할 수 있다. 실무는 자회사의 경제적 이익의 중심지가 모회사의 경제적 이익의 중심지와 동일하다고 봄으로써 이러한 결과를 종종 회피하려고 한다.

사법보좌관법 제3조 제2호 제e목에 따르면 **기능적 관할**은 원칙적 54

으로 사법보좌관에게 있다. 이에 대하여 사법보좌관법 제18조는 중요한 예외를 두고 있다. 도산절차 개시결정과 도산관리인의 임명을 포함하는 개시절차(도산법 제11조 이하)는 법관이 담당한다. 또한 법관은 도산계획절차를 관할하고, 채권자의 신청으로 채무자에 대한 면책을 거절하거나 철회하는 경우에는 잔존채무면책절차도 관할한다(도산법 제287a조, 제290조, 제296-297a조, 제300조, 제303조); 이 경우 독일기본법 제92조에 따른 법관유보가 작동하는, 법을 말하는 활동이 이루어지기 때문이다. 그 밖에 법관은 사법보좌관법 제18조 제2항에 따라 절차의 전부 또는 일부를 자신에게로 가져와서, 사법보좌관의 관할을 폐지할 수 있다.

C. 절차

55 도산법 제13조가 규정하는 것처럼 도산절차는 **신청절차**이다. 도산절차의 특징은 법적 쟁송의 해결절차일뿐만 아니라 후견적 절차이기도 하다는 점이다. 따라서 도산절차를 비송절차로 구성할 수도 있었다. 그러나 입법자는 도산법 제4조를 통해 도산절차에 **민사소송법을 적용**하고 있다. 다만 그와 동시에 비송의 기본원리를 받아들였다. 이 점은 무엇보다도 **직권탐지주의**를 규정한 도산법 제5조 제1항에서 드러난다: 도산법원은 도산절차와 관련된 사정들을 직권으로 조사해야 한다.[29] 도산법원은 이를 위해 증인이나 감정인을 심문할 수 있고, 감정을 맡길 수도 있다. 그러나 채무자는 당사자의 자격으로 심문해야 하고, 증언거부권이 없다(도산법 제97조 제1항 제2문과 비교할 것. Rdnr.156 참조). 자백에 관한 민사소송법 제288조 이하의 규정은 적용

---

29 현재 판례의 입장에 따르면 직권탐지주의는 적법한 도산절차개시 신청이 있을 때, 즉 도산절차개시원인이 상세히 주장된 경우(Rdnr.95), 비로소 적용된다.

되지 않는다. 도산절차에서는 도산법 제8조 제1항 제1문이 규정하는 것처럼 **직권진행**이 이루어진다. 따라서 송달은 당사자 주도로 이루어지지 않고, 직권으로 이루어진다.[30]

도산절차의 경우 **구술변론이 규정되어 있지 않다**(도산법 제5조 제3항). 따라서 법원조직법 제169조(공개재판주의)도 적용되지 않는다: 도산절차는 **단지 당사자에 대해서만 공개주의가 적용된다**(parteiöffentlich).[31] 도산법이 **채무자를 심문해야 한다**고 규정하고 있는 경우에도(가령 도산법 제14조 제2항), 꼭 구술변론이 있어야 하는 것은 아니다. 왜냐하면 서류를 통한 심문이 가능하고 허용되기 때문이다. 법원은 구술변론을 할 수 있으나 해야 하는 것은 아니다(임의적 구술변론). 따라서 법원의 판단은 판결이 아니라 항상 명령이나 **결정**의 형식으로 이루어진다.[32] 구두변론이 이루어진 경우에도 마찬가지이다. 단순한 사안에서는 모든 절차가 **서류로** 이루어질 수 있다(도산법 제5조 제2항). 이는 특히 소비자도산절차에서 활용된다(Rdnr.488). 56

법원의 흠이 있는 판단은 통상적으로 무효가 아니고, 유효인데 취소할 수 있을 뿐이다. 신속한 도산절차 진행을 담보하기 위해 도산법원의 판단에 대해서는, 법이 이를 명시적으로 규정하고 있는 경우에만 취소할 수 있다(도산법 제6조 제1항).[33] **즉시항고**만이 허용되며 이 57

30 우체국이, 또는 도산법 제8조 제3항에 따라 도산관리인이 송달업무를 위탁받을 수 있다.

31 그러나 **서류열람권**(도산법 제4조, 민사소송법 제299조)에 관해서는 다툼이 있다. BGH ZIP 2006, 1154는 도산재단 부족으로 도산절차 개시신청이 기각된 경우에도, *채권자는 제3자로서* 도산법 제4조, 민사소송법 제299조 제2항에 따라 *도산절차관련 서류를 열람할 법적인 이익이 있고*, 이러한 법적 이익은 채권자가 채무자의 대표이사나 사원에 대하여 손해배상청구권이나 사원개인책임청구권을 물을 수 있는지 확인하기 위해 열람을 신청한 경우에도 사라지지 않는다고 한다.

32 공시에 관해서는 Rdnr.136 참조.

33 이러한 열거주의(Enumerationsprinzip)는 법이 규정한 조치에 대해서만 적용된다. 법이 예정하고 있지 않은 조치로서 이 조치가 기본권을 침해하는 경우에는, 항상 즉시항고로 취소할 수 있다. BGHZ 158, 212, 216.

에 대해서는 도산법 제4조에 따라 민사소송법 제567조 이하의 규정들이 보충적으로 적용된다. 즉 민사소송법 제569조 제1항 제1문에 따라 2주의 불변기간이 적용된다. 다만 그 기산점은 도산법 제6조 제2항에 따른다. 항고에 대해서는 법원조직법 제72조 제1항에 따라 1심 법원이 판단하고, 그 판단은 도산법 제6조 제3항 제1문에 따라 확정되어야 효력이 발생한다. 법관 대신 사법보좌관이 판단을 한 경우에도 사법보좌관법 제11조 제1항에 따라 마찬가지의 법리가 적용된다. 즉시항고를 할 수 없는 판단에 대해서는 사법보좌관법 제11조 제2항 제1문에 따라 **즉시이의**가 가능하다.[34] 사법보좌관은 — 법관과 마찬가지로(도산법 제4조, 민사소송법 제572조 제1항 제1문) — 이러한 이의를 스스로 받아들일 수 있다{재도(再度)의 고안(考案); 사법보좌관법 제11조 제2항 제2문}. 즉시항고에 대한 판단에 대해서는 도산법 제4조, 민사소송법 제574조 제1항 제1호, 법원조직법 제133조에 따라 연방대법원에 **법률항고**를 제기할 수 있다. 법률항고는, 항고법원이 ① 그 법률문제가 근본적인 의미를 갖고 있다는 이유로, 또는 ② 법률의 계속형성이나 판례의 통일성 확보를 위해 법률항고법원의 판단이 필요하다는 이유로, 그 항고를 허용한 경우에 가능하다(도산법 제4조, 민사소송법 제574조 제3항 제1문, 제2항).

D. 책임

58 법관이나 사법보좌관이 도산절차에서 유책하게 자신의 의무를 위

34 채권자가 투표권을 갖고 있는지 여부에 관한 사법보좌관의 판단(도산법 제77조 제2항 제2문, 제237조, 제238조)은 사법보좌관법 제11조 제3항 제2문에 따라 즉시이의로도 취소할 수 없다. 다만, 투표권에 관한 사법보좌관의 결정이 투표결과에 영향을 미친 경우, 사법보좌관법 제18조 제3항에 따라 법관은 채권자나 도산관리인의 신청에 따라 투표권을 새롭게 확정하고, 다시 투표를 할 것을 명할 수 있다.

반한 경우, 국가책임청구권이 발생할 수 있다(독일기본법 제34조, 민법 제839조). 도산법원은 실체적 확정력이 있는 판단을 하지 않으므로, 민법 제839조 제2항에 따른 법관의 특권은 적용되지 않는다. 가령, 도산절차개시 원인에 대한 충분한 심사 없이 도산절차가 개시된 경우, 또는 도산관리인이 제대로 선임되지 않았거나 감독되지 못한 경우, 이러한 책임이 발생할 수 있다.

§7: 도산관리인

59

A. 임무

도산관리인은 도산절차의 핵심인물이다. 도산절차의 개시와 함께 도산재단에 속한 그의 재산을 관리하고 처분할 채무자의 권리는 도산관리인에게 이전된다(도산법 제80조 제1항). 채무자재산의 환가, 변제를 받을 청구권의 확정, 환가대금의 배당은 도산관리인이 수행한다. 개별적으로 도산관리인은 다음의 임무를 맡고 있다: 60

도산법 제148조 제1항에 따라 도산관리인은 도산절차 개시 후 즉시 도산재단에 속한 **채무자재산 전부의 점유와 관리를 인수**한다. 민사소송법 제883조 이하에 따라 도산관리인은 집행관을 통해 채무자에 대한 반환청구권을 관철할 수 있다. 이 경우 집행권원은 — 비록 그 집행권원이 도산재단에 포함된 목적물을 개별적으로 언급하지 않았더라도 — 도산절차개시 결정이다(도산법 제148조 제2항). 또한 도산관리인이 적극재산과 소극재산을 감독해야 한다. 이를 위해 도산관리인은 도산재단에 속한 개별목적물의 목록(도산법 제151조), 채권자목록 61

(도산법 제152조), 재산목록(도산법 제153조, 소극재산 포함)을 작성해야 한다.

62 이를 근거로 도산관리인은 채권자집회의 **보고기일**(도산법 제29조 제1항 제1호; Rdnr.88)에 채무자의 경제적 상황과 그 원인에 대하여 보고해야 한다. 채권자집회가 도산절차의 진행에 관하여 결정할 수 있도록, 도산관리인은 위 보고기일에 그 외에도 사업 전부 또는 일부를 유지할 전망이 있는지, 도산계획을 위해 어떠한 가능성들이 있는지, 회생이나 도산계획이 채권자들의 채권만족에 어떠한 영향을 미칠 것인지에 대하여 설명해야 한다.

63 보고기일 후 도산관리인은 채권자집회가 달리 결정하지 않는 한 지체없이 도산재단의 **환가**를 시작해야 한다(도산법 제159조). 채권자들에게는 배당이 이루어져야 하므로, 도산재단에 속한 가치있는 재산들은 금전으로 환가되어야 한다. 이는 채권의 추심, 그 밖의 재산들 — 개별채권자들이 별제권을 갖고 있는 목적물도 포함(도산법 제166조) — 의 양도를 통해 이루어진다. 구체적 환가방법은 원칙적으로 도산관리인이 전적으로 자유롭게 선택할 수 있다. 그러나 그는 재산목적물이 가급적 유리한 가격으로 환가되도록 주의를 기울여야 한다(Rdnr.344).

64 이와 병행하여 **변제되어야 할 채권의 확정절차**가 진행된다. 이를 위해 도산채권자들은 자신의 채권을 도산관리인에게 서면으로 신고해야 한다(도산법 제174조 제1항). 도산관리인은 신고된 청구권을 표에 기재하고, 이 표를 도산법원에 열람을 위해 제출한다(도산법 제175조). 그 외의 확정절차는 도산법원이 담당한다(Rdnr.333). 도산관리인은 **환가금배당절차** — 이는 도산법 제187조 제3항 제1문에 따라 도산관리인의 임무이다 — 에서 다시 활동을 하게 된다(Rdnr.347).

B. 도산관리인의 법적 지위

Ⅰ. 직무법상 지위(Amtsrechtliche Stellung)

도산관리인은 사적 직무를 하는 자이다.[35] 그의 **임명**은 도산절차 개시 결정에서 이루어진다(도산법 제27조 제1항 제1문). 도산법 제56조 제1항에 따라 도산법원은, 개별사안에 적합한 즉 관련 업무에 밝고 채권자들과 채무자로부터 독립적인 자연인을 도산관리인으로 임명해야 한다. 법인은 도산관리인으로 임명될 수 없다.[36] 채무자나 임시 채권자협의회(Rdnr.91)의 제안에 대하여 법원은 단지 도산법 제56a조 제2항, 제270b조 제2항 제2문의 경우에만 구속된다. 보통은 경제분야와 도산법에 경험이 많은 변호사가 도산관리인으로 선임되고, 드물게는 회계사나 세무사가 선임되기도 한다. 도산관리인은 도산법 제56조 제1항 제1문에 따라 "도산관리의 인수를 위해 준비된 모든 사람들 군(群) 중에서 선발되어야 하므로," 관심이 있는 사람들은 도산법원에 지원할 수 있고, 충분한 자격이 있는 경우 사전선발 리스트에 포함될 수 있다. 도산법원이 리스트에 포함시키는 것을 거절하는 경우, 이 결정은 사법행정행위로서 법원조직법시행법 제23조에 따라 사법심사의 대상이 된다.[37] 그러나 리스트에 오른 사람들 중에서 개별 도산절차상 **65**

35 도산관리인은 고권적(高權的, 권력적) 활동을 하지 않는다!(Er handelt also nicht etwa hoheitlich!)

36 연방헌법재판소는 이에 대하여 합헌결정을 하였다. BVerfG ZIP 2016, 21. 연방헌법재판소는 도산법원이 도산관리인을 집중적으로 감독해야 하는 특수성 때문에 자연인만 도산관리인이 될 수 있다고 규정한 것인데, 이에 따른 독일기본법 제12조 제1항이 보장하는 직업수행의 자유에 대한 침해는 헌법상 정당화된다고 보았다. 또한 법인은 현행법 하에서도 도산관리인을 지원하는 영업활동을 할 수 있는 시장에 사실상 진입할 수 있다는 점도 지적하고 있다. (역자 설명 추가)

37 신청상대방은 각 주의 법에 따라 권리보유자로서의 연방 각 주인 경우도 있고, 관청으로서의 도산법원인 경우도 있다.

도산관리인을 선임하는 법원의 결정은 취소할 수 없다. 법원에 의해 선발된 사람은 채권자집회에서 선발제외되고, 다른 사람으로 대체될 수 있다(도산법 제57조). 새로운 도산관리인은 이 경우 도산법원의 승인을 받아야 하는데, 이 승인은 단지 그가 적합하지 않은 경우에만 거절되어야 한다. 채권자집회의 선발제외결정의 취소는 불가능하다(Rdnr.90). 도산법 제78조를 통해서도 이러한 취소는 가능하지 않다.[38]

66 도산관리인은 **도산법원이 감독**한다. 도산법원은 도산관리인에게 언제나 정보나 보고를 요구할 수 있고, 강제금을 — 그러나 강제구금은 가능하지 않다 — 통해 이를 관철시킬 수 있다(도산법 제58조). 그러나 이 점이 도산관리인이 원칙적으로 자유롭게 자신의 직무를 수행할 수 있다는 점에 변화를 가져오는 것은 아니다: 그는 경제적으로 중요한 조치를 취하는 경우에도 도산법원의 동의를 얻을 필요가 없고, 단지 통상적이고 양심적인 도산관리인으로서의 주의의무를 부담할 뿐이다(도산법 제60조 제1항 제2문). 도산법원은 도산관리인에게 — 직무를 합목적적으로 수행하는 방법 등에 관하여 — 지시를 내릴 수 없다. 도산법원은 도산관리인이 적절한 직무수행의 의무를 위반하였을 경우에 한해 개입할 수 있을 뿐이다.[39]

67 **채권자집회는 도산관리인을 감독하지 않는다.** 채권자집회는 단지 보고기일을 통해 영향을 끼치고, 직무종료시 도산관리인에게 맡겨진 회계를 심사할 수 있을 뿐이다(도산법 제66조). 이에 반해 도산법 제69조는 **채권자협의회를 통한 감독**을 규정하고 있다(Rdnr.92). 특별히 중요한 조치의 경우 도산관리인은 채권자협의회의 동의를 얻어야 한다(도산법 제160조 제1항). 그러나 이러한 의무위반시 도산관리인의 일방적 조치의 대외적 효력이 영향을 받는 것은 아니다(도산법 제164조).

---

38 이는 독일도산법이 갖는 채권자자치의 강조, 채권자 권한을 강조하는 특성을 단적으로 보여주고 있다(역자 주).

39 따라서 특정 관리조치를 강제하기 위한 강제수단도 존재하지 않는다.

개별채권자들은 감독권이 없고, 도산법원으로 하여금 개입하도록 강제할 수도 없다.

적절한 직무수행을 위한 효과적인 동기(動機)는 도산법 제60조 이하에 따라 도산관리인이 부담할 수 있는 **책임**이다.[40] 도산관리인이 도산법에 따라 그에게 부과된 의무—가령 도산재단의 가능한 최선의 유지 및 환가의무—를 유책하게 위반한 경우, 그는 모든 절차참가자들에게 손해배상책임을 진다(도산법 제60조 제1항 제1문).[41] 여기서 참가자들은 도산관리인이 그들에 대하여 도산특수적 의무를 이행해야 하는 모든 자들을 뜻한다.[42] 채무자의 지분권자처럼[43] 도산절차에 참가하지 않는 자인 경우에도, 위에서 말한 참가자가 될 수 있다.[44] 책임성립의 요건은 도산특수적 의무[45]의 위반과 그 위반된 규범이 손해를 입은 청구권자도 보호하려는 취지여야 한다는 것(규범의 보호목적관련성)이다. 도산법 제60조에 따른 손해배상청구권은 민법 제249조 이하의 규정이 적용되고, 통상적으로 소극적 손해의 전보를 추구한다. 또 **68**

---

40 도산법 제61조에 따른 책임에 대해서는 Rdnr.329 참조.

41 그 밖에 도산관리인의 행위는 그 행위가 도산절차의 목적에 명백히 위반되는 경우 무효가 될 수 있다(Rdnr.152).

42 피해자가 참가자가 아니거나 도산특수적 의무위반이 없는 경우, 도산관리인의 책임은 일반규정에 의해서만 발생할 수 있다. 또한 *도산재단*—도산관리인은 도산재단을 위하여 행위를 하였다—*에 대한 청구권*도 고려할 수 있다. 이 경우 귀속규범으로 민법 제31조를 적용할 수 있다. 도산법 제60조에 따른 도산관리인의 책임이 도산재단의 책임에 대하여 보충적인 것은 아니다.

43 채무자인 유한책임회사의 업무집행 대표자는 참가자가 아니다. 채무자인 유한책임합자회사(GmbH & Co. KG: 자연인 사원은 무한책임을 부담하지 않는 합자회사)의 업무집행 대표자로서, 위 합자회사의 채무에 대하여 무한책임을 부담하는 사원인 유한회사도 참가자가 아니다.

44 목적물의 저가양도처럼 그 손해가 도산재단에 반영되어 이를 통해 모든 채권자들이 동일하게 손해를 입은 경우, 도산법 제92조 제2문에 따라 새로운 도산관리인이 선임되어야 하고, 그는 그의 전임자가 급부해야 할 손해배상액을 도산재단으로 편입시킨다(Rdnr.238).

45 도로교통에서의 주의의무처럼 도산관리인이 다른 모든 제3자와 동일하게 부담하는 의무는 도산특수적 의무에 포함되지 않는다.

한 일반소멸시효기간인 3년(민법 제195조)이 적용되고, 소멸시효 기간은 늦어도 도산절차의 폐지시점 또는 도산절차의 중지가 확정된 시점부터 기산한다(도산법 제62조).

69 과책의 기준은 *통상적이고 양심적인 도산관리인이 기울이는 주의*이다(도산법 제60조 제1항 제2문). 그러나 과실을 인정할 때에는 항상 특별한 심사가 필요하다. 왜냐하면 도산관리인은 수련시간을 거치지 않은 채 도산상태이고 쇠락한 사업을 정리된 회계장부도 없이 인수하는 것이 통상이므로, 중요한 정보를 갖고 있지 못한 경우가 많기 때문이다. 또한 그 사업은 경제적으로 어려운 상황에 있고 따라서 성공을 보장할 수 없다는 점도 고려되어야 한다.

70 자신의 *보조원*의 행위에 관하여 도산관리인은 민법 제278조(이행보조자의 책임)에 따라 책임을 져야 한다. 가해행위 당시 도산관리인과 피해자 사이에는 이미 특별한 관계가 존재한다. 왜냐하면 도산법 제60조에 따른 책임은, 도산관리인은 피해자에 대하여 도산법에 따른 의무를 부담하고 있었다는 점을 전제로 하기 때문이다(Rdnr.68). 이에 반해 도산관리인이 — 명백히 부적합하지는 않은 — 채무자의 피용자를 활용한 경우(이는 종종 요구된다. 왜냐하면 이 사람들이 사업을 가장 잘 알기 때문이다), 도산관리인은 그들의 과실에 대하여, 도산관리인이 이들을 통상적으로 감독하고 중요한 결정은 스스로 해야 할 의무를 위반한 경우에 한하여 책임을 진다(도산법 제60조 제2항).

71 도산관리인은 도산법 제63조에 따라 적절한 **보수**를 청구할 수 있다. 보수는 도산법원이 확정한다(도산법 제64조). 보수액수는 기본적으로 도산절차종료시 배당될 도산재단의 가치에 따라 결정된다(배당재단; 도산법 보수규정 제2조 참조). 그러나 구체적 관리행위의 범위나 난이도에 따라 조정될 수 있다. 개별적 사항은 도산법 제65조에 따라 도산법 보수규정이 규율한다.

도산관리인의 직무는 도산절차의 폐지나 종국적 중지로 **종료**된다(도산법 제200조, 제215조). 그 밖에 새로운 도산관리인의 임명(도산법 제57조), 도산관리인의 사망이나 행위무능력, 도산관리인의 조기해임의 경우에도 직무는 종료한다. 해임은 중대한 사유가 있는 경우 징계수단으로 허용된다(도산법 제59조). 그 밖에 도산관리인은 자신의 희망에 따라 사임할 수 있다. 72

Ⅱ. 민법상 지위

도산관리인의 민법상 지위는 특히 **논란이 있다**. 이는 도산관리인이 어떠한 자격으로 도산재단을 위해 활동하는지에 관한 문제이다: 도산재단 또는 (도산)채무자의 대리인으로서, 중립적 지위에서, 또는 — 다수설처럼 — 독립적 사법보좌기관으로서, "직무상 당사자"로서. 73

견해대립의 **의미**를 과대평가할 필요는 없다. 이는 다양한 관점에서, — 가령 소송절차에서의 당사자 지위에 관하여(Rdnr.79), 또한 실체법의 영역에서도 — 영향을 미친다. 그러나 다양한 이론들은 종종 도산관리인의 법적지위의 다양한 측면들을 강조할 뿐이고, 도산관리인의 행위의 법적 성격으로부터 실질적인 결론이 도출되는 경우는 드물다. 질문을 하는 것은 종종 체계적 설명을 하는 가치를 가질 뿐, 결정을 하는 데 도움을 주는 가치를 갖지 못한다. 따라서 우리는 가장 강력한 실정법상 근거를 갖고 있고, 다른 확립된 개념도구들과 무리없이 어울릴 수 있으며, 오해의 위험이 가장 적은 이론에 우위를 두어야 한다. 74

소위 **기관이론**에 따르면 도산관리인은 도산재단의 기관으로서 활동한다. 도산재단은 소송절차에서 권리능력을 갖는 권리주체로서 그 자체가 당사자이고 기관인 도산관리인에 의해 대표되어야 한다. 이 이론은 체계에 반하므로 거부되어야 한다. 독일법에 따르면 재산집합 75

은 권리주체가 될 수 없고 권리보유자(Rechtsträger)인 권리주체를 필요로 한다. 기관이론은 이러한 독일법의 태도와 배치된다. 기관은 권리주체인 (법)인을 대리할 권한이 있는 것이지, 이 권리주체에 귀속된 재산집합을 대리할 권한이 있는 것이 아니다.[46]

76 소위 **대리인이론**은 도산관리인을 단지 도산재단에 대해서만[47] 대리권을 갖고 있는 채무자의 법정 (강제)대리인으로 본다. 이에 따르면 소송절차에서 채무자는 도산관리인에 의해 법률상 대리되는 당사자이다. 최근의 "신대리인이론"도 같은 입장이다. 그러나 신대리인이론은 도산관리인이 법인의 도산절차에서는 그 법인의 기관(즉, 권리보유자의 기관이지 도산재단의 기관이 아니다!)이라고 본다. 이 견해도 민사법의 체계와 어울리지 않는다. 대리인은 본인의 이익을 옹호하지만, 도산관리인은 모든 참가자들의 이익을 고려해야 한다. 즉 채무자의 이익뿐만 아니라 채권자들의 이익도 고려해야 한다. 또한 법정대리인은 행위능력이나 소송능력의 흠결을 보충하는 자이다; 따라서 대리인이론은 잘못된 전제 위에 서있다. 왜냐하면 채무자는 행위능력이나 소송능력이 있기 때문이다(Rdnr.150). 그 밖에 대리인은 본인이 갖고 있는 법적 권한만을 행사할 수 있다.[48] 그러나 채무자는 도산절차의 개시로 그의 처분권을 도산관리인에게 잃게 되고(도산법 제80조 제1항), 도산관리인은 타인의 법적 권한이 아니라 자신의 법적 권한을 행사한다. 도산관리인은 채무자를 대리하여 채무자의 이름으로 행동하지 않고, 자신의 이름으로 행동한다. 채무자(도산관리인에 의해 대리된 채무

46 우리들은 도산관리인이 도산재단을 위해 토지를 취득하는 상황을 가정해 볼 수 있다. 이 경우 도산재단은 소유자로서 등기부에 등기되어야 한다. 그러나 토지는 권리보유자인 채무자에게 귀속되는 도산재단의 구성부분일 뿐, 도산재단의 권리객체가 아니다.

47 자유재산에 대해서는 대리권을 갖고 있지 않다.

48 완전한 행위능력을 갖추지 못한 자들을 법정대리인이 대리할 때도 마찬가지이다. 미성년자는 — 도산절차에서의 채무자와 달리 — 법적 권한(가령 처분권) 자체가 없는 것이 아니다. 단지 이를 유효하게 행사할 능력이 없을 뿐이다.

자)가 부인권 행사시 자기 자신의 행위를 수정하는 것이라고 본다면, 이는 잘못된 이해이다. 마지막으로 대리인이론은 채무자의 도산관리인에 대한 소송절차가 문제된 경우(가령 어떠한 목적물이 도산재단에 속하는지 여부에 대한 채무자와 도산관리인 사이의 다툼), 만족스럽지 못한 결론에 이른다. 왜냐하면 대리인 이론에 따르면 채무자는 소송절차에서 양 당사자 지위를 겸하게 되는데, — 원고 측과 도산관리인에 의해 대리된 피고 측 — 이는 허용될 수 없는 자기소송이기 때문이다.

중립적 행위자 이론에 따르면 도산관리인은 채무자의 대리인으로 77
서 또는 자기의 이름으로 행동하는 것이 아니고, 타인재산의 관리인으로서 그 대상과 관련하여(objektbezogen) 행동하는 자이다. 이 견해에 따르면 소송절차에서 도산관리인이 당사자이다. 중립적 행위자론은 타당하게도 도산관리인이 참가자들 중 어느 한 사람의 위치에서 행동하는 것이 아니라고 강조한다. 그러나 중립적 행위자 이론은 체계적 정리를 위한 노력을 더 기울이지 않았다. 왜냐하면 우리 법질서는 자기 이름이나 타인 이름으로 하지 않는 의사표시를 알지 못하기 때문이다(민법 제164조 제2항 참조).

오직 **직무설**만이 지지를 받을 수 있다. 종전부터 다수설이었던 이 78
학설에 따르면 도산관리인은 도산재단을 위해,[49] 자신의 이름으로, 사적 직무의 소지자(Inhaber)로서 행동한다. 그는 직무상 당사자로서 채무자를 위한 법정소송담당의 형태로 소송절차를 수행하고, 채무자의 권리를 그에게 이전된 처분권을 근거로 도산관리인 자신의 이름으로 행사할 수 있다. 이 견해는 민사소송법 제116조 제1문 제1호에서 그 법적 근거를 찾을 수 있고, 도산법 제80조 제1항, 제92조, 제93조와 가장 잘 어울린다. 그리고 직무설은 민법 도그마틱과 충돌하지 않고, 도산관리인이 기능과 관련하여(funktionsbezogen) 특별재산 — 그는 독립

49 자기 고유재산을 위해서가 아니다(Rdnr.151).

적 사법보좌기관으로서 모든 이해관계를 고려하여 이 특별재산을 관리하고 환가해야 한다 — 을 관할한다는 점을 표현한다.

79 이러한 관점에서는 무엇보다도 *소송법에서* 다음과 같은 **결론**을 표명할 수 있다. 직무설에 따르면 도산관리인에 의해 대리된 채무자가 당사자가 아니고 도산관리인 자신이 도산재단을 위해 다투는 당사자이다. 따라서 도산관리인은 소송에서 패소한 경우 소송비용을 부담하고 이는 도산재단으로부터 지급되어야 한다. 그가 강제집행을 하려고 한다면, 자신의 이름이 기재된 집행권원이 필요하다. 이미 채무자가 집행권원을 취득한 경우, 이 집행권원은 처분권의 승계취득자인 도산관리인에게로 그 명의가 변경되어야 한다(Rdnr.234). 도산재단에 대하여 청구권이 행사되면 채무자가 아니라 도산관리인에게 소를 제기해야 한다.[50] 이는 노동법상의 해지보호소송절차에서도 마찬가지이다. 도산절차개시 전에 채무자에 대하여 소가 제기된 경우, 도산절차개시 후 도산관리인에게 그 소장이 송달되어야 하고, 채무자(그에게 소장이 송달되지 않았으므로)와 도산관리인(그 소는 그에게 제기된 것이 아니므로)은 모두 소송당사자가 아니다.[51] *소송법 외부에서도* 견해대립이 영향을 미칠 수 있다. 가령 채무자의 공법상 상태방해자 책임(Rdnr.82)은 직무설에 따르면 소멸하고 도산관리인의 상태방해자책임으로 대체되지만, 대리인설에 의하면 도산관리인은 계속되는 채무자의 상태방해자의무를 이행할 의무를 부담하는 것일 뿐이다.

---

50 도산관리인의 보통재판적은 민사소송법 제19a조에 따라 결정된다. 그러나 이 규정은 소극소송(*도산관리인을 피고로 한* 소송)의 경우에만 적용된다. BGH ZIP 2009, 1287 Rdnr.13. 민사소송법 제19a조는, 도산관리인 개인에 대하여 청구하는 경우(가령 도산법 제60조에 따른 책임을 묻는 경우)에는 적용되지 않는다. BGH ZInsO 2018, 1144 Rdnr.4.

51 도산절차개시 당시 소송계속이 발생하지 않은 상황을 전제로 한다. 형식적 당사자개념. BGHZ 127, 156. 이에 반대하는 견해로는 K. Schmidt, NJW 1995, 911ff.(소제기를 통해 시작된 절차가 민사소송법 제240조 유추적용을 근거로 중단된다고 주장한다)

§8: 채권자

80

A. 채권자 그룹들

도산절차에서는 다양한 채권자 그룹이 있다. 도산법이 "채권자들"이라고 언급하는 경우 원칙적으로 단순한 **도산채권자**를 뜻한다. 도산채권자는 도산절차 개시시점에서 채무자에 대하여 재산상청구권을 갖고 있는 자를 뜻한다(도산법 제38조). 인적 채권자만 해당되고 물적 채권자는 포함되지 않는다.[52] 또한 그들의 채권은 재산상청구권이어야 한다. 즉 금전지급청구권이거나 금전지급청구권으로 전환될 수 있어야 한다(도산법 제45조 참조).[53] 또한 이러한 재산상청구권은 도산절차 개시시점에서 이미 발생근거가 갖추어져야 한다.[54] 이 요건은 도 81

52 Rdnr.85 이하 참조.

53 정보제공청구권, 고도의 인적 급부의 실행에 관한 청구권(의사에 의한 치료행위), 증언을 요청할 청구권, 인지청구권, 다른 배우자에게 공동세금조사에 동의해줄 것을 요구하는 청구권, 형성권 등은 도산채권에 포함되지 않는다. 그러나 판례는 방해배제청구권(법률규정에 의해 발생한 방해배제청구권으로서 시효소멸의 대상이 되는 청구권이었다)은 도산채권에 해당하는 것으로 보고 있다. BGHZ 150, 305. 307ff. *부작위청구권*에 대해서는 BGHZ 155, 371, 377ff.(*계약상 부작위청구권으로서 물권적으로 담보되지 않았고 내용적으로 환취권의 기초가 되기 어려운 청구권의 경우, 그 청구권 발생의 기초가 되는 계약이 도산재단을 구속하지 않는 한, 도산관리인을 구속하지 않는다.* 위 판례에서는 부동산 매매계약상 매수인이 해당 부동산을 주차장 용도로 임대하지 않을 의무를 부담하고 있었는데, 매수인이 소유권을 이전받은 후 도산절차가 개시되었고 매수인의 도산관리인이 위 부작위의무를 이행하지 않자, 매도인이 부작위청구권을 주장하였다. 판례는 *쌍방미이행 쌍무계약이 아니므로, 도산관리인의 이행선택에 따라 도산재단이 위 매매계약에 구속된다고 볼 수 없다*고 하였다. 또한 *자신의 계약상 의무를 모두 이행한 계약상대방은, 도산재단에 대하여 자신의 계약상 권리를 도산채권으로 주장할 수 있을 뿐*이라고 보았다)

54 채권의 변제기가 도래할 것이 요구되지는 않는다. 도산법 제41조(변제기도래 의제규정) 참조. 도산법 제41조는 변제기가 도래하지 않은 청구권에 대해서만 적용되고, 기한부 청구권이나 조건부 청구권에는 유추적용되지 않는다(BGH ZIP 2010,

산절차 개시 당시 현존하고 환가가능한 채무자재산은 오직 이러한 채권자들을 위해서만 사용되어야 하기 때문에 요구된다. 즉 도산절차 개시와 함께 "하나의 선이 그어진다": 채무자재산은 이 시점에서의 정당한 채권자들을 위해 환가되어야 한다. 이 경우 모든 도산채권자들은 도산재단으로부터 비율적 만족을 얻는다.[55] 도산채권자들은 더 이상 독자적으로 채무자 또는 도산관리인에 대하여 권리를 행사할 수 없고, 자신들의 채권을 채권자표에 신고해야 하며(도산법 제87조, 제89조, 제174조 이하) 단지 도산배당비율에 따른 금원을 지급받는다.

82 도산절차개시 전에 발생하였고 도산관리인이 발생시키지 않은 국가의 **폐기물제거청구권**을 어떻게 취급할 것인지에 대해서는 논란이 있다. 일부 견해는 도산법 제89조에 따른 강제집행금지를 근거로 폐기물제거를 목적으로 하는 행정행위는 더 이상 허용될 수 없다고 주장한다. 채무자에 대한 위험제거청구권은 도산법 제45조에 따라 금전으로 전환되어야 하고, 채권자표에 신고되어야 한다. 이에 대하여 국가는 여기서 재산상 권리를 갖는 채권자로서 등장하는 것이 아니고, 도산절차개시 후에도 계속되는 공법상의 위험제거 의무—이 의무이행에 대하여, 질서법적인 구성요건이 도산관리인에 대하여 충족된 경우에는, 1차적으로[56] 그 도산관리인이 상태방해자로서 책임이 있다—

1453 Rdnr.30). 또한 도산법 제41조는 채권자의 청구권에 대해서만 적용되고, 채무자의 청구권에 대해서는 유추적용되지 않는다(BGH ZIP 2017, 89 Rdnr.11). 한편, 도산법 제40조는 부양청구권의 경우 일정한 제한을 두고 있다(채무자가 부양의무자의 상속인으로서 부양책임을 부담하는 경우에는 도산절차개시 후 기간에 대한 부양청구권만 도산절차에서 행사할 수 있다).

55 다른 채권자들은 전액 만족을 받거나(가령 반환청구권을 갖는 환취권자의 경우), 도산재단으로부터 전혀 만족을 받지 못한다. 가령, 도산절차개시 후 비로소 채무자에 대하여 청구권을 취득한 채무자의 인적(人的) **신(新)채권자**는 도산절차에 참여할 수 없다. 채무자는 신채권자들에 대하여 도산절차 종료 후 취득한 새로운 재산으로만 책임을 진다. 따라서 이미 개시된 도산절차의 종료 전에는 통상적으로 신채권자의 추가 도산절차개시신청을 허용할 권리보호필요성(Rdnr.95)이 없다.

56 채무자에 대한 청구는 통상적으로 재량하자가 있다고 판단될 것이다. 왜냐하면 채

를 주장하는 것이라는 견해[57]가 있고, 이 견해가 타당하다. 도산관리인이 경찰의무를 이행하지 않아 배상을 하게 되는 경우, 그에 따른 비용보상청구권은 도산법 제55조 제1항 제1호에 따라 재단채무가 된다.

후순위 도산채권자도 독자적인 채권자 그룹을 형성한다. 이들은 배당에서 가장 후순위이다(도산법 제39조). 벌금 등의 청구권자(도산법 제39조 제1항 제3호), 무상출연 청구권자(도산법 제39조 제1항 제4호), 그리고 무엇보다도 지분권자소비대차에 따른 반환채권자(도산법 제39조 제1항 제5호; Rdnr.265), 자발적으로 다른 채권자들보다 후순위가 되기로 동의한 채권자(도산법 제39조 제2항)가 후순위 도산채권자에 속한다. 이들도 도산절차에 편입된다. 이러한 편입은 그들에게 기대할 만한 배당금이 남아있기 때문에 일어나는 것이 아니다; 그러한 배당은 모든 ("일반적인") 도산채권자들이 전액 변제를 받은 후에야 가능하기 때문에, 통상적으로는 일어나지 않는다. 후순위 도산채권자들에게는 모든 도산채권자들에게 적용되는 규율이 적용되어야 한다. 가령 강제집행금지(도산법 제89조) 및 부인권(도산법 제129조 이하).[58] 83

도산채권자 이외에 **재단채권자**가 있다. 이들은 도산절차개시 이후[59] 비로소 청구권의 발생원인이 생긴, 채무자[60]나 채권자들[61]에 의해서가 아니라 도산절차 자체에 의해 야기된 청구권에 관한 채권자들 84

무자는 오염된 토지에 대하여 더 이상 영향을 미칠 수 없기 때문이다(도산법 제80조).

57 도산재단에 속한 재산인 오염된 토지의 **포기**에 관해서는 Rdnr.149 참조.

58 이러한 규정들이 적용되어야 하기 때문에 후순위도산채권자들도 도산절차에 편입된다는 취지이다(역자 주).

59 도산절차 개시 전 "강한" 임시도산관리인에 의해 발생한 청구권도 재단채권이다(도산법 제55조 제2항; Rdnr.127).

60 그러나 자기관리의 경우(Rdnr.463 이하), 도산법원은 도산법 제270b조 제3항에 따라 채무자에게 임시자기관리절차에서 임시도산관리인과 마찬가지로 재단채무를 발생시킬 권한을 부여할 수 있다.

61 따라서 채권자들이 선임한 공동대리인의 (채무자에 대한) 보수청구권은 재단채무가 아니다. BGH ZIP 2017, 383 Rdnr.12ff.

이다. 재단채권으로는 다음과 같은 것들이 있다:

- 절차비용, 즉 소송비용과 도산관리인 및 채권자협의회 구성원에 대한 보수(도산법 제54조);
- ① 도산관리인의 행위를 통해 발생한 청구권, 또는 ② 도산관리인의 행위가 아닌 다른 방식을 통해 발생하였고 도산재단의 관리·환가·배당 과정에서 발생한 청구권(도산법 제55조 제1항 제1호)[62];
- 도산관리인이 도산법 제103조 이하에 따라 이행을 할 예정이거나 이행을 해야 하는, 쌍방미이행쌍무계약상 청구권(도산법 제55조 제1항 제2호)[63];
- 도산재단의 부당이득으로 발생한 청구권(도산법 제55조 제1항 제3호)[64];

---

62 **사례** : 채무자의 생산이 일시적이나마 계속되도록 하기 위해, 도산관리인의 주문에 따라 원료를 공급한 자의 청구권.

63 **사례** : ① 임차된 부동산에 대한 도산절차개시 이후 기간에 상응한 차임채권 또는 하자담보청구권(도산법 제108조 및 Rdnr.206); ② 도산절차개시 후 기간에 대한 근로자의 임금 및 보수청구권(Rdnr.209); ③ 주거소유권자공동체의 주거소유자(도산채무자이다)에 대한 관리비선급(先給)청구권(Hausgeldanspruch)으로서 도산절차개시 후에 변제기가 도래하는 부분(BGH ZIP 2011, 1723 Rdnr.7).
BGH ZIP 2009, 428 Rdnr.9ff. {매수인이 매매대금을 지급하고 매매목적물에 대하여 청구권보전을 위한 가등기를 경료받았는데 아직 소유권은 이전받지 않았고, 그 후 매도인의 채무불이행—매매목적물 위의 물적부담을 제거하고 소유권을 이전해 줄 의무의 위반—을 이유로 매수인이 계약을 해제하였고, 그 후 매도인에 대하여 도산절차가 개시된 사안이다. 이 경우 *① 매도인 측 관리인의 가등기 말소청구(소유권에 기한 방해배제청구권)에 대하여 매수인은 매매대금반환과의 동시이행항변(민법 제320조 이하)을 주장할 수 없다. ② 매수인은 민법 제273조 제1항에 따른 채권적 유치권을 매도인에 대하여 주장할 수 있지만, 도산절차에서는 이러한 채권적 유치권을 주장할 수 없다(평시에 매수인이 매도인으로부터의 제3취득자에 대하여 이러한 채권적 유치권을 행사할 수 없는 것과 마찬가지이다). ③* ***이 경우 매수인의 매매대금반환채권을—쌍방미이행쌍무계약에 관한 도산법 제103조를 유추하여—재단채권이라고 볼 수도 없다.*** 따라서 매수인은 도산채권으로서 자신의 원상회복채권을 행사할 수 있을 뿐이다}

64 도산절차개시 *후* 도산재단에 유입된 이득에 한한다. BGHZ 204, 74 Rdnr.16.
사례 : 도산절차개시로 인해 소멸한 청구권에 기초한 지급; 도산절차개시 전에 양

- 근로자의 사회계획상 청구권(도산법 제123조 제2항 제1문);
- (도산관리인의) 담보물의 사용으로 인해 담보권자에게 귀속되는 이자채권(도산법 제169조);[65]
- 채무자와 그의 가족의 부양청구권(도산법 제100조 제1항).[66]

재단채권자들은 환가대금배당이 이루어지면 도산재단으로부터 (만)[67] 변제를 받지만, 도산채권자들보다 먼저 변제받는다(도산법 제53조). 따라서 재단채권자들은 그들의 채권을 채권자표에 신고할 필요가 없고, 도산관리인에 대하여 지급청구의 소를 제기할 수 있으며 도산법 제90조에 따라 강제집행을 할 수 있다. 재단채권자들을 위해 도산재단이 충분하지 않은 경우, 이들은 도산법 제209조에서 정한 순서에 따라 고려된다(Rdnr.327 이하).

환취권자는(Rdnr.281 이하) 특정 목적물이 채무자의 재산이 아니라 자신의 재산에 속하므로 도산채권자들의 책임재산이 아니라고 주장할 수 있는 자들을 뜻한다(도산법 제47조). 환취권자들은 물권적(가령 민법 제985조) 또는 채권적(가령 민법 제546조) 반환청구권을 갖고 있다. 환취권자들은 이러한 반환청구권을, 그 목적물이 도산재단으로부터 분리되어 그에게 반환되어야 한다고 주장함으로써, 도산절차와는 독립적으로 행사할 수 있다. 환취권자는 도산채권자가 아니다. 85

도된 채권의 추심; 채무자에게 착오로 지급한 경우.

65 독일법이 채권자보호를 강조하고 있는 사례 중 하나이다. 도산법 제169조에 따르면 별제권의 대상인 목적물로서 도산관리인이 환가권을 갖는 목적물이 환가되지 않는 경우, *별제권자에게 보고기일 이후의 이자를 도산재단으로부터 지급*해야 한다. 도산절차개시 전 보전처분을 통해 별제권자에 의한 환가가 금지된 경우에는, 늦어도 이러한 보전처분 발령 후 3개월 후부터의 이자를 별제권자에게 지급해야 한다. 이러한 이자 지급은 저당권 등의 담보가치를 통해 별제권자의 피담보채권이 우선변제를 받을 수 있는 경우에만 이루어진다(역자 주).

66 도산절차 개시 후의 것만을 뜻한다(역자 주).

67 합명회사가 도산한다고 해서, 그 사원이 절차비용 등 재단채무에 대하여 개인적으로 책임을 지지는 않는다. BGH ZIP 2009, 2204 Rdnr.10ff.

86 환취권자와 비교하여 **별제권자**(Rdnr.293 이하)는 단지 채무자재산에 속한 목적물로부터 우선변제를 받을 권리만을 갖는다. 가령 채무자의 토지에 저당권, 채무자의 기계에 질권을 취득한 자는, 그 목적물의 반환(환취)을 청구할 수 없고, 단지 그 목적물이 분리해서(별도로) 환가되고 그 환가대금이 우선적으로 피담보채권의 만족을 위해 사용되어야 한다고 주장할 수 있을 뿐이다(도산법 제49조 이하, 제165조 이하). 별제권자는 통상 도산채권자이기도 하다. 왜냐하면 피담보채권이 도산채권이기 때문이다. 그러나 지급청구권과 담보권은 도산절차에서도 엄격히 구별해야 한다.

B. 채권자 조직

Ⅰ. 채권자집회

87 채권자들은 우선 채권자집회에서 자신들의 이익을 조정한다. 채권자집회에서는 모든 별제권자, 모든 도산채권자, 도산관리인, 채권자협의회의 구성원(Rdnr.91 참조) 그리고 채무자가 참여한다(도산법 제74조 제1항). 채권자집회는 도산법원이 소집한다(도산법 제76조 제1항). 채권자집회는 원칙적으로 단순다수결로 결정을 하고, 이 경우 다수는 투표하는 채권자들의 숫자가 아니라 그들이 대리하는 채권액을 기준으로 결정한다(도산법 제76조 제2항).[68]

88 가장 중요한 채권자 집회는 다음과 같다. 이들은 같은 기일에 열릴 수 있다(도산법 제29조 제2항 제1문).

– *보고기일.* 보고기일에는 도산절차의 진행 및 구체적 환가방법

68 예외도 있다. 도산법 제57조 제2문은 법원이 선임한 관리인의 선발배제결정(Rdnr. 65)에 관하여, 도산법 제244조 제1항은 도산계획의 승인(Rdnr.394)에 관하여 예외를 규정한다. 투표권 확정에 관해서는 Rdnr.57 참조.

에 관하여 결정이 이루어진다(도산법 제29조 제1항 제1호; 제156조 이하);

- *심사기일*. 심사기일에는 신고된 도산채권자의 채권을 설명한다(도산법 제29조 제1항 제2호; 제176조);
- *종결기일*. 종결기일에는 도산관리인의 종결계산을 설명하고, 종결표 즉 최종배당에 대한 이의제기가 가능하며, 환가할 수 없는 재단목적물에 대하여 결정이 이루어진다(도산법 제197조).
- *설명 및 투표기일*. 설명 및 투표기일에는 채권자들이 도산계획의 승인에 대하여 결정한다(도산법 제235조).

그 밖에 도산관리인, 채권자협의회, 요건을 갖춘 소수의 채권자들[69]이 요구하면, 채권자집회가 열려야 한다(도산법 제75조). 법원이 이 신청을 기각하면, 즉시항고로 이를 취소할 수 있다.

채권자집회의 **권한**은 우선 도산법원이 선임한 도산관리인의 승인 89
또는 대체(도산법 제57조)와 채권자협의회의 선정(도산법 제68조)이다. 보고기일에 채권자집회는 무엇보다도 채무자의 사업을 폐쇄할 것인지, 회생시키거나 또는 기능할 수 있는 단일체로서 (전부 또는 일부를) 매각할 수 있도록 채무자의 사업을 당분간 계속할 것인지 결정해야 한다(도산법 제157조 제1문). 또한 채권자집회는 도산관리인에게 도산계획을 작성하도록 위임할 수 있다(도산법 제157조 제2문). 사업전체의 양도, 상당한 규모의 소비대차, 큰 규모의 법적 쟁송(爭訟)에 관한 결정시 채권자집회의 동의가 필요하다; 그러나 이러한 동의는 채권자협의회가 설치되지 않은 경우에 한한다. 설치된 경우에는 채권자협의회가 채권자집회를 대신하여 결정을 내린다(도산법 제160조). 채권자협의

69 이 경우 채권자들이 신고된 채권을 실제로 갖고 있는지 여부는 심사하지 않는다. BGH ZInsO 2011, 131 Rdnr.6.

회가 설치된 경우에는 특별한 사안에 한하여 채권자집회의 의견을 들을 필요가 있다(도산법 제162조, 제163조 참조). 법적 권한과 상관없이 채권자집회는 도산관리인에 대한 의견을 정하고 이 의견을 표명하기 위해 소집될 수 있다. 채권자집회의 결정은, 그 집회가 규정에 따라 소집되고 안건과 의사일정이 규정에 따라 공지된 경우에만 유효하다.

90 채권자집회의 결정을 즉시항고로 **취소**하는 것은 불가능하다. 왜냐하면 이는 법원의 판단이 아니기 때문이다. 그러나 도산법 제78조는, 도산법원은 채권자집회의 결정이 채권자들의 전체이익에 반하는 경우 그 결정을 취소할 수 있다고 규정하고 있다. 이를 위해서는 별제권자, 후순위가 아닌 도산채권자 또는 도산관리인이 채권자집회에서 결정취소를 신청해야 한다. 채권자집회의 결정이 예외적으로 이미 무효인 경우, 법원에 의한 취소는 고려되지 않는다. 또한 도산법원을 법적으로 구속하는, 채권자집회가 자신의 결정의 이유를 밝힐 의무가 없는 도산절차상 결정의 경우에도 법원에 의한 취소는 고려되지 않는다.[70]

Ⅱ. 채권자협의회

91 채권자집회는 그 규모와 대변되는 이익의 다양성 때문에, 활발히 활동하기 어려운, 진행 중인 도산절차에 참여하는 데 적합하지 않은 단체이다. 따라서 도산법원과 채권자집회는 채권자협의회를 설치할 수 있다.[71] 채권자협의회의 **설치와 구성**에 대해서는 채권자집회가 결

70 채권자집회가 자기관리 폐지를 결정하여 도산법원에 신청하면, 도산법원은 자기관리명령을 취소한다(도산법 제272조 제1항 제1호). 이 경우 채권자집회는 자기관리 폐지를 결정한 이유를 밝히지 않더라도 도산법원에 그 폐지를 신청할 수 있다. 이러한 채권자집회의 결정에 대하여 개별 채권자가 도산법 제78조에 따라 결정취소를 신청하는 것은 가능하지 않다. BGH ZIP 2011, 1622 Rdnr.5ff.

71 채권자협의회를 *설치해야만 하는 것은 아니다.* 채권자협의회가 없는 도산절차도 많

정한다(도산법 제68조). 그러나 도산법원은 첫 번째 채권자집회 전에 도산법 제21조 제2항 제1문 제1a호, 제22a조에 따라 — 도산절차개시 전 개시결정절차 진행 중에도 — 임시채권자협의회를 설치할 수 있다(도산법 제67조 제1항). 채권자협의회는 최소 두 명 이상의 인(人)으로 구성되는데, 별제권자, 다액의 도산채권자, 소액의 도산채권자의 각 대리인이 채권자협의회에 참여한다(도산법 제67조 제2항 제1문).[72] 근로자도 그들이 도산채권자로서 상당한 규모의 채권으로 참여하는 경우에는, 별도로 대표되어야 한다(도산법 제67조 제2항 제2문). 이러한 그룹의 대리인들은 그 자신이 채권자일 필요는 없다. 따라서 외부 전문가를 영입할 수 있다.

채권자협의회가 설치되면 채권자협의회뿐만 아니라 협의회 구성 92
원의 가장 중요한 **임무**는 업무를 수행하는 도산관리인을 지원하고 감독하는 것이다(도산법 제69조).[73] 협의회는 투표한 구성원들의 다수결로 결정하고(도산법 제72조), 협의회 구성원은 도산법 제71조에 따라 모든 참가자들에 대하여 책임을 진다. 협의회는 지시권한을 갖고 있지 않다. 그러나 채권자협의회는 도산관리인의 활동을 알고 있어야 하고, 그에게 조언해야 하며, 필요한 경우 도산법원을 개입시켜야 한다. 도산관리인의 특히 중요한 조치들에 대해서는 채권자협의회의 동의가 필요하다(도산법 제158조 이하). 그러나 도산관리인이 채권자협의회의 동의없이 행동하더라도, 그러한 도산관리인의 조치는 유효하다(도산법 제164조; Rdnr.67).

다(특히 소비자도산절차의 경우). 다만 도산법 제22a조 제1항의 경우 예외적으로 (임시적) 채권자협의회 설치의무가 있다.

72 법인도 채권자협의회의 구성원이 될 수 있다(이 경우 법인의 기관이 행동할 것이다). 그러나 관청은 권리능력이 없으므로 구성원이 될 수 없다. BGHZ 124, 86, 89f.

73 이 기능은 주식회사의 감독이사회(Aufsichtsrat)의 기능에 상응한다. BGHZ 124, 86, 91.

3편
도산절차의 개시

§ 9: 신청

93

94 도산법 제13조 제1항에 따르면 도산절차[74]는 서면신청이 있는 경우에만 개시될 수 있다. 즉 **처분권주의**(Dispositionsmaxime)가 — 도산절차 개시 여부에 대한 결정이 이루어지기 전까지(도산법 제13조 제2항) — 적용된다. 신청은 소송행위로서 조건과 기한에 친하지 않다. 또한 신청은 취소할 수 없다. 도산법 제13조 제2항에 따라 도산절차개시 여부에 대한 결정이 효력을 발생하기 전까지 철회될 수 있을 뿐이다.[75] (채권자의) 도산절차개시 신청 후 채무자가 채권자에게 변제한 경우, 신청철회 대신 그 신청을 쌍방합의에 따라 종결한다는 의사표시를 할 수 있고, 이 경우 절차비용은 채무자가 부담할 수 있다.

95 도산법 제13조 제1항 제2문에 따르면 **신청권자**는 채권자와 채무자이다. 채무자 신청시[76]에는 도산법 제13조 제1항 제3 내지 7문에서 규정한 서류들이 첨부되어야 한다. 채권자가 신청하는 경우 채권자는

---

74 도산절차개시 여부를 판단하는 절차도 포함된다. 이 경우에도 도산법원은 미리 직권으로 움직이지 않는다.

75 BGH ZVI 2006, 564 Rdnr.2f. — 법인이나 법인격 없는 조합의 기관구성원에 의해 신청이 이루어진 경우(Rdnr.95), 그 기관구성원만 신청을 철회할 수 있고 다른 구성원은 철회할 수 없다. 그러나 신청을 한 기관구성원이 도중에 단체에서 탈퇴한 경우는 그렇지 않다. BGH ZIP 2008, 1596 Rdnr.5ff.

76 실무상으로는 사업자도산의 경우 통상적으로 재무관청이나 사회보장기관 — 근로소득세, 세금의 선납 또는 사회보장부담금을 지급받지 못한 관청이나 기관 — 이 도산절차개시 신청을 하고, 소비자도산의 경우 거의 대부분 소비자가 도산절차개시 신청을 한다.

도산절차개시에 법적 이익을 갖고 있어야 한다(Rdnr.96). 또한 채권자는 — 이에 대하여 다툼이 있는 한 — 자신의 채권과 도산절차개시 근거를 실질적으로 진술하고,[77] 소명해야 한다(도산법 제14조 제1항). 개별집행절차와 달리 채권자는 집행권원을 갖고 있을 필요가 없다.[78] 그러나 집행권원이 없거나 성과 없이 끝난 강제집행시도가 없는 경우, 도산절차개시 근거를 소명하는 것이 어려워진다. 채무자가 법인 또는 법인격 없는 조합인 경우(Rdnr.36, 39)의 경우, ① 대리기관(이사회, 업무집행 대표자)의 모든 구성원, ② 인적 책임을 부담하는 모든 사원(지분권자) 그리고 — 단체가 이미 청산 중인 경우 — ③ 모든 청산인이 채무자를 위해 신청을 할 수 있다(도산법 제15조 제1항 제1문).[79]

모든 도산신청은 **권리보호필요성**을 요건으로 한다. 도산법 제14 **96**
조 제1항은 이 점을 채권자에 관하여 명시하고 있으나, 채무자가 신청하는 경우도 마찬가지이다. 강제집행은 국가가 독점하고 있기 때문에 권리보호필요성은 원칙적으로 존재한다. 그러나 예외적으로 더 쉬운 권리보호가능성이 있는 경우[80]에는, — 가령 ① 환취권자가 신청하는 경우, ② 물적으로 완전히 담보된 채권자가 신청하는 경우,[81] ③ 일

77 채무자가 신청하는 경우에도 도산법 제4조, 민사소송법 제253조 제2항 제2호에 따라 채무자가 위 사항들을 진술해야 한다. 이 경우 진술이 일관될 것이 요구되지는 않는다.

78 그러나 채권자가 집행권원을 갖고 있으면, 이에 대한 채무자의 이의는 — 집행권원을 위해 예정된 강제집행법적 절차로부터 그 집행권원이나 집행가능성을 제거하는데 채무자가 성공하기 전까지는 — 가능하지 않다.

79 이 규정은 채무자인 단체의 이름으로 항고를 제기하는 경우에도 유추된다. BGH NZI 2008, 121 Rdnr.2.

80 사후배당절차(도산절차가 종료된 후, ① 유보되었던 재산이 배당가능한 재산이 되었거나 ② 도산재단으로부터 지급된 금액이 다시 반환되었거나 ③ 도산재단의 목적물이 확인된 경우, 사후배당절차가 진행될 수 있다. 도산법 제203조)는 채무자의 총재산을 대상으로 하지 않고 사후배당명령과 관계된 재산만을 대상으로 한다. 따라서 사후배당절차가 계속 중이라 하더라도 새로운 도산절차개시 신청이 부적법하게 되는 것은 아니다. BGH ZIP 2011, 134 Rdnr.5.

81 BGH ZIP 2016, 1447.

반 채권자가 신청하는 경우로서 도산절차를 통해 신청인의 법적 지위가 개선되지 않는 경우[82] 또는 도산절차와 무관한 목적만을 추구하기 위해[83] 도산절차를 신청한 경우 — 권리보호필요성이 없다. 그러나 이 경우 도산절차개시 근거도 없는 것이 통상이므로, 신청은 이러한 이유로 기각될 수 있다. 채권자가 상대적으로 소액의 채권을 갖고 있다는 이유로 권리보호이익이 부정될 수는 없다. 채권자가 먼저 개별집행절차를 시도해야 하는 것도 아니다. 채권자의 신청이 *권리남용*에 해당하는 경우, 그는 민법 제826조에 따른 손해배상책임을 부담한다. 그러나 과실책임은 성립할 수 없다. 왜냐하면 국가가 주관하는 절차를 선의(redlich)로 신청한 것은 위법하지 않기 때문이다.

97 채권자가 도산절차개시를 신청하고 이후 그의 채권이 채무자나 제3자에 의해 **변제**된 경우, 채권자는 신청권한을 잃는다. 신청은 부적법하게 되고, 채권자는 — 자신이 소송비용을 부담하게 되는 기각결정을 피하기 위해 — 신청이 종결되었다고 선언할 수 있다. 그러나 도산

---

82 BGH ZInsO 2007, 1223 Rdnr.7ff.(면책신청을 기각당한 채무자가 그 후 새로운 채권자가 추가되지 않은 상태에서 오로지 면책을 받기 위해 도산절차 개시신청을 반복적으로 하는 경우, 보호가치 있는 법적 이익이 없다); BGH ZIP 2006, 1452 Rdnr.9 (미이행쌍무계약의 상대방의 경우, 장래에 관리인이 도산법 제103조에 따른 이행선택권을 행사할 수 있는 상황이라고 해서 그 상대방의 도산신청의 법적 이익이 사라지는 것은 아니다); BGH ZIP 2010, 2055 Rdnr.8ff.(*후순위 채권자의 경우 도산절차에서 그가 채권만족을 얻을 가능성이 있는지 여부와 무관하게 도산신청에 대한 권리보호이익이 있다*. 도산절차개시신청 단계에서는 후순위 도산채권자와 통상의 도산채권자는 똑같이 취급해야 한다. 채무자의 채무초과/지급불능 여부를 판단할 때에도 후순위 도산채권과 통상의 도산채권자는 똑같이 취급된다. 도산채권자들에게 배당할 재단이 없고 도산재단으로 절차비용만 충당할 수 있을 뿐인 경우에도 도산절차가 개시될 수 있다는 점도 고려해야 한다); BGH ZIP 2016, 2177 Rdnr.21 (재단부족으로 인해 배당받을 가능성이 없을 것으로 추정되는 채권자도 도산신청을 할 수 있다). 새로운 채권자에 대해서는 Rdnr.81의 각주 55 참조.

83 사례 : 채권에 대한 판결절차를 피하기 위한 도산신청, 단체의 해산을 위한 도산신청, 부담이 되는 계약을 제거하기 위한 도산신청, 경쟁과정의 일환으로 이루어진 도산신청, 압류가능한 채무자 재산에 대한 정보를 얻기 위한 도산신청, 세금신고를 강제하기 위한 도산신청.

절차개시 신청 전 2년간 이미 동일한 채무자에 대하여 도산절차가 신청된 적이 있었던 경우에는, 채권자가 변제를 받았다는 이유만으로 채권자의 신청이 부적법하게 되지 않는다(도산법 제14조 제1항 제2문). 이 경우 신청이 인용되려면, 자신의 신청을 유지하고자 하는 채권자는 권리보호필요성과 개시근거를 소명할 수 있어야 한다.

회생가망이 없는 기업을 가급적 빨리 시장으로부터 퇴출시키는 98
것은 도산법의 목적 중 하나이다(Rdnr.4, 12). 그럼에도 불구하고 **신청의무**는 채무자, 그리고 법인이나 조합 — 자연인이 무한책임을 지지 않는 조합 — 의 기관만 부담하고(민법 제42조 제2항, 도산법 제15a조),[84] 채권자는 신청의무를 부담하지 않는다. 채무자가 자연인인 경우 신청의무 — 의무위반시 손해배상책임이 발생한다 — 로 인해 채무가 늘어날 뿐이다; 이 경우 형사법의 압력(형법 제283조 이하; Rdnr.528 이하)이 행사될 수 있고, 장래의 면책가능성으로 인해 적시 신청의 인센티브가 제공될 수 있다(도산법 제290조 제1항 제4호; Rdnr.448). 이에 반해 채무자인 법인의 기관이 신청의무를 위반하면, 이로 인해 야기된 손해에 관하여 도산법 제15a조, 민법 제823조 제2항에 따라 채무자 이외의 별도의 법인격 주체(법인의 기관)가 자신의 고유재산으로 손해배상의무를 부담하게 된다(Rdnr.237). 또한 신청의무를 위반한 자는 채권자들에게 미리 지급된 절차비용을 보상해주거나(도산법 제26조 제3항), 스스로 선급을 해야 하는(도산법 제26조 제4항. Rdnr.120) 상황에 놓일 수 있다. 고의로 도산범죄를 범하여 형사처벌을 받는 경우 또는, 법원의 판결(가령 형법 제70조)이나 영업법 제35조 등에 따른 행정행위를 통해 직업활동 금지명령을 받는 경우, — 위와 같은 사실들은 연방중앙등록부, 영업중앙등록부에 기재된다 — 신청의무 위반에 따른 직업법적 결

84 상속재산 도산의 경우 상속인(민법 제1980조), 상속재산 관리인(민법 제1985조 제2항 제2문), 유언집행자(민법 제2219조 제1항)가 신청의무를 진다. 도산법 제317조도 참조.

과가 발생한다.

99 신청이 있으면 법원은 신청이 **적법요건**(Zulässigkeit)을 갖추었는지 심사한다. 적법요건은 다음과 같다:

- 법원의 관할(Rdnr.49 이하);
- 신청인의 당사자능력, 소송능력(도산법 제4조, 민사소송법 제50조 이하);
- 채무자의 도산능력(Rdnr.35) 및 소송능력;[85]
- 신청권(Rdnr.95);
- 권리보호필요성(Rdnr.96);
- 형식적 요건, 가령 신청요건의 소명(Rdnr.95).

법원의 결정시점에 위와 같은 요건이 갖추어지지 않으면 신청은 부적법하므로 각하되어야 한다. 각하결정에 대하여 신청인은 즉시항고를 할 수 있다(도산법 제34조 제1항, 제6조, 민사소송법 제567조). 신청이 적법요건을 갖추었으면 법원은 중간 결정을 하지 않고 실체적 요건의 심사를 할 수 있다. 그러나 실무상으로는 종종 (적법요건을 갖춘) 신청의 명시적 허용이 이루어진다. 이러한 허용은 도산절차개시에 관한 결정을 준비하는 '행위'일 뿐이고, 법적 의미가 있는 법원의 결정이 아니다. 따라서 이러한 행위를 도산절차개시 결정 전에 이루어지는 법원의 다른 조치처럼 취소할 수는 없다.

85 가령 대표이사 없는 유한책임회사는, 유한책임회사법 제35조 제1항 제2문에 따른 조력이 없는 한, 소송능력이 없다.

§ 10: 개시근거

100

신청이 이유 있는지 여부, 즉 도산절차가 개시되어야 하는지 여부는 본질적으로 **개시근거**가 있는지에 달려있다(도산법 제16조). 도산절차는 당연히 채무자가 (실체법적으로) 도산상태에 있을 때에만 개시되어야 한다. 이러한 요건이 갖추어지지 않은 채 개시된 도산절차는, 공평하지 않고 채무자에게 가혹한 절차로서 정당화될 수 없다. 도산법에 따르면 지급불능인 자(도산법 제17조)가 — 법인의 경우에는 채무초과인 자(도산법 제19조)도 포함 — 도산상태에 있는 것이다.[86] 이러한 개시근거를 확인하는 것은 종종 복잡한 과정이다. 공인회계사협회는 이를 위해 심사기준을 제안하였다. 이 기준은 법적 구속력은 없지만, 실무에서는 유용하게 사용되고 있다. 101

A. 지급불능(도산법 제17조)

지급불능은 *일반적* 개시근거이다(도산법 제17조 제1항). 즉 지급불능은 모든 종류의 채무자(Rdnr.36 이하)에 대하여 개시근거가 된다. 도산법 제17조 제2항 제1문의 정의에 따르면, 채무자는 변제기가 도래한 지급의무를 이행할 수 없는 상태에 있을 때 지급불능 상태에 있는 것이다. 채무자가 지급을 할 수 없다는 점이 결정적 요소이고, 채무자가 지급을 하려는 의사가 없는지 여부는 중요하지 않다. 채무자에게 필요한 지급수단이 부족하고, 그에 따라 채무자가 변제기가 도래하였고 진지하게 청구되는[87] 금전채무 중 의미 있는[88] 부분을 변제할 수 102

86 특별재산에 대한 도산절차의 경우에도 이는 마찬가지이다. 도산법 제320조 참조.
87 이 추가요건은 도산법에도 규정되어 있지 않고 민법 제271조와도 조화되지 않는다.

없는 상태에 지속적으로[89] — 일시적이 아니라 — 놓여있다는 점이 확정되어야 한다.[90]

103 채무자의 지급이 정지된 경우 지급불능이 인정될 수 있다(도산법 제17조 제2항 제2문; 이른바 "경제형벌적 방법"[91]).[92] **지급정지**는 단순히 지급하지 않는 것 이상을 요구한다. 모든 관련 징표들을 전체적으로 고려하였을 때, 관여된 거래계를 위한 지급이 불가능하다는 점이 외부에서 인식될 수 있어야 한다.[93] 이 경우 지급정지로부터 지급불능을

민법 제271조(변제기) (1) 급부의 시기가 정해지지 않았고 제반 사정으로부터 추단할 수도 없는 경우에는, 채권자는 즉시 급부를 청구할 수 있고, 채무자는 즉시 이를 이행할 수 있다. (2) 급부의 시기가 특정된 경우, 의심스러운 때에는 채권자는 그 시기 전에 급부를 청구할 수 없으나 채무자는 그 전에 이를 이행할 수 있다.

그러나 이러한 요건을 요구하는 것이 확고한 판례의 입장이다. BGHZ 173, 286 Rdnr.10ff. 판례는 — 법적 구속의사나 외부에서 인식가능한 의사표시 없이 — 순수하게 사실적인 의미에서 행사가 중단된 채권을 진지하게 청구되지 않는 채권에 포함시키고 있다.

88 소액의 유동성 부족은 고려되지 않는다. 연방대법원 판례에 따르면 최소한 **변제기가 도래한 채무 중 10%**가 변제될 수 없는 경우, 의미 있는 유동성 부족이 통상적으로 인정된다. BGHZ 163, 134, 142ff.

89 단기간의 **지급정체(Zahlungsstockung)**는 **3주**를 초과하지 않는 한 지급불능에 해당하지 않는다. BGHZ 163, 134, 139f. 지급정체는 가령 다음과 같은 상황에서 발생할 수 있다. 채무자의 제3자에 대한 채권이 뒤늦게 변제되거나 곧 변제기가 도래할 예정인 경우, 신용협상이나 재산의 양도가 지체되는 경우.

90 도산형법에서도 동일한 판단기준이 적용된다. BGH ZInsO 2015, 2021 Rdnr.14.

91 Rdnr.102에서 살펴본 지급불능의 판단방법은 "경영학적 방법"이라고 부르기도 한다.

92 지급정지는 단지 징표일 뿐이고, 독립적인 개시근거는 아니다!

93 판례상 인정된 **지급정지의 사례**는 다음과 같다:
- 비록 일부의 채권에 관한 것이라 하더라도, 변제기가 도래하였고 진지하게 청구된 채무의 중요부분을 부지급한 것(BGH ZIP 2017, 2368 Rdnr.12);
- 도산절차개시 전까지 더 이상 변제할 수 없는 상당한 채권의 존재(BGH ZIP 2016, 1388 Rdnr.9);
- 상당한 연체원리금의 지급을 미루는 것(BGH ZIP 2017, 2368 Rdnr.12);
- 연체원리금의 비약적 증가(BGH ZIP 2016, 1388 Rdnr.14);
- 변제기가 도래한 채무를 지급할 수 없다는 — 경우에 따라서는 지급유예 요청과 결합된 — 채무자 자신의 의사표시(BGH ZIP 2017, 1677 Rdnr.16);

추정할 수 있다. 왜냐하면 채무자 자신이 더 이상 스스로를 도울 수 없다는 점을 밝혔기 때문이다. 지급불능을 다투는 자는 도산법 제17조 제2항 제2문에 따른 추정을 깨뜨려야 한다. 지급정지가 없는 경우, 지급불능은 **유동성대차대조표**(Liquiditätbilanz)를 통해 확정할 수 있다. 유동성대차대조표에서는 변제기가 도래한 채무와 단기간에 처분할 수 있는 지급수단이 비교된다(이른바 "경영학적 방법"). 확보할 수 있는 신용도 처분가능한 지급수단에 포함된다. 은행으로부터 충분한 신용을 얻을 수 있는 자는 통상 지급불능이 아니다.

- 결산과 최고를 하였음에도 채무자가 한 달간 침묵한 경우(BGH ZIP 2016, 1686 Rdnr.23);
- 지급약속의 불이행(BGH ZIP 2016, 1348 Rdnr.21);
- 채무자가 큰 금액의 채권자에 대해서만 변제를 하지 못하고 있는 경우(BGH ZIP 2013, 228 Rdnr.23);
- 영업소의 폐쇄(BGH ZIP 2006, 1056 Rdnr.14);
- 채권자들로부터 도피(BGH ZIP 2006, 1056 Rdnr.14);
- 채무자가 사기혐의로 체포되었고 채권자들이 변제를 받지 못해 많은 피해를 입고 있다는 사실이 신문을 통해 알려진 경우(BGH NJW 1991, 980, 981);
- 소유권유보부매매로 이전된 물건을 공급자가 회수한 경우(OLG Stuttgart ZIP 1997, 652);
- 수표의 지급거절(BGH ZIP 2011, 1416 Rdnr.17);
- 차변(借邊)거래(Lastschrift)의 거절(BGH ZIP 2015, 585 Rdnr.19);
- 압류명령의 누적(BGH ZIP 2012, 2355 Rdnr.30);
- 실효성없는 압류가 이루어진 경우(BGH ZIP 2017, 1677 Rdnr.20);
- 가장 중요하거나 가장 위험한 채권자에 대해서만 전략적으로 부분변제하는 것(BGH ZIP 2017, 1677 Rdnr.16);
- 형법전 제266a조와 관련된 사회보장기여금의 미지급(BGH ZIP 2016, 173 Rdnr. 21);
- 임금 및 보수(BGH ZIP 2015, 585 Rdnr.19)의 또는 세금(BGH ZIP 2016, 481 Rdnr.15)의 지연지급;
- 생존을 위해 중요한 채권자에 대한 지연지급(BGH ZIP 2016, 1348 Rdnr.24);
- 거래관행에 부합하지 않는 분할지급합의의 사후 요청(BGH ZIP 2016, 1686 Rdnr.17);
- 분할지급합의의 미준수(BGH ZIP 2013, 2015 Rdnr.15).

지급정지가 지급불능의 징표가 되는 경우에도, 부인권 행사의 상대방이 지급이 일반적으로 재개되었음을—즉 모든 지급이 재개되었음을—증명하면 지급불능 상태는 해소된다. BGHZ 149, 178, 188.

104 지급불능 **판단시점**은 신청시점이 아니라, 도산법원의 결정시점이다.[94] 법원은 채무자가 개시신청에 대한 결정 시점에서 지급불능이라는 점, 즉 이 시점에서 변제기가 도래한 채무를 더 이상 지속적으로 변제할 수 없다는 점을 확신해야 한다(이른바 유동성 부족의 시점). 그렇지 않으면 신청은 기각되어야 한다. 기각결정에 대해서는 즉시항고를 할 수 있고(Rdnr.135), 새로운 사실관계가 제한 없이 고려될 수 있다(민사소송법 제571조 제2항 제1문). 따라서 개시근거가 없다는 이유로 개시를 하지 않으려면, 항고에 대한 결정의 시점에서 개시근거가 존재하는지 여부가 중요하다. 도산법원이 개시근거가 있다고 보아 도산절차가 개시되었고, 개시결정에 대하여 즉시항고가 제기된 경우에는(Rdnr.138), 개시결정의 적법성과 사실상태 및 법적 상태는 개시결정 시점을 기준으로 판단한다.[95] 따라서 항고법원은 채무자가 개시결정 당시 지급불능이 아닌 경우에만 개시결정을 취소할 수 있다. 이에 반해 개시결정 후 항고에 대한 결정 사이에 개시근거가 사라진 경우, 즉시항고는 이유가 없다. 이 경우 도산법원에 의한 도산법 제212조에 따른 절차의 중지만이 고려된다(Rdnr.361).

105 구 파산법 하에서, "유동성 부족의 시점"에 대하여 다음과 같은 타당한 비판(예측모델에 따른 비판)이 있었다: 도산상태에 빠진 기업을 시장에서 가급적 빨리 제거하고자 한다면, 채무자가 지금 시점에서 현재 변제기가 도래한 채무를 갚을 수 있는 상태에 있는지 여부에만 주목하면 안 된다. 오히려 가까운 미래에 채무자가 앞으로 변제기가 도래할 채무를 갚을 수 있는지 여부를 고려해야 한다(이른바 유동성 부

94 BGHZ 169, 17 Rdnr.8ff. 신청시점이라는 반대견해로는 Häsemeyer Rdnr.7.20. 그러나 법원은 구두변론이 이루어지지 않는 한 항상 자신의 판단시점의 법적 상황을 확정한다. 따라서 채무자가 신청시점에는 지급불능이 아니었지만 개시결정기간 진행 도중에 지급불능이 되었다면, 도산절차가 개시되어야 한다. 신청 후 결정 전에 지급불능이 해소되었다면, 신청은 이유 없으므로 기각되어야 한다.

95 BGHZ 169, 17, 25ff.

족의 기간). 입법자는 도산법 제18조에 지급불능의 우려를 개시근거로 추가함으로써(Rdnr.106), 이러한 생각을 부분적으로만 수용하였다. 이로부터 도산법 제17조에 대하여 다음과 같은 역추론을 할 수 있다. 도산법 제17조는 원칙적으로 유동성 부족의 '시점'을 기준으로 하고 있다. 즉 예측은 지속적으로 채무를 갚을 수 없는 상태인지를 판단할 때에만 이루어진다(Rdnr.102).

B. 지급불능의 우려(도산법 제18조)

위에서 설명한 것처럼 지급불능은 개시신청에 대한 결정시점을 **106** 기준으로 통상 확정된다. 그러나 도산법 제18조는 아직 지급불능 상태는 아니지만 지급불능이 우려되는 경우에도 채무자가 도산절차개시 신청을 할 수 있도록 허용하고 있다. 이는 도산상태가 분명히 예견되는 경우에도 도산법이라는 장치를 조기에 사용할 수 있도록 하려고 마련된 조항이다. 그러나 이러한 개시근거로는 오직 채무자만 도산절차개시 신청을 할 수 있다. 따라서 채권자가 채무자의 도산상태 전에 도산신청을 통해 채무자를 압박하는 것은 허용되지 않는다.

도산법 제18조 제2항에 따르면, 채무자가 장차 도래할 변제기에 **107** 자신의 의무를 이행할 수 없는 상황에 빠질 것으로 예상되는 경우, 채무자는 지급불능의 우려상태에 있는 것이다. 아직 변제기가 도래하지 않은 채무와 아직 발생하지 않았지만 발생이 예견되는 채무(가령 임금채무)가 모두 고려된다. 예측과정에서 채무자의 재정상태의 전체적 전개가 반영되어야 한다. 현존하는 유동성과 장차 예상되는 수입이 향후 고려가능한 기간동안 변제기가 도래할 것으로 예상되는 채무와 비교되어야 한다. 그리고 지급불능을 막는 것보다 지급불능이 도래하는 것이 더 가능성이 높은지 심사해야 한다.

C. 채무초과(도산법 제19조)

108 법인, 그리고 유한책임 합자회사(GmbH & Co. KG)처럼 자연인이 인적 책임을 지지 않는 인적회사의 경우(도산법 제19조 제3항) 채무초과를 이유로 도산절차가 개시될 수 있다(도산법 제19조 제1항). 도산법 제19조 제2항 제1문에 따르면 채무초과는 채무자의 적극재산이 현존하는 채무자의 채무에 미치지 못하는 것을 뜻한다. 이 경우에도 판단시점은 개시신청에 대한 법원의 결정시점이다; 그러한 한도에서 Rdnr. 104에서 언급한 내용이 그대로 적용된다.

109 이러한 개시근거가 자연인, 그리고 원칙적으로(Rdnr.108) 인적회사의 경우 적용되지 않는 이유는 이 경우 사업은 사업자 개인의 능력으로부터 상당한 이익을 얻을 수 있는데, 사업자 개인의 능력은 가치평가가 어렵기 때문이다. 이 경우 실질적 의미에서의 "자본"은 사업자의 급부능력이고, 이는 자산대차대조표에 포함될 수 없다. 따라서 법인이 아닌 다른 채무자에 대해서는 장부상의 채무초과를 개시근거로 인정하는 것이 타당하지 않다.

110 채무초과를 조사하기 위해 상업대차대조표에 의존할 수 없다. 왜냐하면 상업대차대조표에 표시되지 않은 숨겨진 자산과 대차대조표에 표기할 수 없는 상법적 재산가치를 포함시켜야 하고, 재산은 그 실제 가치로 평가해야 하기 때문이다. 오히려 **채무초과 대차대조표**를 만들어야 하고, 이 대차대조표에서 적극재산과 소극재산을 비교해야 한다. 여기에 포함될 적극재산은 우선 청산가치로, 즉 사업이 해체되어 모든 목적물을 개별적으로 양도하는 경우 얻을 수 있는 가치로 평가해야 한다. 이를 통해 장부상 채무초과 상태가 확인되면, 도산법 제19조 제2항 제1문에 따라 다음 단계로서 **사업을 계속할 수 있는지 예측**을 해야 한다: 사업의 계속이 확실히 가능한지 여부를 심사해야 하는

데, 이 요건이 인정되려면 채무자의 사업계속 의지가 있어야 하고, 사업이 중기(中期)간 생존할 수 있어야 한다. 이 질문에 부정적 답이 나온다면 채무초과가 확정된다. 이 질문에 긍정적 답이 나오면 그 사업은 채무초과가 아닌 것이다.

1999. 1. 1. 도산법 시행 후부터 2008. 10. 18. 금융시장안정화법 시행 전까지는, 사업의 계속가능성 예측이 긍정된 후에도 두 번째 채무초과 대차대조표를 작성해야 했다. 이 대차대조표에서 적극재산은 계속기업가치[96]를 기준으로 평가되었다. 이 대차대조표에서 채무초과 상태라면 도산절차개시 근거가 존재한다고 보았다. 그렇지 않으면 신청은 이유 없으므로 기각되었다. 이러한 3단계 채무초과 여부 심사[97]를 통해 입법자는 구 파산법 하에서의 다수설에 명시적으로 반대하였다. 과거 다수설—이는 현 도산법이 다시 채택한 입장이기도 하다—에 따르면, ① 장부상 드러나지 않는 자산을 포함한 적극재산의 청산가치가 현존하는 채무에 미치지 못하고(장부상 채무초과), ② 사업계속을 위한 회사의 자금조달능력이 중기의 기간 동안 충분하지 못할 것으로 확실히 예견되는 경우(생존 또는 사업계속의 예측), 채무초과가 인 **111**

96 이 경우 사업전체를 양도하는 경우 얻을 수 있는 실제 사업의 가치(장부에 드러나지 않는 자산과 영업권의 가치 포함)가 문제된다. 이 가치는 부분적으로 "실질가치방법(Substanzwertmethode)"에 의해 조사된다. 이 방법은 재조달가격 또는 재생산가격과 관련된 시가를 기초로 한다: 즉 사업을 현재와 같은 상태로 새롭게 만들려면, 얼마의 비용이 드는지를 조사한다. 계속기업가치 산정을 위해 "수익가치방법(Ertragswertmethode)"이 사용되기도 한다. 이 방법은 사업의 계속에 따라 발생하는 미래의 수익을 계산하여 이 수익으로 채무가 변제될 수 있는지를 조사한다.

97 (역자 주)

1단계 : 청산가치를 기준으로 적극재산 가치를 산정하여 채무초과 여부 심사 → 채무초과 부정되면 도산절차개시신청 기각, 채무초과 인정되면 2단계로.

2단계 : 1단계에서 채무초과라고 하더라도 사업이 계속될 가능성이 있는지 심사 → 사업계속 가능성이 부정되면 도산절차개시신청 인용, 인정되면 3단계로.

3단계 : 2단계에서 사업계속 가능성이 인정되더라도 계속기업가치를 기준으로 적극재산 가치를 산정하여 다시 채무초과 여부를 심사 → 채무초과 인정되면 도산절차개시신청 인용, 부정되면 도산절차개시신청 기각.

정되었다. 이러한 판단과정에서 채무자 사업의 수익가능성이 함께 고려된다. 그런데 구(舊)법은 사업계속이 예측되는 경우에도 그러한 유리한 예측이, 채무초과 상태를 처음부터 발생시키지 않는지 여부를 (계속기업가치를 기준으로) 한 번 더 계산해야 한다고 보았다. 이러한 세 번째 단계의 심사는 없어졌다. 2008년 금융위기의 극복을 위해서는 무엇보다도 은행과 보험사가 이러한 채무초과를 이유로 개시되는 도산절차를 회피할 수 있어야 했기 때문이다. 대부분의 다른 채무자들에 대해서는 세 번째 단계의 심사가 없어짐으로 인해 결과에 있어 차이가 생기지 않는다. 왜냐하면 대부분의 다른 채무자들에 대해서는 통상 지급불능을 이유로 도산절차가 개시되고, 채무초과를 이유로 도산절차가 개시되지 않기 때문이다.

112 **지급불능과 채무초과**는 종종 병존하지만 병존해야만 하는 것은 아니다. 채무자가 채무초과는 아니지만 지급불능인 경우도 충분히 생각할 수 있고(사례 : 가치 있는 적극재산이 묶여있고 신용을 얻기 위해 사용될 수도 없고 양도될 수도 없는 경우), 채무자가 지급능력이 있음에도 불구하고 채무초과인 경우도 충분히 생각할 수 있다(사례 : 채무초과인 유한책임회사가 계속 신용을 유지하는 경우). 두 번째 사례는 채무초과라는 개시근거가 종종 도산의 시점을 앞당긴다는 사실을 보여준다.

D. 절차

113 도산법 제5조 제1항에 따라 도산법원은 도산절차를 위해 의미가 있는 모든 제반 사정을 **직권으로** 조사해야 한다. 이는 개시근거 확정의 경우에도 마찬가지이다. 그러나 도산법원의 이러한 임무는 채권자의 신청 시 채권자가 개시근거를 실질적으로 주장·소명해야 한다는 점(Rdnr.95)을 이유로 종종 경감된다. 그러나 법원의 결정을 위해서는

소명만으로는 부족하다. 법원이 도산절차를 개시하려면 법원은 개시근거가 존재한다는 점을 확신해야 한다. 따라서 개시근거의 존부가 오직 신청자의 채권의 존부에 달려있고 그 채권에 관하여 집행권원이 없으며 채무자도 그 채권의 존부를 다투고 있는 경우, 도산법원은—도산절차개시신청을 기각하고—채권자로 하여금 소송절차를 통해 먼저 문제를 해결하게끔 해야 한다. 왜냐하면 다툼이 있는 채권의 존재를 선언하는 것은 도산법원의 임무가 아니기 때문이다.

도산법원은 직권조사시 **채무자**를 가장 중요한 정보원으로서 관여 114
시킬 수 있고 관여시켜야 한다. 도산법 제14조 제2항에 따르면 채권자가 개시신청을 한 경우 채무자를 심문해야 한다. 이러한 심문은 법적 청문권의 보장(독일기본법 제103조 제1항)일뿐만 아니라, 법관에게 허용된—직권조사형태의—사실관계조사 수단이다.[98] 도산법 제20조, 제97조에 따르면 채무자는 법원에 신청에 대한 결정을 위해 필요한 모든 정보를 알려야 한다(Rdnr.156). 이를 위해 법원은 무엇보다도 유동성대차대조표(Rdnr.103), 지급불능의 우려를 확인하기 위한 장기간에 걸친 유동성계획(Rdnr.106), 채무초과대차대조표(Rdnr.110)의 제출을 요구할 수 있다. 도산법 제20조 제1항 제2문, 제98조에 따르면 채무자의 협력을 강제할 수 있다. 그러나 채무자와 접촉할 수 없다고 해서 그러한 사정만으로 도산신청을 이유 없다고 기각할 수는 없다.

그 밖에 법원은 **증인**(가령 회계책임자)을 심문할 수 있고 **감정인**에 115
게 재산의 확인과 평가를 맡길 수 있다(도산법 제5조 제1항 제2문). 또한—실무에서 통상 일어나는데—법원은 **임시도산관리인**을 선임하여 그에게 개시근거 존재 여부의 심사를 맡길 수 있다(도산법 제22조 제1항 제3호; Rdnr.126).

---

98 도산법 제10조에 따르면 채무자가 외국에 거주하거나 그의 주거가 알려지지 않은 경우 개인적 심문을 생략할 수 있다; 이 경우 대리인이나 친척을 심문해야 한다. 직권조사를 위한 활동 시에도 마찬가지이다.

§ 11: 충분한 재단

116

117 도산절차에는 상당한 비용 — 무엇보다도 법원의 비용과 도산관리인 및 채권자협의회 구성원의 보수 — 이 든다.[99] 이 비용은 **재단비용**으로서 도산재단으로부터 변제되고(도산법 제53조, 제54조), 다른 모든 채무보다 먼저 변제된다(도산법 제209조 제1항 제1호). 신청에 대한 도산법원의 결정당시 환가가능한[100] 도산재단이 절차비용에 충당하기에 부족한 경우, 국가가 도산절차와 도산절차의 기관을 무상으로 진행·운영할 필요는 없다. 왜냐하면 도산절차는 공적 이익을 위해서가 아니라 채권자들의 이익을 위해 실행되기 때문이다. 오히려 도산법원은 — 누군가가 비용을 선급하거나(Rdnr.120) 도산법 제4a조 이하에 따른 유예요건이 충족되지 않는 한(Rdnr.121) — 도산절차개시 신청을 재단부족을 이유로 기각해야 한다(도산법 제26조 제1항 제1문).

118 구 파산법 하에서 재단부족을 이유로 한 기각이 전체사건의 약 75%를 차지하였다. 이러한 현상의 원인은 **적극재산 목록**을 확인하면 분명해진다(상법 제266조 제2항 참조). 대부분의 경우 목록의 내용은 다음과 같다: *토지*는 대부분 그 가치 한도액까지 토지담보권이 설정되어 있고 게다가 종종 쓰레기 등으로 훼손되어 있다. *영업장비*는 소유권유보 하에 인도되었거나 담보목적으로 양도되었다; 또한 영업장비가 종물인 경우에는 이를 독자적으로 환가할 수 없다. 다른 사업에 대한 *지분권*은 대부분 가치가 없다. 왜냐하면 자회사도 도산상태에 있기 때문이다. *유동자산*(재고품, 반제품)은 종종 서류상으로만 존재하고, 존

---

99 실무상 도산절차의 비용은 최소 2,000 내지 2,500유로가 든다고 한다.

100 모든 현존하는 재산가치가 고려될 수는 없다. 별제권의 대상인 목적물의 경우 별제권의 가치를 초과하는 부분만 고려된다. 소송을 거쳐야 가치가 확정되는 경우에는, 소송에서의 승소가능성과 소송비용을 고려해야 한다.

재하는 경우에도 담보권이 설정되어 있다. *제3자에 대한 채권*은 사전에 양도된 경우가 많다; 또한 이러한 채권은 반대의 권리로 감축될 수 있다(소멸시효, 상계, 채무자가 인도한 물건이나 제공한 용역에 대한 보장급부, 담보책임). 게다가 이러한 채권들은 상대방 채무자가 채권자와 관련된 사업체인 경우 도산위험이라는 부담을 안고 있다. *은행예금*은 대부분 압류되어 있고, 은행의 반대권리로 감축될 수 있다. *보유하고 있는 현금*은 언급할 가치도 없다.

재단부족을 이유로 한 기각은 항상 바람직하지 않은 상태를 야기한다. 왜냐하면 정돈된 절차는 더 이상 실현될 수 없고, 소액의 환가가능한 재산을 놓고 — 그 재산이 확인가능한 상황이라면 — "채권자들의 경쟁"이 일어나기 때문이다. 또한 채무자는 다시 시장에서 활동할 수 있다.[101] 도산절차개시신청이 기각된 사실을 채무자표("블랙리스트")에 기입하는 것(도산법 제26조 제2항; Rdnr.135)이 이러한 상황에 변화를 가져오지는 않는다. 자연인의 경우 면책을 받을 수도 없다. 왜냐하면 도산절차가 개시되지 않으면 잔존채무면책은 불가능하기 때문이다(Rdnr.454). 119

그러나 도산법은 다음과 같은 출구를 열어놓고 있다. 제3자(가령 채무자의 친족 또는 채권자)가 절차비용을 **선급**하면[102] 도산절차가 개시될 수 있다(도산법 제26조 제1항 제2문). 이러한 선급은 다음과 같은 경우에 의미가 있을 수 있다. 도산재단이 부인권 행사 또는 아직 완성되지 않은 물품의 매각을 통해 확충될 가능성이 있는 경우, 현실적 회생가능성이 존재하는 사업체의 경우.[103] 도산재단이 절차비용을 충당할 120

101 그러나 단체의 경우 Rdnr.135 참조.

102 BGH NZI 2006, 34, 35. — 법원은 결정을 통해 도산절차개시를 신청한 채권자에게 그에 상응하는 선급을 요구할 것이다.

103 이 경우 재단비용의 지급 및 도산절차 지원을 요청하여 승낙을 받아낼 수 있는 상대방은, 그 누구보다도 담보채권자(별제권자)이다.

정도로 확충되는 즉시 채권자는 도산관리인에게 선급의 반환을 요구할 수 있다.[104] 도산신청의무를 위반한 기관구성원은 도산법 제26조 제4항에 따라 선급의무를 부담한다(Rdnr.98).

121 도산법 제4a조에 따라 비용지급의 **유예**가 가능한 경우에도 재단부족을 이유로 한 기각을 할 수 없다(도산법 제26조 제1항 제2문). 이러한 유예는 채무자가 자연인이고 잔존채무 면책을 신청하였으며 잔존채무 면책을 받을 수 있다는 점을 요건으로 한다(도산법 제4a조 제1항). 비용지급이 유예되면 현존하는 재단으로 재단비용을 변제해야 하고, 이를 통해 충당되지 못한 비용은 우선 국가가 부담한다. 그리고 채무자에게는 국가가 비용을 지불하는 변호사가 지정될 수 있다. 잔존채무 면책결정 후[105] 도산법원은 채무자가 자신의 수입과 새로운 재산으로 얼마만큼의 절차비용을 변제해야 하는지 확정한다.

122 처음에는 충분한 재단이 존재하였는데 **도산절차개시 후** 도산재단이 절차비용을 충당하기에 부족하게 된 경우, 도산절차는 도산법 제207조 이하에 따라 중지되어야 한다(Rdnr.326). 비용지급이 사후적으로 유예되거나 선급이 이루어진 경우에는 위 규정이 적용되지 않는다.

§ 12: 보전조치

123

124 개시요건의 심사, 특히 개시근거의 심사에는 일정한 시간이 걸린다. 이 단계에서 채무자가 자유롭게, 자기 재산을 처분하거나 상태를 더 악화시키는 새로운 채무를 부담할 위험이 존재한다. 이를 막기 위

---

104 그 밖에 단체법상의 도산신청의무를 유책하게 위반한 기관구성원(Rdnr.98)에 대해서도 도산법 제26조 제3항에 따라 선급의 반환을 청구할 수 있다.

105 재단비용은 잔존채무면책의 대상이 아니다. 왜냐하면 재단비용은 도산채권이 아니라 재단채무이기 때문이다(도산법 제301조 참조).

해 도산법원은 — 도산신청이 적법한 한 — 도산법 제21조 제1항에 따라 신청에 대한 결정시까지, 채권자들에게 해로운 채무자의 재산상태 변경을 막기 위해 필요해 보이는 모든 조치를 취해야 한다.[106] 결정은 직권으로 이루어지고 별도의 신청을 요하지 않는다.[107] 개별적으로는 다음과 같은 보전조치들이 고려된다:

A. 임시도산관리인의 선임

실무상 가장 중요한 보전조치는 도산법 제21조 제2항 제1호에 따 **125**
라 임시도산관리인을 선임하는 것이다.[108] 임시도산관리인은 — 다른 결정이 없는 한 — 도산법원을 대신하여 "먼저 등장한 감독자"이고 채무자에 대한 "조언자"이다. 임시도산관리인은 채무자재산에 대한 처분권이 없고, 도산법원이 명시적으로 지정한 의무만을 부담한다(도산법 제22조 제2항; Rdnr.128).[109] 이를 '약한' 임시도산관리인이라고 부른다. 왜냐하면 약한 임시도산관리인은 처분권이 없고, 법원이 채무자의 처분 시 임시도산관리인의 동의를 받도록 결정한 경우에만(도산법 제21조 제2항 제2호 제2목; Rdnr.132) 저지권한을 갖기 때문이다. 그러나 법원은 더 나아가 채무자에게 도산법 제21조 제2항 제2호 제1목에 따라 일반적 처분금지를 명할 수 있다(Rdnr.129). 이 경우 임시도산관리인이 선임되면 채무자의 재산에 대한 관리 및 처분권은 도산관리인에게 이전된다(도산법 제22조 제1항 제1문). 이를 '강한' 임시도산관리인이라고

106 자기관리의 경우 예외에 관해서는 도산법 제270조 및 Rdnr.469 참조. — 이러한 요건들이 존재하지 않더라도 보전조치는 유효하다(BGH ZIP 2012, 737 Rdnr.13). 다만 이러한 보전조치는 취소될 수 있다(Rdnr.134).

107 채무자의 심문도 필요하지 않다. BGH ZIP 2011, 1875 Rdnr.12ff.

108 임시도산관리인의 선임, 감독, 책임 관련 법리는 도산관리인과 동일하다(도산법 제21조 제2항 제1호, 제56조, 제58 내지 66조; Rdnr.65 이하).

109 이 경우 임시도산관리인은 무엇보다도 — 도산법원이 개시근거의 존부와 절차비용의 충당 가부를 판단할 수 있도록 — 재산관계를 감독하는 임무를 위탁받는다.

한다.

126 *"강한"* 임시도산관리인의 **권한**은 상당부분 도산관리인의 권한과 동일하다.[110] 그러나 도산절차 개시에 관한 결정이 이루어져야 하고, 재산의 환가가 아니라 보전만 문제된다는 점을 고려할 때, 강한 임시도산관리인의 권한은 달라질 수 있다. 이러한 이유에서 도산법 제22조 제1항 제2문 제1호는 임시도산관리인은 채무자의 재산을 보전하고 유지해야 한다고 규정한다. 임시도산관리인은 비상시에만 — 가령 채무자 재산에 속한 목적물이 부패하기 쉬운 물건인 경우 — 양도권한을 갖는다. 임시도산관리인은 도산절차개시 신청에 관한 결정시까지 사업을 계속해야 한다. 상당한 재산감소를 피하기 위해 필요한 경우에만 법원의 동의 하에, 임시도산관리인이 사업을 중단할 수 있다(도산법 제22조 제1항 제2문 제2호).[111] 그 밖에 임시도산관리인은 법원의 보조인으로 활동한다. 임시도산관리인은 법원을 위해 감정인으로서 ① 절차비용의 충당 여부, — 그에 관한 위임이 있는 경우 — ② 개시근거의 존재 및 회생가능성을 심사해야 한다(도산법 제22조 제1항 제2문 제3호). 회생가능성이 있으면, 임시도산관리인은 자신의 사업계속권한을 근거로 회생을 위한 조치를 취할 수 있다.[112]

127 임시도산관리인은 자신의 직무수행을 위해 채무자의 영업장소에

---

110 따라서 "강한" 임시도산관리인은 도산관리인처럼(Rdnr.78) 직무상 당사자이고, 채무자의 대리인 — 구 파산법 하에서의 입장이었다 — 이 아니다. 그러므로 집행권원은 민사소송법 제727조를 유추하여 "강한" 임시도산관리인으로 그 명의가 변경되어야 한다. "강한" 임시도산관리인이 선임되면 진행 중인 소송절차는 민사소송법 제240조 제2문에 따라 중단되고, 임시도산관리인만 이를 인수할 수 있다(도산법 제24조 제2항). 민사소송법 제240조 제2문은 "강한" 임시도산관리인에게만 적용되고, "약한" 임시도산관리인에게는 — 그가 소송수행권을 부여받는 경우를 제외하고 — 적용되지 않는다. 일반적 처분금지명령만 발령된 경우에는, 민사소송법 제148조에 따라 임시도산관리인을 선임할 때까지 소송진행을 중단할 수 있다.

111 사업의 유지 또는 청산 여부에 관해서는 채권자들이 보고기일에 결정한다(도산법 제157조).

112 가령 임시도산관리인은 회생신용에 관하여 협상할 수 있다.

출입해야 하고, 그곳에서 조사를 하고 장부와 영업서류를 살펴보아야 한다. 그 밖에 채무자는 임시도산관리인에게 필요한 모든 정보를 제공해야 한다(도산법 제22조 제3항). “강한” 임시도산관리인의 법적 행위로 인해 채무가 발생한 경우, 채무자가 이 채무를 부담한다. 나중에 도산절차가 개시되면 이는 재단채무가 되고 도산관리인이 발생시킨 채무(도산법 제55조 제2항)와 마찬가지 순위에 놓인다. 가령 임시도산관리인이 사업을 계속하고 회생하려는 과정에서 신용거래를 한 경우, 이는 재단채무가 된다.

“*약한*” 임시도산관리인의 권한은 법원이 정한다(Rdnr.125). 가령 128
도산법원으로부터 명시적으로 수권을 받지 않는 한 약한 임시도산관리인은 재단채무를 발생시킬 수 없다. 또한 약한 임시도산관리인은 단체법상 기관의 권한에 간섭할 수 없다. 그러나 약한 임시도산관리인은 가령 주택불가침권(Hausrecht)의 행사, 현금의 관리, 채무자의 채권 추심[113]에 관하여 권한을 부여받을 수 있다. 또한 약한 임시도산관리인에게 동의유보에 따른 저지권이 부여될 수 있다(Rdnr.125, 132). 도산법 제22조 제2항 제2문에 따르면, 법원의 결정을 통해 “약한” 임시도산관리인에게 “강한” 임시도산관리인이 법률상 갖는 권한을 초과하는 권한을 부여할 수 없다.

B. 일반적 처분금지

임시도산관리인의 선임 이외에 중요한 보전조치로는 일반적 처분 129
금지 명령이 있다(도산법 제21조 제2항 제2호 제1목). 이러한 금지는 ① 그 명령발령 당시 존재하는 재산과 ② 채무자가 도산절차개시신청에 대한 결정시점까지 취득하는 재산, 그리고 ③ 도산절차가 개시된 경

113 담보목적으로 양도된 채권에 관해서는 Rdnr.132 참조.

우 도산재단에 속하는 재산을 대상으로 한다. 일반적 처분금지의 효력은 도산법 제24조 제1항, 제81조, 제82조[114]에 따라 발생한다: 채무자의 처분과 채무자에 대한 급부는—민법 제135조, 제136조와 달리—절대적 무효이다; 법률행위를 통해 토지소유권을 취득하는 경우와 채무자에게 급부하는 경우에만 선의의 거래상대방, 선의의 채권자의 신뢰가 보호된다. 그러나 도산법 제24조 제1항은 도산법 제91조(Rdnr.174 이하)를 지시하고 있지 않다. 따라서 제3자는 일반적 처분금지명령 발령 후에도 압류된 목적물에 대한 권리를 취득할 수 있다. 즉, 사전처분의 방식으로 제3자에게 해당 권리가 설정되었고, 제3자의 권리취득을 위해 일반적 처분금지명령 발령 후 채무자의 추가적 법적 행위가 필요하지 않은 경우에는, 제3자가 압류된 목적물에 대한 권리를 취득할 수 있다. 채무자에 대한 상계는 가능하다. 이 경우에는, 도산절차개시 후 적용되는 도산법 제94조 이하의 규정이 적용되지 않고, 유추적용되지도 않는다. 그러나 이러한 상계는 도산절차개시 후 부인의 대상이 될 수 있다. 부인의 대상이 되는 경우에는, 소급효가 있는 도산법 제96조 제1항 제3호에 따라 해당 상계는 바로 무효가 된다.

130 일반적 처분금지는 원칙적으로 단독으로 발령될 수 없다. 왜냐하면 일반적 처분금지만 발령되면, 채무자재산을 처분할 수 있는 사람이 아무도 없게 되기 때문이다. 따라서 채무자 대신 처분권을 갖는 임시 도산관리인(Rdnr.125)의 선임과 함께 일반적 처분금지가 발령되어야 한다. (사업이 중단된 경우처럼) 채무자재산에 대하여 절실한 처분필요성이 존재하지 않거나, 임시도산관리인 선임 요건에 관하여 단기간 심사를 해야 하는 경우에만 예외가 인정된다. 즉 이러한 경우에는 일반적 처분금지만 단독으로 발령될 수 있다. 어느 경우이든 일반적 처분금지명령은 도산법 제23조에 따라 이해관계인들에게 송달되고 공

114 개별적 내용은 Rdnr.163 이하 참조.

시되며 등기부(토지등기부, 상업등기부, 조합등기부, 법인등기부)에 등기된다. 이에 따라 토지의 경우 선의취득이 배제된다(민법 제892조 제1항 제2문). 그러나 처분금지의 효력은 명령의 고지 또는 (구두변론이 열리지 않는 통상적인 경우) 결정문 공표를 통해 이미 발생한다. 송달이나 공시시점에 비로소 처분금지의 효력이 발생하는 것은 아니다.

C. 강제집행금지

도산법 제21조 제2항 제3호에 따르면 법원은 채무자에 대한 강제 **131**
집행을 금지하고 일시적으로 중단시킬 수 있다. 이를 통해 ① 개별 채권자들이 개시절차 진행기간 중 강제집행의 방법으로 채권만족을 얻거나, ② 채무자재산에 속한 물건에 관하여 압류질권을 취득하거나, ③ 사업의 잠정적 계속에 필요한 물건을 사업체로부터 빼앗아 갈 수 없게 된다. 부동산이 아닌 경우에만, 즉 동산, 채권 그 밖의 재산권의 경우에만 도산법원에 의한 강제집행 금지가 가능하다. 토지의 경우 임시도산관리인의 신청에 따라 집행법원을 통해 강제집행금지 명령이 가능하다(강제경매 및 강제관리법 제30d조 제4항). (채무자의 개별재산에 대해서뿐만 아니라 — 개별재산에 대하여 강제집행금지 명령이 발령되는 것도 가능하다 —) 채무자의 전체재산에 대하여 강제집행금지 명령이 발령된 경우, 강제집행이 금지되는 도산절차개시 후의 법률상태(도산법 제89조; Rdnr.153)와 마찬가지의 법률상태가 된다. 그러나 이 경우(도산법 제89조의 경우 — Rdnr.153 이하 참조 — 와 달리) 별제권자의 강제집행도 저지된다. 그러나 환취권자는 강제집행금지와 관련이 없다. 개시기간 동안 이루어졌던 강제집행조치는 도산절차개시 즉시 무효가 된다(도산법 제88조; Rdnr.154). 따라서 강제집행금지는 실제로 보전적 의미만 있다.

D. 기타 조치들

132 도산법 제21조 제2항의 문언("가령")에서 확인되는 것처럼, 법원은 다른 보전조치를 취하거나 추가할 수 있다. 임시 채권자협의회의 지정(Rdnr.91) 이외에, ① *동의유보*, 즉 채무자의 처분[115]은 임시도산관리인의 동의가 있는 경우에만 유효하다는 명령(도산법 제21조 제2항 제2호 제2목; Rdnr.125)이 고려된다. 이 명령은 동의가 필요한 대상이나 금액범위를 제한할 수 있지만, 반드시 제한해야 하는 것은 아니다.[116] 동의는 채무자의 의사표시에 대하여 추가로 요구되는 것이고,[117] 채무자에 대해서 또는 제3자에 대해서 동의할 수 있다(민법 제182조 제1항). ② *계좌의 정지, 개별 재산의 봉인조치*도 생각해 볼 수 있다. 이 경우 민법 제135조, 제136조에 따른 상대적 처분제한만 가능하다. 채무자가 특정 목적물을 별제권자에게 인도하는 것을 금지하는 명령도 가능하다.[118] 또한 도산법 제21조 제2항 제1문 제5호에 따르면, 영업계속을 위해 엄격한 요건 하에 그리고 도산절차 개시 이후의 관련 규정을 참고하여(Rdnr.301), ③ *환취권자 및 별제권자의 권리에 간섭하는 것*이 가능하다. 부담이 설정된 교통수단을 계속 사용하는 것, 양도담보의 목적물인 재고자산을 환가하는 것, 양도담보의 대상인 채권을 추심하는 것 등이 그 예이다. 이러한 명령을 제외하고는 제3자에 대한 명령은 허용되지 않는다. 법원은 긴급한 상황에서는 ④ *강제조치*를 명할 수 있다. 즉 채무자를 강제로 소환하여 심문 후 구속하거나(도산법 제21조

---

115 채무자의 권리능력과 행위능력, 의무부담행위를 할 수 있는 권한을 박탈할 수는 없다. BGH ZIP 2018, 1082 Rdnr.53.

116 제한을 하지 않은 경우 일반적 동의유보라고 한다.

117 따라서 채무자의 의사표시에 갈음하는 판결이 확정되더라도 임시도산관리인의 동의를 대체할 수는 없다. BGH ZIP 2018, 1506 Rdnr.22.

118 이러한 명령이 발령되면, 도산관리인이 도산절차개시 당시의 점유를 취득할 수 있게 되고(도산법 제148조), 별제권자가 아니라 관리인이 환가권을 갖게 된다(도산법 제166조 제1항).

제3항),[119] 거주제한을 명하고 이를 위해 여권을 압수할 수 있다. 또한 ⑤ *서신의 중단*(도산법 제99조)도 허용된다(도산법 제21조 제2항 제4호).

E. 보전조치의 해지 및 취소

보전조치가 더 이상 필요하지 않게 된 경우 — 가령 도산절차개시 신청이 기각된 경우 — 보전조치를 해지해야 한다. 이 경우 처분제한의 해지도 공시되어야 한다(도산법 제25조). 그러나 임시도산관리인의 조치는 도산법 제34조 제3항 제3문(Rdnr.138)을 유추하여 여전히 유효하다; 그간 이루어진 금지명령에 반하는 채무자의 처분은, 임시도산관리인이 그 처분에 동의할 수 있었던 경우에는, 사후적으로 유효가 된다. **133**

보전조치 명령에 대해서는 도산법 제21조 제1항 제2문에 따라 단지 채무자를 위해 즉시항고를 통해 **취소할 수 있다**. 그러나 도산절차가 개시되면 항고를 위한 권리보호필요성이 사라진다. 즉시항고는 집행정지효가 없다(민사소송법 제570조 제1항). 즉시항고가 인용되면 해당 조치는 소급적으로 무효가 된다. 그러나 임시도산관리인의 법적 행위에 대해서는 도산법 제34조 제3항 제3문이 유추되어야 한다(Rdnr.133). **134**

§13: 신청에 대한 결정

A. 기각

도산절차 개시 요건이 존재하지 않으면, 법원은 신청을 기각한다. **135**

---

119 외국으로 재산을 빼돌리는 것을 막기 위해, 임시도산관리인이 점유를 취득할 때까지 걸리는 시간을 단축하기 위해 이러한 강제조치를 명할 수 있다. 도산법 제22조 제3항 제3문에 따른 채무자의 정보제공의무를 관철하기 위해 채무자를 구류(拘留)하는 것과는 구별해야 한다.

이는 결정의 형식으로 이루어진다. 기각결정에 대하여 도산법 제34조 제1항에 따라 신청인이, — 재단부족으로 인한 기각의 경우에는 신청을 하지 않은 채무자도 — 즉시항고를 하여 기각결정을 취소시킬 수 있다. 재단부족으로 인한 기각 사실은 법원이 작성한 채무자표("블랙리스트")에 기재되고(도산법 제26조 제2항)[120] 채무자가 법인이나 법인격 없는 조합인 경우 상업등기부, 조합등기부, 법인등기부에 기재된다(도산법 제31조 제2호). 재단부족으로 인한 기각결정이 확정되면 회사는 직권으로 해산된다(상법 제131조 제1항 제3호, 제2항 제1호, 주식법 제262조 제1항 제4호, 유한책임회사법 제60조 제1항 제5호, 협동조합법 제81a조 제1호). 회사는 청산되고, 완전히 청산된 후에는 등기부에서 삭제된다. 채무자가 자연인인 경우 현재 절차비용을 충당할 수 있다는 점을 소명하면 다시 도산신청을 할 수 있다. 이는 법인의 경우에도, 법인이 상업등기부에서 삭제됨으로써 청산절차가 종결되지 않는 한, 마찬가지이다.

B. 개시결정

136 개시근거가 존재하는 경우, 법원은 도산절차를 개시해야 한다. 법원이 재량을 행사할 여지는 없다. 개시결정도 **결정**의 형식으로 이루어진다. 개시결정은 공시되어야 하고(도산법 제30조 제1항),[121] 채무자, 채권자, 채무자에 대한 채무자[122]에게 송달되어야 한다(도산법 제30조 제2항). 또한 개시결정 사실은 채무자가 기재되어 있는 상업등기부, 조합등기부, 법인등기부(도산법 제31조)와 토지등기부(도산법 제32조)에

---

120 도산법 제303a조에 따른 채무자표에의 기재에 관해서는 Rdnr.457 참조.

121 공시는 원칙적으로 인터넷(www.insolvenzbekanntmachungen.de)을 통해 이루어진다(도산법 제9조 제1항 제1문). 공시가 이루어지고 나서 2일이 지나면, 공시의 효력이 발생한다(도산법 제9조 제1항 제3문).

122 도산법 제82조(채무자에 대한 급부) 때문에 채무자의 채무자에게 송달되는 것이 중요하다! Rdnr.172 참조.

등기된다.[123]

개시결정에 필수적으로 포함되는 **내용**은 도산법 제27조 이하에서 규정하고 있다. 우선 채무자의 재산에 대하여 도산절차가 개시되었다는 점이 기재된다. 이 때 개시시간을 정확히 기재해야 한다(도산법 제27조 제2항 제3호).[124] 개시시간이 없으면 개시결정이 발령된 날의 정오를 개시시간으로 본다. 또한 법원은 개시결정에서 도산관리인(Rdnr.65)을 지명한다. 법원은 개시결정에서 채권자들에게 그들의 권리(담보권 포함[125])를 도산관리인에게 신고하도록 촉구한다(도산법 제28조 제1항 제1문). 또한 법원은 개시결정에서 채무자에 대한 채무자에게 도산관리인에게 급부할 것을 촉구한다(도산법 제28조 제3항; 이른바 "공시된 압류"). 그 밖에 보고기일과 심사기일이 확정된다(도산법 제29조; Rdnr.88). **137**

개시결정에 **흠**이 있더라도 개시결정은 유효하다. 가령 다음과 같은 경우 결정은 유효하다. **138**

- 토지관할의 흠
- 채무자를 이름으로 특정하지 않고 서류를 통해 확인할 수 있게 특정한 경우
- 채무자가 존재하지 않거나 도산능력이 없는 경우
- 개시결정의 날짜가 부적법하게 소급기재된 경우

그러나 개시결정의 외관(外觀)상 그 결정을 법관의 판단이라고 보기 어렵게 만드는 흠[126]이 있다면, 그 개시결정은 무효이다. 흠이 있는

---

123 도산법 제81조(채무자의 처분), 제91조(기타 권리취득의 배제) 때문에 등기되는 것이 중요하다! Rdnr.170, 177 참조. 등기는 도산법원의 요청이나 도산관리인의 신청에 따라 이루어진다(도산법 제32조 제2항).

124 개시결정은 송달시가 아니라 발령시, 즉 법관의 서명과 결정문 공표 시점에 효력이 발생하기 때문에 개시시간을 정확히 기재하는 것이 중요하다!

125 그러나 도산관리인은 독자적으로 담보권을 조사하고 이를 존중해야 한다.

126 가령 법관의 서명누락.

(유효한) 개시결정은 도산법 제34조 제2항에 따라 오로지 채무자에 의한 **즉시항고**를 통해 취소할 수 있다.[127] 이는 채무자 자신이 신청을 하지 않았음을 전제로 한다. 왜냐하면 채무자가 신청을 한 경우에는, 개시결정이 있었다고 해서 채무자가 불이익을 입는 것이 아니기 때문이다.[128] 항고는 집행정지효가 없다(도산법 제4조. 민사소송법 제570조 제1항). 따라서 도산절차개시의 효력(Rdnr.139 이하)은 일단 발생한다. 항고가 성공하면 도산절차의 폐지가 도산절차개시결정과 마찬가지 방법으로 공시된다.[129] 도산절차폐지는 항고인용결정이 확정력을 가질 때 비로소 그 효력이 발생한다.[130] 그러나 도산절차폐지는 소급효가 있다. 채무자는 도산절차가 개시되지 않았던 것처럼 취급된다. 그럼에도 불구하고 법률관계의 안정성을 위해 그 사이에 이루어진 도산관리인의 행위, 가령 도산관리인의 채무자재산 처분행위는 유효하다(도산법 제34조 제3항 제3문). 도산관리인이 발생시킨 채무는 채무자가 변제해야 한다.

---

127 도산법원이 채권자의 일방적 종결의사표시에 따라 도산절차개시 신청의 종결을 선언한 경우에도, 마찬가지이다. 그런데 이 경우 도산법 제34조 제1항(개시신청 기각시 즉시항고에 관한 규정이다)을 유추할 수 있다.

128 BGH ZIP 2012, 998 Rdnr.3ff.(채무자뿐만 아니라 채권자도 신청을 한 경우에도, 채무자는 도산절차개시 결정에 대하여 즉시항고를 할 수 없다); BGH ZIP 2008, 1793 Rdnr.4ff.(채무자가 신청을 하였다면 도산절차개시 결정에 대하여 채무자가 도산재단이 부족하다는 이유로 즉시항고를 제기할 수 없다)
그러나 ① 채무자가 자신의 신청 후 사실상태나 법률상태가 변경되었다고 주장하려는 경우, 가령 개시근거가 소멸하였다거나(도산절차개시 신청당시 제반상황에 대하여 착오가 있었다는 점만으로는 부족하다. BGH ZIP 2007, 499 Rdnr.14), 신청이 철회되었다고(BGH ZIP 2007, 499 Rdnr.11) 주장하려는 경우, ② 도산절차개시 신청의무(Rdnr.98)를 부담하는 법인 채무자가 자신의 신청이 재단부족을 이유로 기각되었어야 한다고 주장하려는 경우(BGH ZIP 2004, 1727), ③ 채무자가 소비자도산절차를 신청하였는데 통상의 도산절차가 개시된 경우(BGH ZIP 2013, 1139 Rdnr.6ff.), ④ 자기관리신청이 기각된 경우(견해대립 있음. Rdnr.469)에는, 채무자가 개시결정에 대하여 즉시항고를 제기할 수 있다.

129 도산법 제34조 제3항 제1, 2문, 제200조 제2항 제2, 3문, 제9조, 제31 내지 33조 참조.

130 도산관리인은 도산절차개시 결정과 마찬가지로 항고인용 결정도 취소할 수 없다.

4편
도산절차개시의 효과

§ 14: 압류

139

A. 도산재단

도산절차개시의 가장 중요한 효과는 도산재단의 압류이다. 이는 140
도산법에 명시적으로 규정되어 있지 않지만, 도산법 제80조 제1항 제1문으로부터 직접 도출된다. 이 조문은 도산절차개시를 통해 채무자가 도산재단에 대한 관리처분권을 잃고, 그 관리처분권은 도산관리인에게 이전된다는 취지로 규정하고 있다.

압류는 도산재단에 대해서만 이루어진다. 도산법은 도산재단을 141
"도산절차개시 시점에 채무자에게 속한 모든 재산과 채무자가 도산절차진행 중 취득하는 재산"으로 정의하고 있다(도산법 제35조). 압류할 수 없는 재산은 — 예외가 있지만 — 도산재단으로부터 제외된다(도산법 제36조). 이는 구체적으로 말하자면 다음과 같은 의미이다:

도산재단은 법률규정에 의해[131] 우선(Rdnr.144) **도산절차개시 당시** 142
현존하는 채무자의 재산으로 구성된다. 도산절차개시와 함께 "선이 그어진다"는 것은 이미 설명하였다(Rdnr.81): 이 시점에 현존하는 채무자재산은 이 시점에서의 정당한 채권자들을 위해 환가되어야 한다;

131 그 목적물을 도산재단에 속하는 것으로 본다는 관리인의 별도의 의사표시는 필요하지 않다.

채무자재산은 종국적으로 채권자들에게 책임법적으로 귀속된다. 모든 적극재산(토지, 동산, 채권, 기타 재산적 가치가 있는 것)으로서 도산절차개시 당시 채무자에게 속하는 것은 도산재단에 속한다.[132] 채무자가 공동소유자인 경우 그의 지분소유권만이 도산재단에 속한다. 공동소유자들 사이의 협의는 도산법 제84조에 따라 일반규정에 따른다.

143 채무자의 인격권은 **재산**으로 고려하지 않는다.[133] 상속의 승인이나 포기에 관한 결정권은, 고도의 인격적 특성으로 인해 오직 채무자에게만 있다(도산법 제83조); 그러나 승인된 상속권은 도산재단에 포함된다. 기업의 *상표*와 *상호*는 도산재단의 일부이다. 그러나 개별상인이나 인적상사회사의 도산시 그 상표와 상호가 채무자의 성(姓)을 포함하고 있는 경우에는, 채무자의 동의가 있어야만 도산관리인이 이를 제3자에게 양도할 수 있다.

144 도산법 제35조에 따라 채무자[134]가 절차가 폐지되거나 중지될 때까지 취득한 재산도 도산재단에 포함된다. 이를 **신득재산**이라 한다. 채무자가[135] 도산절차진행 중 취득한 것 — 그것이 임금이든[136] 독립적 활동을 통한 보수이든, 상속받거나 증여받거나 복권에 당첨되거나 그 밖의 방법으로 얻은 재산이든 도산재단에 포함되고 도산채권자들은

---

132 채무자에게 속하지 않는 목적물은 원칙적으로 환취되어야 한다(도산법 제47조). 예외 : 양도담보의 목적물은 별제권의 대상일 뿐이다(도산법 제51조 제1호). 이들은 도산법적으로 여전히 채무자 재산에 속하고 따라서 도산재단에 속한다. Rdnr. 281 이하 참조.

133 따라서 채무자는 도산재단을 위해 일할 의무가 없다. 왜냐하면 노동력은 도산재단에 속하지 않기 때문이다. 근로의무는 단지 잔존채무면책과 관련하여 존재한다(Rdnr.450).

134 도산관리인이 도산재단을 사용하여 취득한 목적물도 대위(Surrogation)를 통해 도산재단에 속한다.

135 제3자가 도산관리인의 신탁계좌에 지급한 것은 채무자의 신득재산이 아니다; 이 경우에는 도산절차 종료 시 도산관리인에 대한 지급청구권만이 채무자재산에 속한다.

136 이 경우에도 압류제한 범위는 준수되어야 한다(도산법 제36조 제1항; Rdnr.146).

이를 처분할 수 있다.[137] 그러나 채무자가 도산절차 종료시까지 취득한 재산만 도산재단에 포함된다(Rdnr.145). 도산절차종료 후 채무자가 취득한 재산은 자유재산으로서, 이에 대하여 도산채권자뿐만 아니라 그동안 추가된 새로운 채권자들도 개별적으로 강제집행을 할 수 있고, 필요한 경우 두 번째 도산절차에서 환가될 수 있다. 잔존채무면책결정 이후 새롭게 취득한 재산도 마찬가지이다.

재산가치가 **도산절차 종료시까지 이미 존재하고 있었는지** 여부는 **145**
사안에 따라서는 판단하기 어려울 수 있다.[138] 취득의 법적 근거가 이미 도산절차 진행 전에 또는 도산절차 진행 중에 존재하였는지, 그에 따라 재산가치가 채권자들에게 책임법적으로 귀속되었는지 여부가 중요하다. 가령 도산절차종료 후 시점과 관련된 *임금이나 보수청구권*은, 근로계약이나 고용계약이 도산절차종료 전에 체결되었더라도. 도산재단의 구성부분이 아니다. *연금*의 경우 근로자가 이미 퇴직상태에 있었는지 여부가 중요하다. 도산절차 종료시까지 *기대권*을 취득하면 완전한 권리도 도산재단에 귀속된다. *손해배상청구권*의 경우 손해를 야기하는 행위의 시점이 중요하고 손해발생시점은 중요하지 않다. 보험금청구권을 비롯한 *정지조건부 채권*의 경우 채권의 발생시점이 중

---

137 구 파산법은 도산절차개시 시점을 기준으로 파산재단을 확정하였다(구 파산법 제1조 제1항). 그러나 도산법은 도산절차개시 후에 발생하는 채무자의 임금청구권이나 보수청구권은 통상 도산채권자들을 위해 양도되거나 질권이 설정된다는 점을 고려해 신득재산도 도산재단에 포함시키고 있다. 이러한 청구권들은 모든 도산채권자들을 위해 환가되는 것이 공평할 것이다(도산법 제81조 제2항 참조). 또한 소비자도산절차(도산법 제305조 제1항 제4호)와 잔존채무면책절차(도산법 제295조 제1항 제1, 2호)는 채무자의 장래의 수입 및 재산에 대해서도 이루어지고, 절차진행기간 동안의 신득재산을 파악하는 것을 예정하고 있다는 점도 고려해야 한다. 현행 도산법의 태도에 비판적인 견해로는 Häsemeyer Rdnr.9.02.

138 구 파산법에서는 도산절차 개시 당시 재산가치가 현존하는지 여부가 문제되었다. 현 도산법에서는 신득재산도 도산재단에 포함되기 때문에(Rdnr.144) 채무자가 도산절차진행 중 취득한 재산가치인지 여부(도산법 제35조)가 중요하다. 그러나 구별기준은 동일하므로, 구법하의 판례나 문헌도 참고가 된다.

요하고 조건성취시점은 중요하지 않다. *유류분청구권*의 경우 상속개시시점이 중요하고 민사소송법 제852조에 따라 환가가 가능하게 된 시점은 중요하지 않다. *중개인 보수*청구권의 경우 중개계약 체결시점이 아니라 합의된 급부의 이행(적합한 목적물의 안내나 중개)의 시점에 비로소 취득의 법적 근거가 충분히 발생한 것이다.[139]

146 **압류할 수 없는 목적물**은 도산재단에 속하지 않는다(도산법 제36조 제1항). 전체집행절차로서 도산절차는 채권자들에게 개별집행절차에서 채권자들이 처분할 수 있는 책임재산보다 더 많은 책임재산을 만들어 줄 수 없다. 또한 압류금지에 대한 규정들은, 채무자가 사회보장급부를 통해 공공에게 부담을 주지 않도록 하면서, 채무자에게 최소한의 생존을 보장해 준다; 이는 도산절차에서도 마찬가지로 유효해야 한다. 민사소송법 제811조 이하, 제850조 이하에 따라 압류할 수 없는 것들은 채무자의 도산절차에서도 채권자들을 위해 환가될 수 없다. 그러나 양도할 수 없고 따라서 민사소송법 제851조에 따라 압류할 수 없는 채권은, 압류가 불가능한 이유에 따라 도산재단에 포함될 수도 있다. 또한 유류분청구권도 민사소송법 제852조(Rdnr.145)에도 불구하고 도산재단에 포함될 수 있다. 압류할 수 없는 재산으로부터 취득한 것(가령 압류가 금지된 임금을 저축한 것)은 압류가 가능하고 도산재단에 속한다.

147 따라서 채무자의 *지적재산권*은 그것이 양도가능하고 압류도 가능한 경우에 한해(민사소송법 제857조, 제851조), 도산재단에 속한다. 저작권의 경우 저작인격권은 도산재단에 속하지 않고, 수익권만 채무자가 동의한 경우에 한해 도산재단에 속한다(저작권법 제31조, 제113조 이하). 특허는 특허법 제15조에 따라 양도가 가능하다. 그러나 권리자가 경제적 이용을 위한 의사를 공표한 경우에만 도산재단에 속한다.

139 주된 계약의 체결 여부가 중요한 것은 아니다. BGHZ 63, 74, 76.

압류금지 목적물이 도산재단에 속하지 않는다는 원칙과 달리, 도산법 제36조 제2항은 채무자의 *상업장부*와 농업운영이나 약국을 위해 필요한 *재산목록*은 민사소송법 제811조 제4, 9, 11호에도 불구하고 도산재단에 포함시키고 있다. 이는 채무자의 사업을 양도가능한 단일체로서 유지시키기 위함이다. *가재도구*는 — 민사소송법 제811조 제1호에 따라 압류가 금지되는 것이 아닌 한 — 민사소송법 제812조에 따라 다음과 같은 경우에만 도산재단에 속한다. 가재도구의 환가 후 비용을 공제하더라도 환가대금이 남을 것으로 예상되는 경우(도산법 제36조 제3항). 148

도산관리인은 채무자재산에 속하는 목적물을 **포기**를 통해 도산재단으로부터 배제할 수 있다(도산법 제32조 제3항 제1문 참조).[140] 포기한 목적물은 다시 채무자의 자유로운 처분권 하에 놓인다.[141] 포기는 채무자의 수령이 필요한 일방적 의사표시를 통해 효력이 발생한다. 포기는 소송에 관련된 목적물로서 높은 소송위험이 존재하는 경우(이 경우 도산법 제85조 제2항에 따라 포기가 이루어진다), 환가할 수 없거나 환가가치 이상의 부담이 설정된 목적물의 경우[142] 의미가 있다. 도산법 제35조 제2항 및 제3항은 채무자가 독립적 활동을 하는 과정에서 새로 취득한 재산의 포기에 관하여 규정하고 있다. 포기는 도산관리인의 재량에 속한다. 채무자의 포기청구권은 인정되지 않는다. 도산법 제109조 제1항 제2문에 따른 임대차관계의 포기에 관해서는 Rdnr.206 참조. 149

140 새로운 견해에 따르면 재단재산의 포기는 자연인이 도산한 경우에만 가능하다. Rdnr.158 이하 참조.

141 재단재산의 포기는 "자유재산으로의 이전"이라는 효력을 갖는다.

142 **오염된 쓰레기장 부지의 포기** 또는 질서의무와 연관된 재산의 포기(이러한 포기가 인정되면 제거비용을 위해 도산재단이 책임을 지는 것을 피할 수 있게 된다)가 가능한지는 의문스럽다.

B. 압류의 효력

150 도산절차가 개시되면 **채무자**는 도산재단에 속한 재산에 관한 관리처분권을 상실한다(도산법 제80조 제1항). 채무자는 권리능력이나 행위능력을 상실하지는 않고, 도산재단에 속한 물건에 대하여 계속 소유자이며 도산재단에 속한 채권에 관하여 계속 채권자이다. 그는 단지 관리처분권을 상실하고 이에 따라 소송수행권도 상실한다. 따라서 도산재단에 속하는 목적물에 관한 채무자의 처분은 무효이고(도산법 제81조 제1항 제1문), 도산재단에 속하는 채권에 관하여 채무자에게 한 급부도 무효이다(도산법 제82조; Rdnr.171). 그러나 채무자는 새롭게 의무를 부담할 수 있다. 이 경우 새로 발생한 청구권에 대하여 도산재단이 아니라 자유재산으로만 책임을 지고, 도산재단에 대해서 새로운 채권자는 공취(攻取)할 수 없다(도산법 제38조, 제91조 참조).[143]

151 도산재단에 속한 목적물에 대한 관리처분권은 도산절차개시와 동시에 **도산관리인**에게 이전된다(도산법 제80조 제1항). 도산관리인만이 — 직무상 당사자로서(Rdnr.73 이하) — 관리처분권을 갖는다. 도산관리인은 도산재단과 그의 고유재산[144]을 처분할 수 있게 된다. 도산관리인은 채권자들을 위해 도산재단을 환가하기 위해, 즉시 도산재단의 점유와 관리를 인수해야 한다(Rdnr.61)(도산법 제148조 제1항). 도산재산에 속한 채권에 대한 급부는 도산관리인에게 이루어져야만 변제효가 발생하고(도산법 제82조, 제28조 제3항 참조), 도산재단을 위한 의사표시도 도산관리인만 할 수 있다.[145] 또한 도산관리인은 도산재단과 관련된

---

143 BGH ZIP 2001, 2008, 2009. 채무자가 도산절차 진행 중 계약을 체결하면 그의 급부청구권은 신득재산으로서 도산재단에 귀속된다(도산법 제35조). 그러나 계약상 대방은 채무자에 대해서만 이행을 청구할 수 있다.

144 그러나 도산관리인은 단지 그의 고유재산에 관해서만 권리의 보유자(Rechtsträger)이다(Rdnr.150).

145 채무자에 대하여 이루어진, 고도의 인격적 행위가 아닌 — 청약수령자인 채무자의

장부작성 및 회계처리 의무, 세금신고의무를 부담한다.

도산관리인은 원칙적으로 그의 처분권을 자유롭게 활용할 수 있다. 도산절차에서 발생하는 청구권을 처분하거나, 부인권(Rdnr.272) 또는 업무집행 대표자에 대한 책임청구권을 양도하는 경우에도 마찬가지이다. 도산관리인이 합목적적이지 않거나 부당하거나 채권자들을 해하는 조치를 한 경우 도산관리인이 책임을 부담할 수 있지만(Rdnr.68), 그럼에도 불구하고 이러한 조치는 그의 처분권한의 범위 내에 있는 것이다. **도산절차의 목적에 명백히 반하는 도산관리인의 법적 행위**의 경우에 비로소 그의 처분권한의 범위 밖에 있다: 도산절차의 목적에 명백히 반하는, 즉 합리적 인간이 객관적으로 보았을 때 도산절차의 목적(도산재단으로부터 모든 도산채권자들을 가능한 한 최대한 그리고 평등하게 만족시키는 것; Rdnr.1)에 명백히 어긋나는 조치는 — 대리권 남용의 경우처럼 — 무효이다.[146] 152

도산채권자들에 대하여 압류는 그들의 집단적 채권만족을 위해 도산재단이 그들에게 책임법적으로 귀속되었다는 것을 뜻한다(Rdnr. 142). 여기서 "집단적으로"라는 단어에 주목해야 한다: 도산재단에 속한 목적물에 대하여, 법률행위를 통해서든(도산법 제81조, 제91조; Rdnr.163, 174), 강제집행의 방법을 통해서든, 더 이상 개별적 권리를 취득할 수 없다. 왜냐하면 도산법 제89조에 따르면, 도산절차 개시로 *강제집행이 금지*되기 때문이다: 도산채권자는 도산절차가 진행되는 동안 도산재 153

법적 지위가 양도 및 압류가능한 경우 — 계약청약에 대하여 승낙 여부를 결정하는 것은 도산관리인의 권한이다. BGH ZIP 2015, 694 Rdnr.16ff. 조합원 도산시 회원지위의 해지권한은, 도산재단에 속한 채무자의 청산금채권을 실현하기 위해, 도산관리인에게 속한다. BGHZ 180, 185 Rdnr.5.

146 **사례** : 도산재단으로부터 증여를 하는 것, 채무자의 제3자에 대한 채권을 양도하거나 도산절차개시 후 특정채권을 전부변제하는 등의 방법으로 특정채권자를 우대하는 행위, 계약을 통해 우선변제권을 부여하는 행위, 무효인 담보권의 피담보채무를 변제하는 것, 가치가 없는 토지담보권의 피담보채무를 변제하는 것, 존재하지 않는 대상적 별제권을 승인하는 것.

단이나 채무자의 자유재산에 대하여 강제집행을 할 수 없다; 전체집행은 개별집행을 배제한다.[147] 채무자의 제3채무자에 대한 채권이 압류되어야 하기 때문에, 도산절차가 개시되면 압류 및 전부명령은 더 이상 제3채무자에게 송달되면 안 된다. 왜냐하면 이러한 송달을 통해 압류의 효력이 발생하기 때문이다. 도산법 제87조로 인해 도산채권자들은 도산절차진행 중 도산절차 참가를 포기하고 채무자의 자유재산을 공취할 수 없다. 채무자가 자유재산으로부터 임의변제를 하는 것은 가능하다.

154 도산절차개시 신청 1개월 전부터 도산절차개시 시점 사이에 강제집행의 방법으로 취득한 담보권[148]은 — 도산법 제129조 이하의 부인권을 행사할 필요 없이 — 도산절차 개시 후 무효가 된다(도산법 제88조. 이른바 **소급적 권리취득 배제효: Rückschlagsperre**).[149] 따라서 채권자는 위 기간 전에 취득한 압류질권에 대해서만 별제권(도산법 제50조 제1항)을 행사할 수 있다. 이러한 별제권은 도산법 제129조 이하에 따라 부인(Rdnr.244 이하)의 대상이 되지 않는 한, 도산법 제166조 이하에 따라 실현된다. 소비자도산의 경우 소급적 권리취득 배제효의 기간이 도산신청 전 3개월까지로 연장된다(도산법 제88조 제2항). 강제집행을 통해 이미 채권자에 대한 변제가 이루어진 경우, 도산법 제88조는 적용되지 않는다. 그러나 이러한 채권만족은 도산법 제131조의 기준에 따라 부인될 수 있다(Rdnr.262). 강제집행의 방법으로 이루어진 것이 아닌, 상대적 양도금지 효과를 갖는 그 밖의 압류의 경우, 도산법 제

147 그럼에도 불구하고 강제집행이 이루어진 경우 도산관리인은 이에 대하여 민사소송법 제766조에 따라 이의를 제기할 수 있다. 그러나 이의가 없었고 압류가 해제되지 않는 한, 공법적인 처분금지상태는 계속되고 제3채무자는 이를 준수해야 한다. BGH ZIP 2017, 2016 Rdnr.15.

148 임시처분의 방법으로 취득한 가등기권도 포함된다. BGH ZIP 1999, 1490, 1491.

149 그러나 소급적 무효와 상관없이, 공법적 처분금지상태는 계속된다. BGH ZIP 2017, 2016 Rdnr.14.

80조 제2항에 따라 무효이다.[150]

도산채권자가 아닌 **다른 채권자들**(Rdnr.84 이하)은 사안을 나누어 살펴보아야 한다: *환취권이 있는 채권자*는 강제집행의 방법으로 그의 반환청구권을 관철할 수 있다. *별제권자*에 의해 담보목적물에 대하여 강제집행을 하는 것은 원칙적으로 허용되나,[151] 도산법 제166조 이하, 강제경매 및 강제관리에 관한 법률 제30d조 이하, 제153b조 이하에 의해 제한될 수 있다.[152] *재단채권자*도 원칙적으로[153] 도산재단에 속한 목적물에 대하여 강제집행을 할 수 있다. *신규 채권자*들은 자유재산에 대해서만 — 그 자유재산이 압류가능한 경우에 한해(Rdnr.146 이하) — 강제집행을 할 수 있다.[154] 장래의 **임금 및 보수채권**에 대한 압류도 원 155

150 형사소송법 제111b조에 따라 이루어진 고권적 압류는, 도산절차개시 후에는 도산법 제89조(도산절차개시후 도산채권자의 개별집행을 금지하는 조항)에 따라 그 효력이 부정된다.

151 이 경우 도산법 제89조는 적용되지 않는다.

152 도산법 제49조("토지에 대한 강제집행의 대상이 되는 목적물에 대하여 우선변제권을 갖는 채권자는 *강제경매 및 강제관리에 관한 법률이 정한 기준*에 따라 별제권을 갖는다"고 규정하고 있다)에 의한 제한에 대해서는 BGHZ 168, 339ff.

> 역자 설명
>
> 토지에 저당권이 설정된 경우 그 저당권의 효력은 민법 제1123조, 제1124조의 기준에 따라 토지 관련 차임채권에도 미친다. 그렇다면 *저당권자가 채무자에 대한 도산절차개시 후* 저당권의 효력에 기초하여, *별제권자로서 차임채권에 대하여 강제집행을 할 수 있는지* 문제된다. 판례는 *토지의 강제관리를 통해 별제권자가 차임채권으로부터 우선변제를 받을 수 있을 뿐*이고, 별제권자가 *차임채권에 대하여 개별적으로 강제집행을 함으로써* 우선변제를 받을 수 없다고 한다. 채무자에 대한 도산절차 개시 후 저당권자가 저당목적물과 관련한 채무자의 차임채권을 압류하는 것은 도산법 제89조에 저촉된다는 것이다.
>
> 별제권자가 차임채권을 개별적으로 집행하는 것을 허용하게 되면, *도산관리인은 토지에 대한 공적 부담, 토지 관리비용 및 보험료 등을 재단채무로서 변제해야 하고, 담보물의 수익(차임채권)으로부터 위와 같은 비용을 충당하는 것이 불가능하게 되는데, 이는 별제권자에게 부당한 이익을 주고 도산채권자들에게 부당한 손해를 가하는 것*이다.

153 특정 재단채무의 경우 6개월 동안 예외적으로 강제집행이 불허된다(도산법 제90조).

154 신규채권자는 도산재단에 대하여 강제집행할 수 없다. 압류질권의 취득은 도산법 제91조 제1항에 따라 허용되지 않는다(Rdnr.174).

칙적으로 허용되지 않는다. 도산절차진행 기간에 관련된 임금 및 보수채권은 신득재산으로서 도산재단에 속한다. 이와 상관없이 도산법 제89조 제2항은 도산절차 진행 중 장래의 임금 및 보수채권에 대한 압류를 일반적으로 금지한다. 이는 잔존채무 면책절차를 위해 장래의 임금 및 보수채권을 유보하기 위함이다.

C. 채무자에 대한 그 밖의 결과

156 도산절차 개시는 그 밖에 다음과 같은 효과를 채무자[155]에게 가져온다. 이 효과는 도산법 제97조 이하에 규정되어 있다. 우선 채무자는 도산절차의 기관에 대하여 **정보제공 및 협력의무**를 부담한다(도산법 제97조).[156] 이 의무는 강제로 관철될 수 있다(도산법 제98조). 가령 관리인이 작성한 목록에 대하여 채무자가 의견을 제시하는 것이 이러한 의무에 속한다(도산법 제151조 제1항 제2문, 제153조 제2항). 또한 채무자는 **서신금지 명령**이 발령된 경우 자신의 서신의 비밀이 제한되는 것을 감수해야 한다(도산법 제99조, 제102조).

157 채무자와 그의 가족의 **부양**은 근로소득 중 압류가 금지된 부분은 도산재단에 속하지 않는다는 점을 통해 기본적으로 보장된다(Rdnr. 145 이하). 자유재산이 충분하지 않은 경우 도산법 제100조에 따라 필요한 부양을 도산재산을 통해 *보장할 수 있다*. 그러나 채무자의 보장청구권은 존재하지 않는다. 필요한 부양에 대해서는 도산관리인이 채권자협의회의 동의를 얻어 임시로 결정하고, 종국적으로는 채권자집

155 채무자(단체인 채무자)의 기관인 대리인과 피용자도 채무자와 동일하게 취급한다. 이들이 도산절차 개시 전 2년 내에 채무자의 업무로부터 배제된 경우도 마찬가지이다(도산법 제101조).

156 도산법 제97조 제1항에 따르면 이 의무는, 채무자가 형사처벌이 가능한 자신의 행위를 스스로 공개해야 하는 경우에도 적용된다. 그러나 이후의 형사절차에서는 채무자의 동의가 있는 경우에만 이를 증거로 사용할 수 있다.

회가 결정한다. 이를 통해 보장된 부양청구권은 재단채권이다(도산법 제100조 제1항, 제209조 제1항 제3호).

D. 보론: 단체의 청산

단체 관련 법은 법인(Rdnr.36)과 법인격 없는 조합(Rdnr.39)은 도산절차 개시로 해산된다고 규정하고 있다(민법 제42조 제1항 제1문, 제728조 제1항 제1문, 상법 제131조 제1항 제3호, 주식법 제262조 제1항 제3호, 유한책임회사법 제60조 제1항 제4호).[157] 단체는 청산된다. 단체의 재산은, 이사회나 업무집행 대표자를 대신해 청산업무를 수행해야 하는 청산인에 의해 환가되고, 환가대금으로부터 채무가 변제되며, 그 후 단체는 — 등록된 단체인 한 — 상업등기부, 법인등기부, 조합등기부에서 삭제된다(가사소송 및 비송사건 절차법 제394조 제1항 제2문). 158

새로운 견해에 따르면, 도산절차 개시에 의해 시작된 청산은 **도산관리인의 임무**이다: 단체의 도산은 전체집행절차일 뿐만 아니라, 도산관리인이 청산인의 임무도 수행하는 도산법적이고 동시에 단체법적인 청산절차이다. 도산관리인은 단체의 재산을 환가하여 환가대금으로부터 채권자들에게 변제할 의무뿐만 아니라, ① 등록말소되기 충분한 상태에 이를 때까지 단체를 완전히 청산하고 ② 가치가 없는 재산의 처리에 관하여 결정하며 ③ 상업등기부에 말소등록을 신청할 의무까지 부담한다. 이는 무엇보다도 도산재단으로부터 자유로운 재산이 있어서는 안 된다는 점, 따라서 도산관리인은 Rdnr.149에서 언급한 것과 달리 단체의 재산을 포기할 수 없다는 것을 뜻한다. 또한 이는 도산절차가 환가대금의 분배를 끝으로 종료하는 것이 아니고, 단체의 159

---

157 다른 이유로 청산이 개시되었더라도 도산절차는 개시될 수 있다. 도산법 제11조 제3항.

소멸을 통해 비로소 종료한다는 것을 의미한다.

160 이 문제에 대해서는 **견해가 대립**한다. 다수설에 따르면 도산 절차는 재산환가만을 위한 순수한 전체집행절차이다. 다수설은 이에 대한 근거로 도산법 제1조 제1문을 들면서, 단체법적 청산은 채권자들에게 추가비용부담을 발생시킨다고 주장한다. 또한 도산관리인은 도산재단으로부터 가치가 없는 재산을 분리시키기 위해서 재단재산을 포기할 권한을 가져야 한다고 주장한다. 또한 구 파산법 제10조/현 도산법 제85조(Rdnr.220 이하)로부터 도산관리인은 도산재단에 속한 목적물을 포기할 수 있다는 결론이 도출된다고 주장한다: 채무자가 도산절차개시 전 시작한 소송절차를 도산관리인이 인수하지 않는 경우, 이를 통해 도산관리인은 소송의 대상이 된 재산을 채무자를 위해 포기하는 것이다. 이 규정이 단체에 대하여 예외를 두고 있지 않으므로, 도산절차의 임무로서 청산까지 포함시키는 학설은 이 규정에 반하는 것이다.[158]

161 이에 대한 **입장**을 밝히기 위해서는 우선 도산법 정부안 제1조 제2항 제3문이 도산절차가 권리보유자(Rechtsträger)를 완전히 청산하는 기능도 한다는 점을 명시적으로 강조했다는 사실을 확인할 필요가 있다. 하원 법률위원회는 절차(도산절차가 아니다!)를 간략히 하고 절차의 본질적 목적으로 돌아가기 위해 위 규정을 삭제하였다. 이를 통해 실질적 변경이 의도되지는 않았다. 이러한 결론은 도산법시행법 제23조 제1호/비송사건절차법 제141a조(현 가사소송 및 비송사건절차법 제394조)의 입법이유로부터 도출될 수도 있다. 위 조항들의 입법이유에 따르면, 단체의 경우 도산절차에서의 청산에 이어서 추가로 단체법적 청산이 계속되어서는 안 된다; 단체는 도산절차에서 말소등록이 이루어질 정도까지 청산되어야 한다. 도산법 제199조 제2문도 이러한 입장

158 다수설에 따르면 도산절차가 종료되더라도 아직 단체의 청산은 완료되지 않는다. 도산관리인이 포기한 재산을 채무자인 단체가 여전히 보유하고 있기 때문이다. 도산절차 종료 후 이 재산에 대하여 청산절차가 추가로 필요하다(역자 주).

을 전제하고 있다. 왜냐하면 이 규정은 환가잉여금이 청산인이 아니라 단체의 지분권자(사원)에게 귀속된다고 규정하고 있기 때문이다. 만약 청산이 도산관리인의 임무가 아니라면, 환가잉여금은 청산인에게 귀속되어야 한다. 도산법 제11조 제3항에서 확인할 수 있는 것처럼, 재산환가가 없는 도산법적 청산은 실제로 존재하지 않는다. 그러나 개시된 재산환가절차가 끝난 후에 비로소 단체법적 청산이 이루어져야 한다고 볼 이유는 없다. 도산관리인이 완전한 청산도 함께하는 것이 합리적이다. 이를 통해 발생한 (비용)불이익은 — 도산관리인의 재단재산 포기에 따른 결과를 감수할 수 있는 것처럼 — 감수할 수 있다. 따라서 Rdnr.159에서 언급한 견해에 찬성한다.[159]

§15: 권한부여와 선의취득

162

A. 채무자의 처분(도산법 제81조)

도산절차가 개시되면 채무자는 도산재단에 대한 처분권을 잃는다 163 (도산법 제80조 제1항). 따라서 도산법 제81조 제1항은 도산절차 개시 후 도산재단에 속한 목적물에 대하여 채무자의 처분이 이루어진 경우, 그러한 채무자의 처분은 **무효**라고 규정하고 있다. 이 경우 — 민법 제135조, 제136조와 달리 — 도산채권자들을 위해서만 무효인 상대적 무효가 아니라, 모두에 대하여 무효인 절대적 무효이다.[160] 이에 반해

159 Bork 교수의 견해에 따르면, 단체의 도산 시 도산관리인은 재단재산을 포기할 수 없고, 환가하기 어려운 적극재산의 처리방법에 대해서도 도산절차 내에서 결정해야 한다(역자 주).

160 이러한 절대적 무효가 도산절차의 목적달성을 위한 범위로 한정된다는 점에서 보면, 그 무효는 '상대적'이다. 가령 채무자가 처분한 물건에 대해서 도산관리인이

자유재산에 대한 채무자의 처분, 채무자 및 채무자의 자유재산에 대해서만 관련이 있는 채무자의 의무부담행위(Rdnr.150)는 유효이다. 이를 통해 도산재단은 영향을 받지 않는다(도산법 제38조 참조).[161]

164 도산법 제81조에 따른 무효는 **도산절차 개시 후** 처분이 이루어졌음을 전제로 한다.[162] 채무자의 처분행위가 이루어진 시점이 중요하지, 처분의 효력발생 시점이 중요한 것은 아니다. 채무자가 도산절차 개시 전에 처분했지만, 법적 효과가 도산절차개시 후 비로소 발생한 경우, 그 효력은 도산법 제81조가 아니라 도산법 제91조(Rdnr.174 이하)에 따라 결정된다.

165 **사례**: 채무자는 도산절차 개시 전에 (도산법 제21조 제2항 제2호에 따른 일반적 처분금지의 제한을 받지 않는 상태에서) 토지를 양도하고 이전등기신청도 하였다. 이 경우 도산절차개시 후에 비로소 소유자변경이 등기부에 기재되었거나 도산절차개시 후에 비로소 관청의 승인이 이루어졌다 하더라도, 도산법 제81조는 적용되지 않는다.

166 도산법 제81조 제1항 제2문은 토지[163]에 대해서만 **선의취득**을 규정하고 있다. 채무자가 도산절차 개시 후 *동산*을 처분한 경우 (도산관리인이 그 처분을 추인한 경우 — 민법 제185조 제2항 제1문 — 를 제외하면) 그 처분은 무효이다. 선의취득은 고려되지 않는다.[164] 도산관리인은

나중에 이를 포기하거나(Rdnr.149), 도산절차가 중지된 경우(Rdnr.360 이하), 채무자는 다시 처분권을 회복하고 그 처분은 민법 제185조 제2항을 유추하여 장래를 향하여 효력이 있다.

161 채무자의 급부청구권이 신득재산으로서 도산재단에 귀속되는지에 관해서는 Rdnr.150 참조.

162 정확한 시점에 관해서는 Rdnr.137 및 도산법 제81조 제3항의 추정규정 참조.

163 선박, 선박건조물, 항공기도 마찬가지이다.

164 그러나 제3자가 그가 도산채무자로부터 취득한 동산을 재양도한 경우에는 선의취득이 고려된다. 이 경우 민법 제932조에 따른 선의취득이 가능하다. 이 경우 점유이탈물임을 이유로 선의취득이 부정(민법 제935조)될 수는 없다. 도산관리인이 이미 목적물의 점유를 확보하였다가 그 후 그의 의지와 상관없이 점유를 상실한 경우에만 해당 물건이 도산재단으로부터 이탈된 것이기 때문이다. 위와 같은 경

민법 제985조에 따라 목적물의 반환을 청구할 수 있다. 왜냐하면 채무자가 여전히 소유자이고 그에 따라 발생하는 권리들은 도산관리인이 행사하기 때문이다.

취득자가 이미 *반대급부*를 제공한 경우, 그는 도산재단이 반대급부로 인해 이득을 얻은 한도에서 도산재단으로부터 반환을 청구할 수 있다(도산법 제81조 제1항 제3문).[165] 이는 도산재단과의 관계에서 부당이득반환청구권이다. 왜냐하면 채무자와의 의무부담행위는 채무자만 구속하고 도산재단을 구속하지는 않기 때문이다(Rdnr.163). 부당이득반환청구권은 도산관리인에 의해 재단채무로서 변제되어야 한다(도산법 제55조 제1항 제3호). 그러나 반대급부가 도산재단에 도달하였고 현존하고 있는 한도에서만 도산재단이 이득을 얻은 것이다. ① 취득자가 도산관리인이 아니라 채무자에게 지급을 하였고 채무자가 수령한 반대급부를 도산관리인에게 전달하지 않거나, ② 도산재단이 얻은 이익이 도중에 소멸한 경우(민법 제818조 제3항)에는 도산재단이 반환할 이득은 존재하지 않는다. 167

*채권*의 경우 채권양수인의 선의취득은 가능하지 않다; 설령 가능하더라도 도산법 제81조 제1항으로 인해 선의취득은 배제될 것이다. 채무자가 도산절차 개시 후 도산재단에 속한 청구권을 양도한 경우,[166] 그 채권양도는 무효이다. 제3채무자가 양수인에게 변제한 경우, 설령 채무자가 제3채무자에게 채권양도통지를 한 후의 변제라 하더라도 제3채무자의 채무는 소멸하지 않는다. 이 경우 민법 제409조는 적용되지 않는다. 왜냐하면 도산절차개시 후 채무자의 행위는 도산재단 168

우에만 선의취득이 배제되고, 그렇지 않는 한 선의취득은 가능하다.

165 이 조문은 의무부담행위도 도산절차개시 후에 이루어졌다는 것을 묵시적으로 전제하고 있다. 의무부담행위가 도산절차개시 전에 이루어진 경우 그 계약의 운명에 대해서는 Rdnr.183 이하 참조.

166 채무자의 채권양도의 의사표시가 (양수인에게) 도달하기 전에 도산절차가 개시되었는지가 판단의 기준이 된다. 민법 제130조 제2항, 제153조는 적용되지 않는다.

에 부담이 되는 방향으로 효력이 인정될 수 없기 때문이다. 제3채무자가 도산채무자에게 지급한 경우, 도산법 제82조에 따라 법률관계가 결정된다(Rdnr.171).

169 *임금 및 보수청구권*도 처분금지의 대상이다. 도산법 제81조 제1항에 따라 — 위 채권이 도산절차 진행 도중 변제기가 도래한[167] 연체된 채권인 이상 — 이러한 채권의 양도는 무효이다. 도산법 제81조 제2항은 처분금지의 범위를 확대하고 있다: 채무자는 계속적으로 지급을 받을 수 있는 청구권으로서[168] 도산절차 종료 후의 기간에 대한 청구권도 양도할 수 없다. 이러한 청구권은 도산계획(Rdnr.365 이하)에서의 규율을 위해, 그리고 잔존채무 면책절차(도산법 제287조 제2항)를 위해 사용되어야 한다.

170 채무자가 도산절차개시 후 토지를 처분한 경우, 도산법 제81조 제1항 제2문에 따라 민법 제892조, 제893조에 따른 선의취득이 가능하다.[169] 그러나 도산절차의 개시가 등기부에 기재되고(도산법 제32조) 처분제한이 등기부를 통해 명백히 드러나기 때문에, 선의취득은 통상 가능하지 않다(민법 제892조 제1항 제2문). 또한 도산절차개시의 등기를 통해 토지등기부 기재가 금지된다. 도산관리인의 동의가 없으면 등기부 기재는 불가능하다. 토지등기절차법상의 우선순위원칙(신청은 접수된 순서에 따라 처리된다. 토지등기법 제17조)으로 인해, 결국 도산절차개시 등기 신청이 권리변경등기 신청보다 먼저 이루어졌는지(이 경우 권리변경등기는 더 이상 이루어질 수 없다), 그렇지 않은지(이 경우 선의취득이 가능하다)가 중요하다.[170]

---

167 이러한 청구권은 신득재산으로서 도산재단에 속한다(Rdnr.145).

168 가령 연금채권.

169 그러나 이러한 취득은 부인권 행사의 대상이 된다(도산법 제147조 제1항; Rdnr. 249 이하).

170 심지어 판례에 따르면 도산절차 개시로 인해 바로 절대적인 토지등기부기재금지효가 발생하고. 이러한 절대적 금지효는 토지등기법 제17조에 따른 우선순위원칙

B. 채무자에 대한 급부(도산법 제82조)

171 도산절차개시결정문은 채무자에 대하여 의무를 부담하는 자에게, 더 이상 채무자에게 급부하지 말고 도산관리인에게만 급부하도록 요청하고 있다(도산법 제28조 제3항; 이른바 "공시된 압류"). 채무자는 도산재단에 속한 급부를 더 이상 수령할 권한이 없다. 왜냐하면 그러한 급부의 수령은 도산재단에 속한 채권의 처분이고[171] 이는 도산법 제81조 제1항 제1문에 따라 무효이기 때문이다. 제3채무자는 도산관리인에게 이중지급을 해야 한다. 제3채무자는 오직 채무자의 자유재산으로부터 그가 급부한 것의 반환을 청구할 수 있다.

172 이 경우 도산법 제82조[172]가 **선의의 제3자의 보호**를 규율하고 있다: 도산관리인에게 변제해야 했음에도 불구하고 제3채무자가 채무자에게 변제한 경우,[173] 제3채무자가 급부시점에서(또는 제3채무자가 급부의 효력발생을 저지할 수 있었던 시점에서) 도산절차개시 사실을 모른 경

에 우선하는 원칙으로서, 즉시 등기되어야 한다. 그러나 다수설은 이에 반대한다. 본문의 서술은 다수설의 입장에 따른 것이다.

171 채권추심이 처분행위인지에 대해서는 다툼이 있다. 그러나 본문의 문제상황과 관련하여 도산법 제82조가 존재하기 때문에, 이러한 학설대립은 중요하지 않다.

172 도산법 제82조가 없다면 민법 제412조, 제407조가 유추적용되어야 할 것이다(직접적용은 어렵다. 왜냐하면 도산절차가 개시되면 채권 그 자체가 아니라 추심권한만 도산관리인에게 이전하기 때문이다). 두 규범 사이의 차이에 관해서는 BGH ZIP 2009, 1726, Rdnr.9ff. 참조(도산법 제82조가 적용되는 경우에는, 도산절차개시 사실을 모르고 급부를 한 채권자가 *그 급부의 효과를 저지할 수 있는 시점까지 계속 선의인 경우에만* 보호된다. 그러나 민법 제407조가 적용되는 경우에는, *채무자가 급부행위를 한 시점에서 선의이면 족하다*).
제3채무자가 도산채무자나 도산관리인에게 변제하지 않고 자신의 채권을 도산채무자에게 양도한 제3자에게 변제한 경우에는 민법 제407조가 (직접) 적용된다. 이 경우 도산관리인은 민법 제816조 제2항에 따라 제3자에게 부당이득반환을 청구할 수 있다.
또한 민법 제808조에 따른 선의자 보호도 가능하다.

173 이 규정은 채무자가 제3채무자에게 다른 사람에게 변제하라고 지시한 경우에는 적용되지 않는다. 왜냐하면 그러한 지시는 도산법 제81조에 따라 무효이기 때문이다(Rdnr.168).

우에는 제3채무자는 그의 채무를 면한다. 제3채무자는 도산절차 개시를 실제로 안 경우에만 이중지급의무를 부담한다. 제3채무자의 악의와 관련하여 민법 제166조에 따라 제3채무자에게 인식이 귀속될 수 있다. 제3채무자에게 도산법 제30조 제2항에 따라 도산절차개시결정이 송달되거나 도산관리인이 이 사실을 제3채무자에게 알리면, 이러한 인식은 쉽게 확정될 수 있다. 이러한 사정이 없다면 누가 증명책임을 부담하고 있는지가 제3채무자가 행한 급부의 변제효를 결정하게 된다. 왜냐하면 도산절차개시를 실제로 알았다는 점과 같은 주관적 구성요건은 확정하기 어렵기 때문이다. 누가 증명책임을 부담하는지 여부는, 제3채무자의 급부가 언제 이루어지는지에 달려있다. 제3채무자가 도산절차개시결정이 공시되기 전에 급부를 한 경우, 그의 이익을 위해 그가 도산절차개시사실을 몰랐다고 추정된다(도산법 제82조 제2문). 이 경우 이중지급을 요구하는 도산관리인은 이 추정을 깨고 제3채무자의 악의를 증명해야 한다. 제3채무자가 도산절차개시결정의 공시 후에 급부한 경우, 그가 자신의 선의를 증명해야 한다.

173 구 파산법 제8조 제1항은 제3채무자가 채무자에게 급부하였으나 그 **급부가 도산재단에 도달한 경우**에도 제3채무자가 채무를 면한다고 규정하고 있었다. 도산법 제82조에 대한 입법이유서에 따르면, 구 파산법 제8조는 편집상의 이유로 삭제되었을 뿐이고 실제로는 변경없이 그대로 현 도산법에 수용되었다. 구 파산법 제8조 제1항도 마찬가지라면, 우리는 다음과 같이 보아야 할 것이다. 수령한 급부를 도산관리인에게 반환한 채무자는 지금까지 이행되지 않았던 채무를 제3자로서 이행하였거나(민법 제267조), 도산관리인이 제3채무자의 채무자에 대한 급부를 제3자에 대한 급부로서 추인하였다(민법 제362조 제2항).

C. 그 밖의 권리취득(도산법 제91조)

174 도산법 제91조 제1항은 도산재단에 속하는 목적물에 대한 권리는 도산절차 개시 후 더 이상 유효하게 취득할 수 없다고 규정하고 있다.[174] 채무자의 처분은 이미 도산법 제81조로 인해 가능하지 않고, 도산채권자에 의한 강제집행은 도산법 제89조로 인해 가능하지 않다.[175] 도산법 제91조는 위 조문들에 의해 포섭되지 않는 상황을 규율하는 보충적 조항으로서, 도산절차개시 당시 현존하였던 도산재단에 대한 도산채권자들의 처분권을 보장한다. 이러한 도산재단이 사후적으로 감소되어서는 안 된다. 법기술적으로 도산법 제91조는 도산절차 진행기간 동안만 효력이 있는 권리취득금지 규정이다. 도산관리인이 처분대상재산을 포기하면, 도산법 제91조에 따른 무효가 민법 제185조 제2항 제1문 두 번째 상황을 근거로 사후적으로 치유된다.

175 도산법 제91조는 무엇보다도[176] **연장된 취득**의 경우 적용된다: 도산절차개시 전에 권리취득의 구성요건이 도입되었으나, 도산절차개시 후 비로소 그 구성요건이 완결되었다. 이러한 상황에서 도산법은 권리취득의 진행을 깨뜨리고, 그러한 권리취득은 더 이상 완료될 수 없

---

174 도산관리인의 처분이나 추인을 통한 권리취득이 가능함은 물론이다. 이미 유효하게 설정된 권리를 제3자에게 양도하는 것 — 가령 채권자를 위해 이미 유효하게 설정된, 도산재단에 속하는 토지에 대한 토지채무를 제3자에게 양도하는 것 — 도 가능하다. 권리보유자의 변경은 도산재단에 추가로 손해를 가져오지 않는다. 도산재단에 속하지 않는 목적물을 취득하는 것도 가능하다.

175 Rdnr.153 참조. *재단채권자*에 의한 강제집행은 도산법 제90조의 한계 내에서만 허용된다. 이에 반해 채무자에 대한 *신규채권자*에 의한 강제집행은 도산법 제91조의 적용대상에 포함된다(Rdnr.155). 이 규정이 지켜지지 않는 경우, 도산관리인은 통상 민사소송법 제766조에 따른 이의를 통해 자신을 방어해야 한다.

176 또한 *신규채권자에 의한 강제집행*, *법률규정에 의한 권리취득*의 경우에도 적용된다. 가령 취득시효(민법 제937조), 과실취득(민법 제955조 이하)은 도산법 제91조에 의해 배제된다. 또한 법정 질권의 취득, 상사유치권의 취득도 배제된다. 부합, 혼화, 가공의 경우 민법 제946조 이하가 계속 적용된다; 단 민법 제951조에 따른 보상청구권이 도산재단에 귀속된다.

다고 규정한다.

176 **사례** : 채무자는 도산절차개시 전에 장래채권 또는 장래에 기한이 도래하면 발생하는 채권(채권발생의 원인이 되는 계약은 이미 체결되었지만, 그 계약에 기초한 채권은 나중에 발생하는 경우: befristete Forderung)을 양도하였다. 이러한 양도는 도산법 제81조에 저촉되지 않는다. 그러나 권리취득의 구성요건은 채권의 발생과 동시에 비로소 완결되었고, 따라서 도산법 제91조에 저촉되어 채권양수인은 권리를 취득할 수 없다. 장래채권에 대한 (압류)질권도 마찬가지이다. 채권자가 이미 확실한 법적 지위를 취득한 경우에는 도산법 제91조가 적용되지 않는다. 가령 해당 채권의 법적 근거가 이미 존재하지만, 아직 조건 — 조건성취 여부에 대하여 채무자가 영향을 미칠 수는 없다 — 이 성취되지 않아 발생하지 않은 채권이 양도, 질권설정, 압류된 경우에는 도산법 제91조가 적용되지 않는다. 왜냐하면 이 경우 권리취득의 구성요건은 민법 제161조 제1항 제2문의 법사상에 따라 도산절차개시 전에 완결되었기 때문이다. 조건부 양도, 기한부 채권(아직 변제기가 도래하지 않은 채권)의 양도의 경우도 마찬가지이다. 채무자가 그의 일방적 결정에 의해 그 목적물을 다시 반환받을 가능성이 있는지 여부가 결정적이다. 그러나 도산법 제110조 제1항은 차임청구권에 관하여 특별규정을 두고 있다. 이 조항에 따르면, 차임청구권의 양도는 도산절차 개시 후 특정시점 이후의 차임청구권에 대해서는 효력이 없다. 즉 위 특정시점까지의 양도에 대해서는 도산법 제91조가 적용되지 않는다(차임청구권의 사전처분이 유효하다). 채무자가 이미 발생한 채권을 도산절차 개시 전에 무권리자로서 양도하였고 채무자가 (그에 따라 도산관리인이) 도산절차개시 후 (양도대상 채권에 대한) 권한을 취득하였다면, 이러한 양도는 도산법 제91조에 저촉되기 때문에, 민법 제185조 제2항 제1문 두 번째 상황이 적용되어 처분이 유효가 되는 것은 가능하지

않다. 그러나 권한자가 사후추인한 경우에는 민법 제184조 제1항에 따른 소급효 때문에 도산법 제91조가 적용되지 않는다. — 채무자가 도산절차개시 전에 제3자에게 처분권을 부여하였다면, 도산절차개시 후 제3자에 의한 처분은 무효이다. 왜냐하면 그러한 처분권한 부여는 도산법 제115조 이하 규정들(Rdnr.207)의 법사상에 따라 도산절차개시 후 소멸하기 때문이다.

연장된 취득이 가능한 주요사례는 *토지*의 처분으로서 그에 따른 권리취득이 도산법 제91조 제1항에도 불구하고 민법 제878조, 제892조, 제893조에 따라 가능한 경우이다(도산법 제91조 제2항).[177] 177

사례 : Rdnr.165의 사례에서 채무자가 등기신청을 도산절차개시 전에 하였다면 그러한 토지양도는 도산법 제81조에 저촉되지 않음을 이미 설명하였다. 민법 제878조가 적용되기 때문에 이 경우 권리취득이 도산법 제91조를 통해 좌절되지도 않는다. 등기신청이 이루어진 경우 그 후 등기가 경료되는 시점은 권리취득자가 좌우할 수 없기 때문에, 권리취득자는 보호를 받는다. — 도산절차개시 전에 물권행위가 이루어졌지만 도산절차개시 후 권리취득자가 등기신청을 한 경우,[178] 민법 제878조는 적용되지 않고 선의취득만이 고려된다. 권리취득자가 도산절차의 개시를 알지 못하였고(도산법 제91조 제2항, 민법 제892조 제1항 제2문), 등기신청시 도산절차개시 등기의 신청이 아직 이루어지지 않은 경우(토지등기법 제17조; Rdnr.170) 선의취득이 가능하다. 178

*소유권유보*의 경우 매매대금 전액이 지급되지 않는 한 소유권취득은 아직 완료되지 않는다. 그러나 매수인은 이미 기대권을 취득하였다. 완전한 권리의 취득이 완료되는 것은 민법 제161조 제1항의 평가에 따라 매수인이 매매대금을 지급하고 소유권이전을 위한 조건을 179

177 이 경우에도 도산법 제129조 이하의 규정에 따른 부인권의 대상은 될 수 있다 (Rdnr.249 이하).

178 채무자의 신청은 도산법 제81조에 따라 무효이다.

충족시키는지 여부에 달려있다. 이러한 평가는 도산절차에서도 계속 된다(민법 제161조 제1항 제2문 참조): 최종 할부금이 지급되기 전에 *매도인*의 재산에 대하여 도산절차가 개시된 경우, 매수인은 잔여매매대금을 도산관리인에 지급하면 도산법 제91조의 방해를 받지 않고 소유자가 될 수 있다.[179]

180 소유권유보*매수인*에 대하여 도산절차가 개시되었고, 매수인이 도산절차 개시 전에 제3자에게 그의 기대권을 양도한 경우, 제3자는 잔존매매대금을 지급하면 그 물건의 소유자가 된다. 이 경우 원칙적으로 도산절차개시 후 완료된, 도산재단으로부터의 권리취득이 전혀 문제되지 않는다. 왜냐하면 기대권은 도산절차개시 전에 이미 도산재단으로부터 벗어나 있었고, 소유권(완전한 권리)은 도산재단에 존재하지 않았으며 매도인으로부터 제3자에게로 직접 이전되었기 때문이다.

181 조건부 또는 장래의 채권을 위한[180] *담보권*취득의 경우 Rdnr.176의 사례에서 살펴본 평가가 계속 적용된다. 가등기, 질권, 저당권, 토지채무가 정지조건부 채권을 담보하기 위해 설정된 경우, 위와 같은 권리의 취득은 민법 제161조 제1항 제2문의 법사상에 따라 방해받지 않는다. 장래채권을 담보하기 위한 가등기,[181] 저당권,[182] 담보토지채무[183]의 경우 피담보채무가 도산절차개시 후 비로소 발생하였다면, 위

---

179 도산관리인이 도산법 제103조에 따라 매매계약의 이행을 거절하고 이를 통해 조건성취를 좌절시킬 수 있는지는 별개의 문제이다. 그러나 이는 도산법 제107조 제1항 제1문에 따라 부정되어야 한다(Rdnr.198).

180 장래채권에 *대한* 담보권의 취득(가령 장래채권에 대한 질권설정)과 구별해야 한다. 이 경우 Rdnr.176에서 서술한 내용이 직접 적용된다.

181 그러나 청구권의 발생이 채무자나 도산관리인에 의해 방해될 수 없는 경우에는 그러한 청구권을 위한 가등기권은 도산법 제91조에 저촉되지 않는다. BGHZ 166, 319 Rdnr.11ff.; 149, 1, 3ff.

182 이 경우 저당권은 우선 소유자토지채무이고, 피담보채권이 발생하면 비로소 타인토지채무가 된다. 그에 따라 채권자는 도산절차개시 후 비로소 도산재단으로부터 권리를 취득한다.

183 이 경우 채권자는 도산절차개시 전에 토지채무를 취득하지만 피담보채권 흠결 항

와 같은 권리의 취득은 도산법 제91조에 저촉되어 효력이 없다. 단지 질권의 경우 많은 사람들이 — 장래채권을 담보하기 위한 질권은 일단 질권이 성립되면 (아직 피담보채권이 발생하지 않았어도) 발생한다는 근거를 들어[184] — 다르게 판단하려고 한다(권리취득이 유효라고 한다). 이는 실체법적으로 타당하다.[185] 그러나 위와 같이 성립된 질권에 대해서도 피담보채권이 발생하기 전까지 피담보채권 흠결의 항변으로 대항할 수 있다는 점은 마찬가지이다. 도산절차 개시 후 채권자를 위해 이러한 항변을 제거하는 것은 가능하지 않다(이는 담보토지채무의 경우도 마찬가지이다). 실체법적 구성이 아니라 도산법 제91조의 도산법적 평가가 결정적 중요성을 갖는다. 위에 언급한 모든 상황에서 채권자는 도산절차개시 시점에서 아직 별제권을 갖지 않는다. 따라서 위의 모든 사례에서 사후적 권리취득은 도산법 제91조에 따라 좌절되어야 한다.

§16: 진행 중인 법률행위에 미치는 영향

182

A. 개관

채무자의 재산에 대하여 도산절차가 개시되면, 도산절차개시가 도산재단에 속한[186] 채무자의 계약관계에 영향을 미칠 **가능성**은 세 가 183

변이라는 부담을 진 상태로 토지채무를 취득한다.

184 BGHZ 170, 196 Rdnr.11(임대인의 법정질권의 경우). 그러나 본문의 서술과 마찬가지로 이에 반대하는 견해로는 Häsemeyer Rdnr.10.28.

185 BGHZ 86, 340, 346ff(장래채권을 담보하기 위한 질권은 *피담보채권이 아직 발생하지 않은 경우에도 질권설정합의 및 질물의 채권자에 대한 인도로 유효하게 설정*된다).

186 계약으로부터 발생하는 채무자의 청구권이 압류할 수 없는 청구권인 경우에는, 그 계약은 도산재단에 속하지 않는다.

지가 있다: 계약관계는 종료할 수 있다; 계약관계는 존속할 수 있다; 계약관계의 운명은 도산관리인의 결정에 달려있을 수 있다. 도산법 제103조 이하의 규정들 — 도산법 제119조에 따라 강행규정이다 — 에는 이러한 세 가지 가능성이 모두 담겨있다. 가령 도산법 제108조 제1항은 토지임대차관계는 계속된다고 규정하고 있다(Rdnr.206). 이에 반해 위임관계는 도산법 제115조 제1항에 따라 종료한다(Rdnr.207). 도산법 제104조 이하의 특별규정이 적용되지 않는 한, 도산관리인은 어느 당사자도 완전히 의무를 이행하지 않은 쌍무계약의 경우 도산법 제103조 제1항에 따라 선택권 — 계약을 이행할 것인지 말 것인지 선택할 권리 — 을 갖는다(Rdnr.186).

184 이를 통해 다음과 같은 **체계**가 도출된다: 특별히 중요한 몇몇 계약유형에 대해서는 도산절차개시의 효과가 도산법 제104조 이하에 규율되어 있다. 이러한 계약유형이 아닌 경우, 쌍무계약에 대해서는 도산법 제103조가 적용된다: 관리인은 계약당사자 누구도 의무를 완전히 이행하지는 않은 경우 계약을 이행할 것인지에 관하여 결정할 수 있다. 그 밖의 경우 — 쌍무계약이 아니거나 계약당사자 일방이 이미 자신의 의무를 모두 이행한 계약의 경우 — 계약은 존속하고 아직 이행되지 않은 계약상 의무는 이행되어야 한다.

185 **사례** : 매도인이 도산절차개시 전에 이미 채무자에게 물건(동산)을 인도하였다면, 도산법 제103조의 요건은 충족되지 않는다. 매매계약은 존속한다. 따라서 매도인은 그가 소유권을 유보하지 않았다면, 인도된 물건의 반환을 청구할 수 없다. 왜냐하면 매도인은 법적 근거에 따라 급부를 하였기 때문이다. 매도인은 매매대금청구권을 보유하고 있고, 이를 도산채권으로 신고해야 한다. 매도인은 이 채권에 관하여 단지 배당비율에 따른 만족을 얻는다; 매도인은 전형적인 도산채권자이다. 반대로 채무자가 도산절차개시 전에 이미 대금을 지급하였

고, 매도인이 아직 인도를 하지 않았다면, 도산관리인은 도산재단에 인도하라고 매도인에게 요구할 수 있고 요구해야 한다.

B. 기본원칙(도산법 제103조)

도산법 제103조 제1항(구 파산법 제17조 제1항에 상응하는 조문이다) **186**
에 따르면 도산절차개시 시점에서 채무자와 계약상대방이 이행을 전혀 하지 않았거나 일부만 이행한 쌍무계약의 경우, 도산관리인은 채무자를 대신하여 계약을 이행하고 계약상대방에게 그 이행을 요구할 수 있다. 이 규정은 도산관리인이 도산재단에 유리한 계약을 총채권자의 이익을 위해 이행하는 것을 가능하게 한다. 또한 이 규정은, 계약상대방이 자신의 급부는 모두 이행하고 반대급부에 관해서는 단지 배당비율에 따른 만족을 얻는 데 그치는 상황이 일어나지 않게 함으로써 계약상대방을 보호한다. 도산관리인이 계약이행을 결정하면 양 당사자는 자신이 부담하는 급부를 이행해야 하고 이 경우 계약상대방의 청구권은 도산채권이 아니라 도산법 제55조 제1항 제2호에 따른 재단채권이다. 도산관리인이 이행거절을 결정하면, 계약상대방은 그가 이미 이행한 (일부)급부의 반환을 청구할 수 없고,[187] 단지 불이행으로 인한 금전손해배상채권을 행사할 수 있다.[188] 이 손해배상채권은 단순 도산채권으로서 단지 배당률에 따른 만족을 얻는 데 그친다(도산법 제103조 제2항).

187 그러나 도산관리인은 채무자가 일방적으로 선이행한 급부에 관하여, ① 그 사전급부가 채권자(계약상대방)의 반대권리를 초과하는 한, 그리고 ② 계약상대방이 민법 제323조, 제346조에 따라 계약을 해제하거나 민법 제281조 제4항에 따라 급부에 갈음하는 전보배상을 청구한 경우에는, 원상회복을 청구할 수 있다.

Ⅰ. 도그마틱

187 이 규범의 도그마틱에 대해서는 다툼이 있다. 과거 연방대법원

역자 설명 추가
만약 채권자(계약상대방)가 위와 같은 권리행사(계약해제, 본래급부에 갈음하는 전보배상 청구)를 하지 않고 있다면, 그는 여전히 계약상 채권을 행사할 의지를 갖고 있는 것이므로(따라서 도산절차가 이후 폐지되면 채권자는 다시 채무자에 대하여 계약상 채권을 행사할 수 있다) — 각 채권·채무 사이의 정산이 일어나지 않고 — 도산관리인은 원상회복 청구를 할 수 없다. 관리인의 이행거절만으로는 계약상 채권·채무관계에 실체법상 어떠한 변화(단일한 금전채권으로의 정산)가 발생하는 것이 아니기 때문이다. 계약상 법률관계를 더 이상 유지하지 않겠다는 의사를 담은 계약상대방의 행위가 없는 한, 계약상대방의 계약상 이행청구권이 소멸하지 않는 한 도산관리인은 원칙적으로 채무자의 사전급부의 원상회복을 청구할 수 없는 것이다.
BGHZ 196, 160 Rdnr.9ff.는 매수인이 토지 매매대금 일부를 지급한 상황에서 매수인에 대한 도산절차가 개시되었고 관리인이 이행거절을 선택한 경우, 관리인은 일부 지급된 매매대금에서 매도인의 손해배상채권액(관리인의 이행거절로 인한 손해배상채권액)을 공제한 나머지 금원의 반환을 매도인에게 청구할 수 있다고 판시하였다. 이 사안에서 계약상대방은 관리인에 대하여 토지의 환취권을 주장하였다. 계약상대방의 환취권 행사는 더 이상 계약상 권리를 행사하지 않겠다는 확정적 의사로 볼 수 있다.
만약 위 판례사안에서 계약상대방이 — 자신이 이미 수령한 급부에 관한 원상회복의무를 부담하지 않기 위해 — 환취권 행사를 하지 않았다면 법률관계는 어떻게 전개되는가? Bork 교수는 일부 지급된 매매대금에 상응하는 일부 토지만을 계약상대방이 관리인에게 이전하는 것이 불가능하므로, 독일민법 제326조 제4항에 따라 관리인은 매매대금의 원상회복을 청구할 수 있다고 한다. Bork, FS Wellensiek, 2011, 201, 208.
한편 위 판례사안과 달리 계약상대방의 급부의무도 가분급부인 경우 판례는 — 계약의 분할을 인정하여 — 계약상대방도 채무자가 일부 지급한 급부에 상응하는 급부의무를 부담한다고 본다. 따라서 이 경우 계약상대방의 원상회복의무는 문제되지 않는다. 나아가 판례는 계약상대방의 가분급부가 도산재단에 별 도움이 되지 않는 경우, (가령 관리인이 계약상대방으로부터 — 일부 지급된 대금에 상응하는 — 물건을 수령하여도 영업을 계속하지 않는 도산채무자 입장에서는 이를 환가할 수밖에 없는데, 환가비용도 들고 시가보다 저렴한 가격으로 환가가 이루어질 가능성이 많다면, 계약상 급부 중 일부의 수령은 도산재단에 별 도움이 되지 않을 것이다) 도산재단에 예외적으로 "금전청구권"이 귀속된다고 한다. BGHZ 155, 87.
이상의 논의에 대해서는 Dahl/Schmitz, "Der Rückgewähranspruch des Insolvenzverwalters nach der Wahl der Nichterfüllung gem. §103 InsO," NZI 2013, 631 참조.

188 이러한 손해배상채권의 청구권근거에 관해서는 Rdnr.202 참조.

은 — **다수설**은 이러한 과거 판례의 입장에 따르고 있다 — 도산법 제103조 제1항의 상황에서는 도산절차의 개시로 이미 쌍무계약상 이행청구권이 모두 소멸하였다고 보았다(소멸설). 따라서 도산관리인이 계약을 이행하지 않기로 결정하면 이는 종전상태를 유지하는 것이다. 계약상대방은 불이행을 이유로 한 손해배상청구권을 행사할 수 있을 뿐이다(Rdnr.201). 이에 반해 도산관리인이 계약의 이행을 선택하면 이행청구권은 장래를 향해 부활한다.

이러한 입장이 비판을 받자, 연방대법원은 소멸설을 포기하였다. **188**
변경된 판례의 입장에 따르면, 쌍무계약상 급부청구권들은 도산절차 개시와 함께 그 청구권의 관철가능성만을 상실한다. 그러나 도산관리인이 이행을 선택하면 그 청구권들에 대하여 본래적 재단채무와 재단채권이라는 법적 성질이 부여된다(성질변경설). 이러한 견해변경은 결론의 차이를 가져오지 않기 때문에 명목상의 변경이라 할 수 있다 (Rdnr.191).

이 견해는 도산재단 친화적이다. 왜냐하면 성질변경설에 따라 질 **189**
적으로 재평가된 이행청구권은 계약상대방의 반대권리로부터 자유롭고, 따라서 도산재단을 위해 제한 없이 행사될 수 있기 때문이다 (Rdnr.190 이하). 그러나 판례에 따르면 가분계약의 경우 도산법 제105조의 법적 사고에 따라, 도산절차개시 후에 귀속되는 부분(도산절차개시 후에 이루어진 도산재단으로부터의 급부에 상응하는 이행청구권 부분)에 대해서만 위 법리가 적용된다: 계약상대방에 대한 이행청구권 중 위와 같은 부분은 반대권리로부터 자유롭지만, 도산절차개시 전 시점에 귀속되는 이행청구권은 반대권리의 부담을 지게 된다.

사례 : 연방에 속하는 주 G는 S에 대하여 조세채권을 갖고 있다. **190**
그리고 둘 사이에는 아직 완전히 이행되지 않은 도급계약이 존재한다. S에 대하여 도산절차가 개시되자 도산관리인은 도급계약의 이행

을 선택하였고 건물을 완공하였다. 도산관리인이 도급대금을 청구하자 G는 자신의 조세채권과 상계를 주장하였다. 연방대법원은 이러한 상계의 효력을 — 당시에는 "소멸설"을 근거로[189] — 다음과 같은 이유를 들어 부정하였다. 보수청구권은 도산절차개시 후 도산관리인이 이행선택을 함으로써 새롭게 발생한 것이므로 상계는 도산법 제96조 제1항 제1호(당시에는 구 파산법 제55조 제1항 제2호)에 따라 금지된다.[190] 도산관리인은 보수전액을 도산재단을 위해 청구할 수 있고, G는 자신의 조세채권에 관하여 배당률에 따른 변제에 만족해야 한다: 오늘날 이 사건이 문제되었다면 연방대법원은 보수채권을 분할할 것이다: 도산절차개시 당시 건물이 완성된 부분이 있다면, 도산관리인이 이행선택을 한 경우 도산절차 개시시점에서의 완공분에 상응하는 보수채권과의 상계는 가능하다.[191] 그러나 잔존 보수채권(도산절차개시 후 도산관리인의 급부로 인해 발생한 채권)과의 상계는 도산법 제96조 제1항 제1호에 저촉되므로 금지된다.

191 다른 사안에서 S는 쌍무계약으로부터 발생하는 자신의 매매대금채권을 도산절차개시 전에 포괄채권양도의 방법으로 제3자에게 양도하였다.[192] 도산관리인은 위 계약의 이행을 결정하고 매매대금을 도산재단에 지급할 것을 청구하였다. 연방대법원은 "소멸설"을 기초로 다음과 같은 근거를 들어 위 청구를 인용하였다. 매매대금채권은 도산절차개시 시점에 소멸하고 도산관리인의 이행선택으로 비로소 새롭게 발생한다. 이러한 새로운 청구권은 포괄채권양도의 대상이 될 수

---

189 "성질변경설"에 따르더라도 결론은 같다. 왜냐하면 보수청구권은 이행선택으로 새롭게 발생한 것은 아니지만, 마치 도산관리인이 새롭게 발생시킨 것처럼 취급해야 하기 때문이다.

190 BGHZ 116, 156, 158ff.

191 다만 도산법 제96조 제1항 제3호의 상계금지 규정(도산채권자가 부인할 수 있는 행위를 통해 상계가능성을 취득한 경우)에 저촉되지 않아야 한다.

192 이러한 처분이 도산절차에서 효력이 있는지에 대해서는 Rdnr.175 참조.

있다. 그러나 청구권의 양도는 도산법 제91조(당시에는 구 파산법 제15조)에 저촉된다. 따라서 도산관리인은 도산재단을 위해 지급을 청구할 수 있다.[193] "성질변경설"에 따르더라도 같은 결론이 도출된다.[194]

반대견해에 따르면 도산절차 개시는 이행청구권에 아무런 영향을 미치지 않는다. 도산관리인이 계약이행을 선택하면, 이는 권리관계를 형성하는 효력이 없다. 도산관리인의 이행선택은, 변경되지 않고 그대로 존재하는 법률관계가 계속 유지되어야 한다는 점을 나타낼 뿐이다.[195] 이에 반해 도산관리인이 이행을 거절하면, 도산재단에 대하여 손해배상청구를 청구할 수 있다(Rdnr.201). 그러나 도산관리인이 이행거절을 하였다고 이행청구권이 자동으로 소멸하지는 않는다.[196] 이에 관하여 계약상대방이 선택을 해야 한다: 그가 채무불이행으로 인한 손해배상청구권을 신고하면, 그는 더 이상 이행청구를 할 수 없다; 이는 민법 제281조 제4항으로부터 도출된다. 그러나 그는 이행청구권[197]을 신고할 수도 있고, 이 경우 계약상대방은 그의 반대급부 이행과 상환으로[198] 배당률에 따른 만족을 얻을 수 있다. 계약상대방이 도산절차 참여를 포기한 경우 이행청구권은 존속한다. 이 경우 채무자에 대 192

193 BGHZ 106, 236, 241ff.

194 BGHZ 150, 353, 359f.

195 가령 채권양도담보의 경우(채무자가 도산절차 개시 전에 계약상 채권을 담보목적으로 제3자에게 양도하였고, 이후 채무자 도산상황에서 도산관리인이 해당 계약의 이행을 선택한 경우), 양도담보권자가 그에게 이미 양도된 채권의 보유자로 계속 남아있게 되고, 이 채권이 도산관리인의 이행선택으로 인해 도산재단으로 복귀하지 않는다.

196 종전 다수설에 따르면 이행청구권은 도산절차 개시로 소멸하는 것이 아니라 관리인의 이행거절로 소멸한다. 소멸하는 이행청구권 대신 채무불이행으로 인한 손해배상청구권이 발생하는 것이다.

197 금전채권이 아닌 이행청구권은 도산법 제45조에 따라 금전채권으로 전환되어야 한다.

198 이러한 결론은 민법 제320조(동시이행항변권)가 도산절차에서도 관철되기 때문에 도출된다. 채권자는 자기 채권의 가치에서 반대급부의 가치를 공제한 뒤 그 차액만을 신고하는 방법으로 동시이행항변권을 정리할 수 있다.

한 이행청구권이 존속하는데, 도산절차 종료 후 일반 규정에 따라 채무자에 대하여 행사할 수 있다(도산법 제201조 제1항 참조).

193 학설대립에 대한 **입장**을 취하기 위해서는, 다수설의 해법이 체계적으로 잘못된 위치에서 출발하고 있다는 점에 주목해야 한다. 앞서 언급한 사례들(Rdnr.190 이하)은 도산법 제103조를 도그마틱적으로 조작함으로써 해결할 수 없고, 일반적인 도산법상 도구들을 통해 해결해야 한다. 이 경우 개별사안의 특성을 고려하지 않은 일괄적 해법으로 통일적 해결책을 모색하는 것은 경계해야 한다. 오히려 각 사례별로 어느 규범이 평가적 측면에서 적절한지 개별적으로 심사해야 한다.

194 *상계사례*(Rdnr.190)의 경우 다음과 같은 고려가 이루어져야 한다: 도산법 제94조의 평가에서 출발한다면, 도산절차 개시 당시 존재하는 상계적상은 도산절차 개시 후에도 존중되어야 한다. 이 경우 상계를 허용하되 도산관리인에게 책임을 묻는 방법을 생각할 수 있다. 도산관리인은 계약상대방의 상계포기를 조건으로 한 조건부 이행선택을 할 수 있었기 때문이다. 그러나 판례가 발전시킨 결론은 오늘날 합리적이라고 평가되고 있다. 왜냐하면 채권자의 상계가능성은 도산관리인이 이행을 선택하고 도산재단으로부터 급부를 함으로써 비로소 그 가치(상계가능성의 가치)가 현실화되기 때문이다. 이러한 가치상승은 부인권[199]을 통해 교정될 수 없다. 왜냐하면 채권자는 도산절차개시 후 도산관리인을 통해서 비로소 혜택을 받았기 때문이다. 그렇다고 부당이득반환을 청구할 수도 없다. 왜냐하면 채권자는 이행되어야 하는 계약을 근거로 급부를 수령하였으므로, 급부수령에 관한 법적 원인이 존재하기 때문이다. 평가적 관점에서 위 사안은 도산관리인이 도산채권을 이행한 것과 같은 평면에 놓여있다. 이러한 행위는 도산

199 부인권 행사는, 도산절차개시 전에 채권자의 권리의 가치현실화가 이루어진 경우에 가능하다. Rdnr.247 참조.

절차의 목적에 반하는 행위일 수 있다.[200] 이에 따른 법적 결과는 이행선택이 무효가 되고, 그에 따라 도산재단은 상계가능한 보수청구권 대신 도산절차 개시 후에 발생한 (따라서 도산법 제96조 제1항 제1호로 인해 상계할 수 없는) 부당이득반환청구권을 취득하는 것이다. 그런데 이 경우 부당이득반환청구권은 가액반환청구권이고, 보수청구권에 포함된 수익 상당액을 부당이득으로 반환청구할 수는 없다. 따라서 도산법 제94조의 목적론적 축소를 통해서가 아니라 도산법 제96조 제1항 제1호의 유추를 통해 문제를 해결함이 더 타당하다: 도산법 제96조 제1항 제1호가 전제하는 상황(채권자의 채무 및 상계가능성이 도산절차개시 후 비로소 발생한 사안)과 위 문제상황은 평가적 관점에서 동일하게 볼 수 있다. 왜냐하면 상계가능성은 도산절차개시 전부터 존재하였지만 도산관리인이 도산재단으로부터 급부를 함으로 인해 비로소 사후적으로 그 가치가 현실화되었기 때문이다.

채권양도사례(Rdnr.191)도 마찬가지 방법으로 해결해야 한다. 여기 **195**
서도 부인권이나 부당이득반환청구권은 도움이 되지 않는다. 도산절차의 목적에 반하는 행위로 보아 그 행위의 효력을 부정하는 방법으로도 목적을 달성할 수 없다.[201] 오히려 도산법 제91조가 가장 적절한 평가를 담고 있다. 그러나 이 조항은 직접 적용될 수 없다. 왜냐하면 담보권자가 도산절차개시 전에 채무자의 재산으로부터 채권을 취득하였기 때문이다. 그러나 유추적용은 할 수 있다. 왜냐하면 채권양도

200 Rdnr.152 참조.

201 반대 Häsemeyer Rdnr.20.20. 이러한 반대견해에 대해서는 추가로 다음과 같은 반론을 할 수 있다. 이행되는 쌍무계약의 상대방은 채권양도 사실을 모르고, 이행으로 이익을 보는 제3자(채권양수인)는 도산절차의 목적에 위배된다고 객관적으로 평가할 수 있는 행위(도산관리인의 이행선택 및 그에 따른 이행행위)에 관여하지 않는다. 따라서 계약상대방 대부분은 "도산관리인의 이행선택 및 그에 따른 행위가 도산절차의 목적에 위반된다는 점"을 알 수 없다. 따라서 계약상대방의 악의 여부는 중요하지 않다.

는 도산절차개시 후 비로소 그 가치가 현실화되었기 때문이다.

196 두 사례에서 *기본적 평가*는 동일하다: 한편으로, 도산절차개시 전에 취득한 가치상승분을 보유하는 것이 허용되지 않는 채권자는 도산절차개시 후 취득한 가치상승분은 다르게 취급될 것이라고 기대할 수 없다. 다른 한편으로, 채권자는 도산관리인의 이행선택을 통해 만약 도산관리인이 이행을 거절하고 동일한 내용의 새로운 계약을 체결하였을 경우에 놓였을 상태에 비해 더 나은 상태에 놓여서는 안 된다.

Ⅱ. 요건

197 도산법 제103조 제1항은 도산절차개시 전에 체결되었고 쌍방이 **전혀 이행하지 않았거나 일부만 이행한** 쌍무계약을 전제로 한다.[202] 이는 양 당사자가 자신의 급부를 계약상대방의 재산으로 아직 전부 이행하지는 못한 상황을 뜻한다. 권리−, 물건−, 용역의 흠결이 있는 경우, 민법규정 — 가령 민법 제433조 제1항 제2문, 제633조 제1항 — 에 따라 흠결이 없어야만 이행의 효과가 발생하는 경우라면, 이행을 완료한 것이 아니다.

198 **소유권유보부매매**의 경우, 다음과 같이 사안을 구별해야 한다: *매수인 도산의 경우* 도산관리인은 현재 통설에 따르면 도산법 제103조 제1항에 따라 선택권을 갖는다. 왜냐하면 매도인이 이미 모든 급부행위를 하였지만 급부효과는 아직 발생하지 않았고 따라서 매도인의 소유권이전의무는 아직 이행되지 않았기 때문이다. 도산관리인이 계약

---

202 강한 임시도산관리인이 체결한 계약의 경우 도산법 제55조 제2항을 고려할 때, 도산법 제103조 제1항이 적용되지 않는다. 쌍무계약에 따른 급부의 원상회복의무가 문제된 법률관계에서 도산법 제103조 제1항이 적용되는지 여부에 관해서는 Muthorst KTS 2009, 467ff 참조(역자 주: 쌍무계약이 무효인 경우 쌍방미이행 쌍무계약 법리 준용을 긍정하고, 쌍무계약이 해제된 경우 법리 준용을 부정한다).

이행을 선택[203]하였음에도 불구하고 대금을 지급하지 않는 경우, 매도인은 민법 제323조의 요건에 따라 계약을 해제하고 소유자로서 매도된 물건을 환취할 수 있다(도산법 제47조).[204] 도산관리인이 이행을 거절하면 매도인은 계약을 해제하고 매매목적물을 환취하고 채무불이행으로 인한 손해배상을 청구할 수 있다. 이에 반해 *매도인 도산의 경우* 도산관리인의 선택권은 도산법 제107조 제1항에 따라 배제된다. 이미 기대권을 취득한 매수인은 매매계약에서 합의된 매매대금 중 남은 부분을 지급해야 하고, 최종대금 지급과 함께 매매목적물의 소유권을 취득한다.

Ⅲ. 법적 효과

1. 이행선택

도산법 제103조는 도산관리인에게 도산절차개시 전 채무자의 처 **199**
분권과 무관한 도산관리인 고유의 선택권[205]을 보장한다. 도산관리인이 계약의 이행을 결정하면[206] 그는 도산재단을 위해 채무자에게 약속된 급부를 추심할 수 있고, 계약상대방의 채권을 재단채무로서 계약내용에 따라 이행해야 한다(도산법 제55조 제1항 제2호). *가분계약*에서는 도산법 제105조가 적용되어, 도산절차개시 후에 이루어진 급부

203 이러한 결정을 위해 도산법 제107조 제2항은 도산관리인에게 보고기일까지 기간을 부여하고 있다. 이 기간은 도산관리인이 매매목적물이 사업계속에 필요한지 차분히 심사할 수 있게 하려고 부여된 것이다. 이 기간 동안 도산관리인은 매매대금을 지급할 필요가 없다. 그러나 (매매계약이 해제되어) 원상회복의 법률관계가 전개되면 매도인은 도산법 제172조 제1항을 유추하여 사용이익의 배상을 청구할 수 있다. 소유권이 유보된 목적물을 도산관리인이 권한 없이 양도한 경우, 이를 이행선택으로 이해할 수는 없다. 이 경우 손해배상청구권이 발생할 것이다(Rdnr.290).

204 별제권만 행사할 수 있다는 견해로는 Häsemeyer Rdnr.11.10.

205 임시도산관리인에 의한 이행선택은 무효이다. BGH ZIP 2017, 1915 Rdnr.19ff.

206 이러한 도산관리인의 의사표시는 수령을 요하는 의사표시이고, 추단(推斷)될 수도 있다.

에 대해서만 위 조항이 적용된다.

200 **사례** : 채무자가 에너지공급사업자와 전기공급계약을 특별조건 하에 체결하였다. 구법에 따르면 도산관리인은 이행선택을 한 경우 도산절차개시 전에 이루어진 전기공급에 대해서도 전액을 지불해야 했었다. 따라서 실무에서는 이행을 거절하고 체약강제의무를 부담하는 에너지공급사업자와 새로운 계약—그러나 특별조건이 없는 계약—을 체결하였다. 위 계약은 분할가능하기 때문에 도산법 제105조가 적용된다. 도산법 제105조에 따르면 도산관리인이 이행선택을 한 경우 특별조건을 포함한 구 계약이 존속하고, 다만 에너지공급사업자는 도산절차개시 전에 공급된 전기에 관한 청구권을—이행선택에도 불구하고—도산채권으로 행사할 수 있을 뿐이다. 따라서 이러한 청구권에 관해서는 배당률에 따른 만족을 얻을 뿐이고, 도산절차개시 후에 공급된 전기에 대해서는 재단채무가 발생한다.

2. 이행거절

201 도산관리인이 이행을 거절하면, 도산재단으로부터 급부할 것을 청구하거나 도산재단에 급부할 것을 청구하는 것은 더 이상 가능하지 않다(Rdnr.186).[207] 채권자는 도산채권으로 취급되는 **손해배상채권**[208]으로 만족해야 한다.[209] 도산관리인이 계약이행 의사를 밝히지 않으면, 채권자는 그에게 선택권 행사를 최고하고,[210] 그럼에도 불구하고 도산

207 관리인은 이행을 청구할 수도 없고 채무불이행을 이유로 한 손해배상을 청구할 수도 없다.

208 반대견해에 따르면 이 경우 계약상대방이 애초에 갖고 있던 1차적 청구권이 문제된다. Jaeger-Jacoby § 103 Rdnr.34, 241.

209 이 청구권과 도산재단에 속하는 채무자의 청구권의 상계에 관해서는 Tintelnot, KTS 2004, 339ff.(역자 주: 도산절차 개시와 함께 계약상대방의 위와 같은 손해배상청구권이 '해제조건부'로 발생하였다고 보고, 이러한 손해배상청구권을 자동채권으로 한 상계를 폭넓게 허용하는 취지이다)

210 임시도산관리인에 대한 사전 최고는 무효이다. BGH ZIP 2007, 2322 Rdnr.7ff.

관리인이 지체 없이[211] 의사를 표명하지 않은 경우 도산관리인은 더 이상 이행을 요구할 수 없다(도산법 제103조 제2항 제2, 3문).

채권자가 위와 같은 손해배상청구권을 갖는다는 점은 다툼이 없다. 그러나 이러한 손해배상청구권의 *청구권근거*에 대해서는 의문이 있다. 구법 하에서 구 파산법 제26조 제2문이 직접적인 청구권근거라고 주장하는 견해도 일부 있었다. 다수설은 민법규정 — 구 민법 제325조, 제326조 — 이나 적극적 채권침해를 손해배상청구권의 근거로 보고 있었다(오늘날 위 두 근거에 관한 규정으로는 민법 제280조 이하). 그러나 이러한 규정들은 적합하지 않다. 왜냐하면 이 규정들은 과책을 전제로 하는데 도산법은 도산관리인이 이행거절을 결정하는 것을 허용하고 있기 때문이다. 따라서 도산법 제103조 제2항 제1문을 독자적 청구권근거로 보아야 한다. 비록 법문언은 다른 방법으로 근거를 갖춘 청구권을 단지 도산법적으로 분류하는 것처럼 되어 있지만, 그 법조항 자체를 청구권근거로 보아야 하는 것이다. **202**

C. 예외(도산법 제104조 이하)

채무관계의 운명이 도산법 제104조 이하에서 특별히 규율되어있지 않은 경우에만 도산법 제103조가 적용된다는 점은 앞서 언급하였다(Rdnr.184). 가령 도산법 제104조에서는 급부가 절차개시 후 특정 기간에 이루어지기로 합의된 **정기행위(Fixgeschäfte)와 파생금융상품계약(Finanztermingeschäfte)**의 경우 이행청구는 할 수 없고 채무불이행으로 인한 채권만 청구할 수 있다고 규정하고 있다. 이러한 법률행위의 경우 계약상대방이 법률상태의 신속한 확정에 대하여 갖는 특별히 큰 **203**

211 "귀책사유 있는 지체를 하지 않고"라는 뜻이다(민법 제121조 제1항 제1문). 도산관리인이 보고기일(Rdnr.28, 88)을 기다린 경우에는, 사실관계에 따라 도산관리인이 지체를 한 것에 귀책사유가 없을 수 있다.

이익을 고려해, 도산관리인의 선택권이 배제된다.

204 토지거래에서 취득자를 위해 **가등기**가 경료된 경우,[212] 가등기를 통해 담보된 권리를 도산관리인이 계약의 이행을 거절하는 방법을 통해 좌절시킬 수 없다(도산법 제106조 제1항). 담보된 청구권은 도산재단으로부터 완전한 만족을 얻어야 한다. 가등기가 도산법 제81조, 제91조에 따라 선의로 취득된 경우에도 마찬가지 법리가 적용된다. 다만 가등기는 유효해야 한다.[213]

205 **임대차계약**의 경우 상황을 구별해야 한다: *동산*이 임대된 경우 도산법 제103조가 적용된다. 도산관리인은 계약을 계속할지 여부를 자유롭게 결정할 수 있다. 그가 계속을 결정한 경우 도산절차개시 전에 발생한 차임청구권은 단순 도산채권이다(임차인이 도산한 상황을 전제)(도산법 제105조). 재단채권은 도산관리인이 그 물건을 도산절차개시 후 이행거절 전에 사용하고 이로 인해 민법 제546a조에 따라 사용이익배상청구권이 발생한 경우에만 생긴다. 임대인은 임차인 도산시 도산을 이유로 계약을 해지할 수 없다(도산법 제112조; Rdnr.206). 이는 임대목적물을 적어도 사업의 잠정적 계속을 위해 활용할 수 있도록 하기 위한 규정이다. 그 밖에 해지는 일반규정에 따른다. 도산법 제108조 제1항 제2문은 이러한 원칙들에 대한 유일한 예외를 규정하고 있다. 채무자가 동산을 임대하였고 채무자가 자신이 부담하는 채무에

---

212 가등기된 청구권처럼 법률상 취급되는 민법 제1179a조에 따른 말소등기청구권도 마찬가지이다.

213 BGHZ 150, 138, 143(매수인이 매매대금을 지급하고 매매계약상 청구권을 보전하기 위해 토지에 대하여 가등기를 경료받았는데, 이후 매도인에 대하여 도산절차가 개시되었다. *매매계약이 무효인 경우 가등기의 피보전권리가 존재하지 않으므로 매수인 명의의 가등기는 말소되어야 한다*. *가등기가 무효이므로, 도산법 제106조 제1항은 적용될 수 없다*. 또한, 매도인 측 관리인의 가등기말소청구에 대하여 매수인은, 자신이 지급한 매매대금의 반환과 민법 제320조 이하에 따른 동시이행항변을 할 수 없다. *매수인은 민법 제273조 제1항에 따른 채권적 유치권을 주장할 수 있지만, 도산절차에서는 이러한 채권적 유치권을 주장할 수 없다*. *매수인은 도산채권자로서 매매대금반환채권(=부당이득반환채권이다)을 행사할 수 있을 뿐*이다).

대한 담보명목으로 그 동산을 제3자에게 양도한 경우, 그 임대차계약은 도산절차에서도 유효하게 존속한다. 이 경우 임대차계약이 개시되기 전에 담보권자인 은행에 차임채권도 사전양도되는 것이 통상적인데, 은행은 도산절차가 개시된 후에도 임대차계약이 유효하게 존속하므로 차임채권을 계속 추심할 수 있게 된다.

*토지*의 경우 도산법 제108조 이하의 특별규정이 있다. 도산법 제108조 제1항에 따르면 토지에 대한 임대차계약은 도산재단에 대하여 계속 효력이 있다.[214] 채무자가 임대인인 경우 도산관리인은 토지를 임차인에게 인도하고 그에 대한 대가를 도산재단을 위해 추심해야 한다.[215] 채무자가 임차인인 경우 도산관리인은 토지를 사용할 수 있고 차임을 재단채무로서 지급해야 한다(도산법 제55조 제1항 제2호).[216] 일방당사자가 계약의 구속력에서 벗어나고자 한다면 그는 일반규정에 따라서만 계약을 *해지*할 수 있다.[217] 도산절차의 개시도 도산상황 그 자체도 즉시해지를 정당화할 수 없다. 임차인 도산시 임대인은 도산절차개시 신청 전[218] 연체차임을 이유로 기한을 정한 해지를 할 수도 없다(도산법 제112조).[219] 한편 도산법 제109조 제1항은 임차인 도산시 도산관리인은 약정임대기간이나 통상해지권 배제약정과 상관없이 임 **206**

214 이는 임차목적물이 임차인에게 이미 인도되어 임차인이 직접 또는 간접점유자인 경우에만 적용된다(임차인 도산시). BGHZ 173, 116 Rdnr.13ff.

215 도산법 제110조에서 규정한 채무자의 사전처분에 관해서는 Rdnr.176 참조.

216 *도산절차개시 전에* 발생한 임대인의 청구권은 단순한 도산채권이다(도산법 제108조 제3항).

217 목적물이 임차인인 채무자에게 아직 인도되지 않은 경우 양 당사자는 모두 계약을 해지할 수 있다(도산법 제109조 제2항).

218 도산절차개시 신청 후 또는 도산절차개시 후 연체차임의 경우는 사정이 다르다. BGHZ 151, 353, 370. 그러나 이러한 결과는 동산에 대한 임대차계약의 경우에는 타당하지 않다. 왜냐하면 도산절차개시로 인해 쌍방미이행 쌍무계약상 채권이 그 관철가능성을 상실한다는 다수설(Rdnr.187 이하)에 따르면 해지를 위해 필요한 이행지체(민법 제543조 제2항 제3호)가 발생할 수 없기 때문이다.

219 이 규정은 사용권을 보장하는 지역권과는 관련이 없다. BGH ZIP 2011, 1063 Rdnr.14ff.

대차계약을 해지할 수 있고, 해지기간은 최대 3개월이 적용된다고 규정하고 있다.

207 도산재단과 관련이 있는[220] **위임계약**(도산법 제115조), **사무처리계약**(도산법 제116조)[221], **대리권부여계약**(도산법 제117조)은 장래를 향하여 소멸한다. 이 경우에도 도산관리인의 선택권은 없다. 도산재단을 위해서 더 이상 채무자가 지정한 제3자가 아니라 도산관리인이 활동을 해야 한다. 이행지체의 우려가 있는 경우에만 예외가 인정된다(도산법 제115조 제2항, 제116조 제1문, 제117조 제2항). 그러나 도산절차개시를 귀책사유없이 알지 못한 제3자는 보호된다(도산법 제115조 제3항, 제116조 제1문, 제117조 제3항).

D. 특별규정: 도산절차에서의 근로관계

208 도산법은 자신들의 일터가 위험에 빠진 근로자들(즉 채무자 회사에 근무하는 근로자들[222])의 이익을 특별히 고려하고 있다. 일반규정인 도산법 제103조는 이 경우 적용되지 않는다. 도산법은 한편으로는 근로자들의 이익과 다른 한편으로는 사업을 가급적 빨리 청산하거나, 회생시키거나, 양도형 회생의 방법으로 양도해야 하는 도산관리인의 의무 사이에서 적절한 균형을 찾으려고 노력하고 있다.

---

220 도산절차에서 채무자를 대리하기 위한 대리권부여계약의 경우 도산재단과 관련이 없다. BGH ZIP 2011, 1014 Rdnr.4.

221 은행과의 지로계약이 대표적인 사무처리계약이다. 채무자의 계좌는 도산절차의 개시로 폐쇄된다. BGH ZIP 2015, 738 Rdnr.9.

222 근로자들의 도산에 대해서는 도산법에 특별규정이 존재하지 않는다. 아래에서는 사용자의 도산상황만을 다룬다.

I. 도산절차 개시의 효력

이러한 전제 하에 도산법 제108조 제1항은 채무자의 고용계약관계[223]는 도산재단에 대하여 효력을 가지면서 존속한다고 규정하고 있다. 도산관리인은 사용주 지위에 편입되고 근로자들을 *계속 고용*하고 도산재단으로부터 *임금*을 지급해야 한다(도산법 제55조 제1항 제2호). 그러나 도산절차 개시 전 미지급임금은 단순 도산채권일 뿐이다(도산법 제108조 제3항). 이처럼 근로자에게 불리한 규율은 근로자가 도산절차개시 전 3개월간의 미지급 임금을 *도산금(Insolvenzgeld)*으로서 노동청으로부터 지급받을 수 있다는 점에 의해 상당부분 상쇄된다(사회법전 3권 제165조 이하).[224] 채무자가 약속한 *기업연금*(부양약속) — 단순한 도산채권이다 — 에 대해서는 그것이 도산절차개시 전에 형성된 것인 한 기업연금법 제7조, 제14조의 기준에 따라 연금보장기관이 대신 지급한다. 도산관리인이 도산절차 개시 후 임금을 지급하지 않은 경우, 근로자들은 노동청으로부터 *실업급여*를 받는다(사회법전 3권 제157조 제3항). **209**

도산관리인이 실제 사업계속가능성이 없어 근로자를 고용할 수 없거나 도산재단으로부터 임금을 지급할 수 없는 경우에는, 도산관리 **210**

---

223 모든 종류의 고용, 근로계약관계가 포함된다. 따라서 유한책임회사와 업무집행대표자 사이의 고용계약관계도 포함된다. 용역제공의무가 있는 채무자(사설학원)가 도산하였고 도산재단을 사용하여 용역급부가 이루어져야 하는 경우, 도산법 제108조 제1항 제1문은 적용되지 않는다. BGH ZIP 2011, 2262 Rdnr.6.

224 이 규율은 도산재단으로 근로자의 급여를 부담하지 않으면서 도산절차개시기간 동안 필요한 노동력을 활용해 사업을 계속하려고 하는 임시 도산관리인에게 — 도산금을 통해 미리 금융을 일으키는 것에 성공한 경우라면 — 종종 도움이 된다. 통상적으로 이러한 **선금융**(Vorfinanzierung)은 신용기관이 근로자에게 먼저 변제를 하고 그에 대한 대가로 근로자의 임금청구권을 양도받는 방식으로 이루어진다. 이러한 채권양도에는 노동청의 동의가 필요하고, 이러한 동의는 오로지 일자리의 보전을 위해서만 이루어질 수 있다(사회법전 3권 제188조 제3항). 이러한 채권양도와 함께 도산금 청구권도 은행에 양도된다.

인은 가장 가까운 해지기일까지(Rdnr.211) 근로자를 **해고**할 수 있다.[225] 이로 인해 근로자의 청구권이 변경되지는 않는다(민법 제615조 참조). 가령 근로자는 근로계약을 즉시 해지할 수 있다. 도산관리인이 임금을 지급하지 않으면, 근로자는 실업급여를 청구할 수도 있다(사회법전 3권 제157조 제3항; Rdnr.209). 근로자의 임금채권은 도산법 제209조 제1항 제3호에 따른 (구)재단채권이다(Rdnr.328).

Ⅱ. 해지

211 도산법 제113조에 따르면 — 설령 기한의 정함이 있는 고용계약이거나 통상해지권이 계약에 의해 배제된 경우라 할지라도 — 양 당사자(도산관리인과 근로자)[226]는 계속 중인 고용계약을 법률 또는 단체협약에서 정한 해지기간(그러나 월말부터 3개월의 기간을 두어야 한다)에 따라 해지할 수 있다. 이 규정은 해지의 근거를 규정한 것이 아니고, 단지 *해지기간*만 언급하고 있다. 법률에 따른 *해지제한*, 가령 모성보호법 제9조에 따른 임신부에 대한 해지제한, 연방양육수당법 제18조 제1항에 의한 부모시간(Elternzeit)에 놓인 근로자에 대한 해지제한, 사회법전 9권 제85조 이하에 의한 중증장애인 또는 해고보호법 제15조에 따른 종업원평의회 구성원에 대한 해지제한은 도산절차에서도 계속 유지된다. 또한 법적으로 요구되는 *해지의 근거*도 여전히 존재해야 한다. 가령 해지는 사회적으로 정당화되어야 한다(해고보호법 제1조). 즉 도산관리인은 사회적 선택(Sozialauswahl) 요건과 영업상 필요성 요건을 준수해야 한다. 도산절차는 즉시 해지를 정당화하지 않는다. 해지

---

225 근로자가 도산절차개시 전에 해고된 경우, 그의 임금청구권은 단순 도산채권이다(도산법 제108조 제3항; Rdnr.209).

226 도산관리인이 해지하는 경우 근로자는 그에 따른 손해배상채권을 단순 도산채권으로 행사할 수 있다(도산법 제113조 제3문).

요건이 충족되지 않은 경우 근로자는, 해지통지를 받은 후 후 3주 이내에 노동법원에 *해지보호의* 소를 제기할 수 있다(해고보호법 제4조).

Ⅲ. 사업변경(Betriebsänderung)

212 도산시 청산의 경우뿐만 아니라 회생의 경우에도(Rdnr.413 이하) 사업변경이 있을 수 있다. 이에 대해서는 우선 도산법 제120조가 다음과 같이 규정하고 있다. 도산관리인과 종업원평의회는 현존하는 **취업규칙**으로서 도산재단에 부담을 주는 특별한 급부의무(사례 : 구내식당이나 근로자 자녀를 위한 유치원 운영)를 사용자에게 부과하는 취업규칙을 변경 또는 폐지할 것인지에 관하여 협상해야 한다. 취업규칙의 해지는 경영조직법 제77조 제5항, 도산법 제120조 제1항 제2문에 따라 3개월의 기간을 두고 가능하다.

213 근로자에게 불리한, 경영조직법 제111조 제1항 제2문이 규정한 의미에 따른 **사업변경**을 야기하는 구조조정—가령 전체 사업 또는 중요한 사업부분의 감축, 폐쇄, 이전, 다른 사업과의 합병, 사업조직의 근본적 변경—은, 관계된 사업의 20명 이상의 근로자 및 종업원평의회와 협의해야 한다(경영조직법 제111조 제1항 제1문). 법은 사용자와 종업원평의회가 사업변경에 관하여 합의하고, 모든 관련된 이해관계를 정당하게 고려한 규율(*이해관계조정*: 경영조직법 제112조 제1항 제1문)에 합의하도록 하기 위해 이러한 규정을 둔 것이다. 해고, 임금삭감이나 특별한 이익의 소멸로 근로자들에게 경제적 불이익이 발생한 경우, *사회계획*이 합의되어야 한다(경영조직법 제112조 제1항 제2문).[227] 이 규정들은 도산절차에서도 적용되지만, 몇 가지 수정이 이루어진다:

227 이해관계조정은 사업변경의 조직적 측면(방법, 범위, 시점, 인사구조에 대한 결과 등)을 다루고, 사회계획은 사업변경이 근로자에게 가져올 재정적 측면을 다룬다.

214 **합의가 성립되지 못하면** 당사자들은 경영조직법 제112조 제2항에 따라 연방노동청 이사회 또는 조정위원회(Einigungsstelle)에 *중재절차*를 신청할 수 있다. 이를 위해 도산법은 특별규정을 두고 있다. 도산법 제121조에 따르면 양 당사자가 동의한 경우에만 연방노동청 이사회의 절차가 고려된다. 이를 통해 도산관리인은 사업변경의 실행 여부 및 실행방법을 최대한 빠른 시일 내에 명확히 할 수 있다. 마찬가지 근거에서 도산법 제122조 제1항은 다음과 같은 규정을 두고 있다. 도산관리인은 조정위원회의 선행절차가 없어도[228] 종업원평의회와의 협상시작 후 3주가 지나도 합의에 이르지 못한 경우에는 노동법원에 *사업변경에 대한 동의*를 신청할 수 있다. 해지가 필요한 경우 도산관리인은 도산법 제126조의 기준에 따라 해지의 적법성을 노동법원으로부터 승인받을 수 있다. 이 결정은 이후 해지보호관련 절차에서 양 당사자들에게 구속력이 있다(도산법 제127조).

215 이름으로 특정된 근로자들에 대한 해지를 예정하고 있는 **이해관계 조정**에 양 당사자가 동의한 경우, 이 근로자들은 해지보호의 소를 제기할 수 있다. 그러나 도산법 제125조에 따라 그 해지는 긴급한 경영상 필요에 의해 이루어진 것으로 추정되고 사회적 선택에 대해서는 제한적인 범위 내에서만 사후심사가 가능하다.

216 해고와 관련된 근로자들을 위해서 도산절차 개시 후[229] **사회계획**에서 2개월 반의 월급을 한도로 보상을 합의할 수 있다(도산법 제123조 제1항; 절대적 제한). 또한 사회계획상 청구권 — 재단채권이다 — 의 총금액은 도산재단의 1/3을 초과해서는 안 된다(도산법 제123조 제2항; 상대적 제한).

---

228 통상적으로는 경영조직법 제112조 제4항에 따라 조정위원회가 최종적인 결정을 한다.

229 도산절차 개시 전에 수립된 사회계획은 도산법 제124조에 따라 철회할 수 있다.

Ⅳ. 사업양도

사업 또는 사업부분이 양도되는 경우 취득자는 민법 제613a조에 따라 현존하는 근로관계에 따른 권리와 의무를 승계한다. 이는 도산절차에서도 마찬가지이다.[230] 이 규정은 2001. 3. 12. EU지침(2001/23/EG)(영업양도시 근로자 권리보호에 관한 회원국 법률간 조화를 위한 지침)에 기초한 것이다. 위 지침 제5조는 회원국들에게 도산절차의 경우 예외를 두는 것을 허용하고 있다. 그러나 독일은 예외를 두지 않았다. 이 규정은 도산상태의 기업을 양도형 회생(Rdnr.434 이하, 442)의 형태로 양도하는 것을 매우 어렵게 할 수 있다. 그럼에도 불구하고 입법자는 민법 제613a조의 적용을 도산절차에서 배제하는 결정을 내릴 수 없었다. 입법자는 앞서 언급한 도산특수적 예외규정(일반적인 노동법 규정에서 벗어나는 내용의 도산법 규정)이 사업양도의 경우에도 유효하다고 도산법 제128조에서 명확히 규정하는 것으로 만족하였다. **217**

§17: 진행 중인 소송절차에 대한 효력

218

A. 소송절차의 중단(민사소송법 제240조)

도산절차개시 후 도산관리인이 도산재단에 속한 청구권에 관하여 소를 제기하려고 할 경우, 그는 자신의 이름으로 소를 제기할 수 있다. 이 경우 도산관리인은 법정소송담당의 "직무상 당사자"로서(Rdnr.73 이 **219**

230 그러나 도산절차 개시 후 사업을 취득한 자는 도산절차개시 전에 발생한 청구권에 관해서는 책임을 지지 않는다. 그러한 한도에서 민법 제613a조는 목적론적 축소를 해야 한다.

하) 행동하는 것이고, 채무자는 그의 당사자능력과 소송능력을 상실하지는 않지만, 도산절차개시를 통해 도산법 제80조에 따라 소송수행권한을 상실한다. 이러한 법상태는 *도산절차개시 전*[231]에 진행 중인 소송에 대해서도 영향을 미친다: 채무자가 더 이상 소송수행권한이 없기 때문에, 도산관리인은 그를 대신하여 소송을 인수할 수 있어야 한다. 따라서 도산재단에 관련된[232] 법적 쟁송(爭訟)은, 도산관리인에게 소송진행의 계속에 관하여 결정할 기회를 주기 위해, 일단 법률에 따라 당연히 중단된다(민사소송법 제240조, 제249조).[233]

B. 적극소송에서 절차진행

220 중단된 도산재단에 관련한 소송절차가 적극소송인 경우, 즉 채무자가 소를 제기한 경우, 도산관리인은 법적 쟁송(爭訟)을 **인수**할 수 있다{도산법 제85조 제1항; 이른바 "배당재단에 관한 쟁송(Teilungsmassestreit)"; Rdnr.228}. 인수는 상대방에게 서면통지를 함으로써 이루어지고, 민사소송법 제250조에 따라 법원이 이를 송달해야 한다. 이를 통해 도산관리인은 채무자의 소송상 지위를 승계한다. 법적 쟁송은 중단이 이루어진 시점의 상태에서 계속 진행되게 된다.

221 채무자가 원고가 아니라 피고인데 채무자 승소시 도산재단을 위

---

231 도산절차개시 후에 채무자에게 소장부본이 송달된 법적 쟁송(爭訟)의 경우 중단되지 않는다. 도산법 제87조를 고려할 때 이러한 소는 부적법하다.

232 비재산법적 쟁송(가령 이혼절차), 채무자가 개인적으로 급부청구의 상대방이 된 소송(가령, 채무자의 행동과 관련이 있고 사업운영과는 관계가 없는 부작위청구의 소)은 도산절차개시로 인해 영향을 받지 않는다.

233 민사소송법 제240조가 적용되는 사례에서는 민사소송법 제246조(당사자 사망 등이 일어난 경우 소송절차가 중단되지 않고 소송대리인에 의한 대리가 계속된다는 취지의 규정)가 적용되지 않음이 문언상 명백하다. 도산절차의 개시로 인해 변호사의 소송대리권이 소멸하므로(도산법 제117조; Rdnr.207), 위와 같은 결론은 타당하다. 도산법원이 자기관리를 명하는 경우 소송절차의 중단에 관해서는 Rdnr. 464 이하 참조.

해 환가가 이루어질 수 있는 청구권이 관련된 상황이라면, 적극소송에 해당한다. 가령 ① 채무자에 대하여 청구이의의 소가 제기된 경우, ② 1심에서 금전지급을 명하는 판결을 받은 채무자가 강제집행을 피하기 위해 원고에게 급부를 하였고, 항소심 절차에서 원고가 그 급부를 보유할 권한이 있는지 아니면 도산재단에 이를 반환해야 하는지가 문제된 경우, 적극소송에 해당한다. 반대로, 채무자가 1심 판결 승소 후 원고로서 임시로 강제집행을 하였는데 항소심에서 1심판결이 취소된 후 상대방 피고가 민사소송법 제717조 제2항에 따라 손해배상을 청구한 경우에는, 적극소송이 아니다.

도산관리인이 승소가능성을 낮게 평가하였거나 쟁송대상이 도산재단 입장에서 가치가 없기 때문에, 도산관리인이 소송을 계속할 의사가 없는 경우 도산관리인은 **소송인수를 거절**할 수 있다. 소송인수의 거절은 채무자 또는 소송상대방에 대한 무방식(無方式)의 의사표시로 이루어질 수 있다. 도산관리인은 이러한 의사표시를 통해 승소시 도산재단에 귀속하였을 목적물에 대한 권리도 함께 포기하는 것이다.[234] 도산관리인이 인수를 거절하면, 채무자나 소송상대방이 중단된 소송을 인수할 수 있다(도산법 제85조 제2항).[235] 도산관리인과 도산재단은 이 법적 쟁송(爭訟)과 더 이상 관련이 없다. 222

필자의 견해에 따르면 **단체의 도산시** 재단재산의 포기는 허용되지 않으므로(Rdnr.158 이하), 도산관리인은 이 경우 소송인수를 거절할 수 없다(그러나 절차계속 후 민사소송법 제306조에 따라 청구를 포기하거나, 소를 취하하는 것은 가능하다). 도산법 제85조는 그러한 한도에서 목적 223

234 반대로 도산관리인이 그 목적물에 대한 권리를 포기한 경우, 도산관리인은 그에 대한 소송수행권도 상실하게 된다. 왜냐하면 이 경우 더 이상 도산재단에 속하지 않는 목적물에 대하여 법적 다툼이 있는 것이기 때문이다(Rdnr.149).

235 이러한 인수가 일어나지 않은 경우, 그 소송절차는 도산절차가 종료되면 민사소송법 제240조에 따라 직권으로 구 당사자들 사이에서 계속된다.

론적 축소가 필요하다. 따라서 도산관리인이 법원에 그의 임명사실을 알리는 즉시, 소송절차의 중단은 민사소송법 제241조 유추를 근거로 종료된다(이에 따라 구두변론을 위한 새로운 기일이 지정되어야 한다). 이렇게 보는 것이 이해관계를 고려한 공평한 결론이다. 왜냐하면 소송상대방이 승소한 경우 적어도 그의 소송비용청구권에 대해서는 도산재단이 책임을 부담하게 되는데, 도산관리인의 인수거절을 허용하게 되면 소송상대방은 승소하더라도 해산되기 전의 단체에 대해서만 책임을 물을 수 있게 되기 때문이다. 자연인인 채무자가 도산한 경우, 소송상대방이 그 채무자에 대해서만 책임을 묻을 수밖에 없게 되는 것은 소송상대방 입장에서 감내할 수 있다. 왜냐하면 자연인 채무자는 도산절차종료 후 취득하게 될 재산으로 책임을 부담할 수 있기 때문이다.

C. 소극소송에서 절차진행

224 중단된 소송절차가 소극소송, 즉 채무자가 피고이거나 피고와 유사한 역할을 하는 경우(Rdnr.221),[236] 상황을 구별해야 한다: 소송상대방이 소로써 **도산법 제38조가 규정한 의미에서의 재산상 청구권**을 행사하는 경우(이른바 "채무재산, 소극재산으로서의 쟁송"; Rdnr.228), 소송상대방은 도산채권자이다. 도산채권자로서 그는 채무자에 대하여 도산절차에 관한 규율에 의해서만 절차를 진행할 수 있다(도산법 제87조). 그는 자신의 청구권을 확정절차에서 채권자표에 신고해야 한다(도산법 제174조). 이러한 신고에 대하여 이의가 제기된 경우 비로소, 그 소송절차(중단된 소송절차)가 인수될 수 있다(도산법 제180조 제2항).[237] 이

236 가령 채무자가 청구이의의 소의 원고인 경우. BGH ZInsO 2018, 1369.

237 그러나 채무자만 이의를 제기한 경우에는 위와 같은 법리가 적용되지 않는다(Rdnr.334). 이 경우 채무자에 대해서만 법적 쟁송이 인수될 수 있다. BGH ZInsO

의를 제기한 자는 이의를 통해 피고 측인 채무자의 당사자 역할을 대신하게 된다.

중단된 소송절차에서 도산재단과 관련된 **그 밖의 청구권**이 문제된 경우(이른바 "배당재단에 관한 반대쟁송"), 그 소송은 도산관리인에 의해서 또는 소송상대방에 의해서 인수될 수 있다(도산법 제86조). 도산관리인은 법적 쟁송이 계속되는 것을 막을 수 없고, "재단포기"의 의사표시를 할 수도 없다.[238] 그러나 도산관리인은 민사소송법 제307조에 따라 청구인낙을 할 수 있다.[239] 이는 환취권, 별제권,[240] 재단채무와 관련된 모든 절차에서 마찬가지이다. **225**

2005, 95.

238 그러나 토지채무를 근거로 한 소가 제기되었고 도산관리인이 토지를 포기한 경우는 예외이다. BGH ZInsO 2018, 1369 Rdnr.2.

239 이 경우 **소송상대방의 소송비용청구권**은 단순 도산채권으로 취급되어야 한다(도산법 제86조 제2항).

240 별제권의 경우 도산절차에서 담보물의 환가권은 도산관리인에게 있다는 점(도산법 제165조 이하)을 유의해야 한다. 따라서 담보권자의 담보물 반환청구의 소는 기각될 것이다.

5편
있는 도산재단에서 있어야 할 도산재단으로

§18: 기본생각

226

227 도산법 제35조, 제38조에 따르면 도산채권자들은 도산재단으로부터 만족을 얻어야 한다. 그러나 도산관리인이 그의 직무를 인수하면서 발견하는 것은 아직 배당가능한 재단—그것을 환가한 대금으로부터 도산채권자들이 비율적으로 만족을 얻게 되는 재단—이 아니다. 도산관리인은 오히려 사실적인 재산인 **있는 재단**을 인수한다. 이러한 있는 재단은 증가하기도 하고 감소하기도 하면서 종국적으로 **있어야 할 재단**이 된다. 있어야 할 재단이 책임재산으로서 도산채권자들이 처분가능한 재산이다.

228 있어야 할 재단은 적극재산 또는 배당재산이라 부르기도 한다. 왜냐하면 있어야 할 재단은 환가 후 도산채권자들에 대한 배당의 대상이 되기 때문이다(도산법 제187조 이하). 이에 대응하여 도산채권자들의 총체를 소극재산 또는 채무재산(Schuldenmasse)이라고 부른다. **법률상 용어**는 통일되어 있지 않다. 도산법 제35조가 말하는 도산재단은 있어야 할 도산재단을 뜻하고, 일반적으로 이러한 뜻으로 도산재단이라는 단어를 사용한다. 그러나 있는 재단이라는 의미에서 도산재단이라는 용어를 사용하는 법조문도 있다. 가령 도산법 제53조와 제148조가 그러하다.

229 있는 도산재단은 우선 *채권추심*을 통해 **증가**한다(Rdnr.232 이하). 그러나 이 경우 엄밀히 말해 도산재단의 형태만 바뀐 것이다. 왜냐하면 채무자의 급부로 인해 채권 대신 약속된 목적물이 도산재단에 편

입된 것이기 때문이다. 그러나 채권의 실현 여부는 불확실할 수 있으므로, 성공적 채권추심은 적어도 경제적 의미에서의 재단증가로 볼 수 있다. 이에 반해 진정한 의미의 재단증가는 도산법 제129조 이하에 따른 부인권 행사에 의해 일어난다. 왜냐하면 부인권을 통해 도산관리인은 도산절차 개시 전에 채무자재산으로부터 빠져나갔던 재산가치를 다시 도산재단으로 돌려놓기 때문이다(Rdnr.244 이하).

있는 도산재단은 채무자에게 속하지 않는 목적물의 *환취*(도산법 **230**
제47조 이하. Rdnr.281 이하)와 *별제권*(도산법 제49조 이하, 제165조 이하. Rdnr.293 이하) — 별제권을 통해 제3자의 우선만족권이 이행된다 — 을 통해 **감소**된다. 도산법 제94조 이하에 따른 *상계*(Rdnr.310 이하)를 통해서도 있는 도산재단이 감소한다. 상계는 도산재단 중립적이지 않다: 상계를 통해 두 채권은 민법 제389조의 기준에 따라 소멸한다; 상계가 없었다면 채권자의 채권은 단지 비율적인 만족만 얻었을 것이고 관리인은 자신의 채권 전액을 관철할 수 있었을 것이다. 마지막으로 *재단채권자에 대한 변제*(Rdnr.325 이하)도 있는 도산재단을 있어야 할 도산재단으로 만든다. 왜냐하면 있어야 할 도산재단만이 도산채권자들이 처분할 수 있는 재산이고, 재단채권자들은 도산채권자들보다 먼저 채권만족을 얻기 때문이다(도산법 제53조).

§ 19: 채권추심

231

A. 기본내용

도산법 제148조에 따라 도산관리인은 도산재단의 점유, 관리를 **232**

인수한다. 도산관리인이 변제기가 도래한 도산채무자의 채권을 추심하는 것은 이러한 점유, 관리에 속한다. **실체법적으로** 도산관리인은 추심권한이 있다. 왜냐하면 도산법 제80조 제1항에 따라 그는 도산절차개시와 함께 처분권을 갖게 되고, 채권의 추심권도 부여받기 때문이다(Rdnr.60 이하). 도산채무자에 대한 채무자는 도산관리인에게만 변제의 효력이 있는 급부를 할 수 있다. 도산채무자에 대한 채무자에게 송달되는 도산절차개시 결정은 도산관리인에게 급부할 것을 촉구하는 내용을 담고 있다(도산법 제28조 제3항, 제30조 제2항; Rdnr.136 이하).

233 도산재단에 속한 채무자의 청구권이 자발적으로 이행되지 않은 경우, 도산관리인은 **소**를 제기할 수 있다.[241] 그는 직무상 당사자로서(Partei kraft Amtes) 자신의 이름으로 법적 쟁송(爭訟)을 진행하고, 도산관리인으로서 재단에 급부할 것을 청구할 수 있다. 그의 소송수행권한은 도산법 제80조 제1항으로부터 도출된다(Rdnr.73 이하). 채무자가 도산절차 개시 전에 이미 소를 제기한 경우, 도산관리인은 절차개시로 인해 중단된 소송절차를 수계할 수 있다(도산법 제85조; Rdnr.220). 도산관리인은 소송수행을 위해 필요한 정보를 채무자로부터 얻는다(도산법 제97조).

234 앞서 언급한 내용은 **강제집행**의 경우에도 마찬가지로 타당하다. 도산관리인은 강제집행을 위해 집행권원이 필요하다(민사소송법 제704

---

241 도산관리인이 소를 제기하는 것이 강제되지는 않는다. 도산관리인은 소의 전망을 주의 깊게 심사해야 하고, 승소의 전망이 없는 소송에 노력을 기울여서는 안 된다. 충분한 승소가능성이 있는 경우 도산관리인은, 자신의 책임을 피하려면, 도산재단을 위해 청구권을 행사해야 한다. 가령 도산관리인은 임박한 소멸시효 완성을 막아야 한다. 채무자가 체결한 중재합의의 구속력에 관해서는 BGH ZIP 2018, 487 Rdnr.11 참조(중재합의는 쌍무계약도 아니고 위임계약도 아니다. 따라서 도산관리인은 그 이행을 거절할 수 없고, 도산절차개시로 중재합의가 소멸하는 것도 아니다. 그러나 중재합의의 대상이 채무자의 처분권한으로부터 유래한 도산관리인의 독립된 권리인 경우, 도산관리인은 채무자가 체결한 중재합의에 구속되지 않는다. 쌍방미이행 쌍무계약에서 관리인의 선택권은 이러한 권리에 속한다).

조, 제794조, 제750조 제1항). 도산절차개시 결정을 근거로 도산관리인은 오직 도산채무자에 대해서만 강제집행을 할 수 있고(Rdnr.61), 도산채무자에 대한 채무자에 대해서는 강제집행을 할 수 없다. 이러한 채무자에 대해서는 관리인 스스로 집행권원을 취득해야 한다. 도산채무자가 절차개시 전에 이미 집행권원을 취득한 경우, 이 집행권원은 민사소송법 제727조에 따라 도산관리인에게로 그 명의가 변경될 수 있다.[242]

B. 포괄손해청산

도산관리인의 추심 및 소송수행 권한은 원칙적으로 도산재단에 속한 채무자의 청구권에 대해서만 인정된다. 도산법 제92조 이하는 이러한 원칙을 확장하고 있다. 즉 도산법 제92조 이하의 규정은 채권자들의 경쟁을 막기 위해 **채권자의 제3자에 대한 특정채권**은 오직 도산관리인만 행사할 수 있다고 규정하고 있다. 이 경우 채권자들은 여전히 청구권의 보유자이지만, 도산절차 진행 중에는 추심이나 소송수행권이 없다(차단효).[243] 그들을 대신하여 도산관리인이 도산재단을 위해 급부함으로써 청구권을 이행할 것을 청구한다(수권효: Ermächtigungswirkung).[244] 도산관리인은 그 청구권에 대하여 법정소송담당자로서 소를 제기할 수 있고, 화해할 수 있고, 제3자(해당 청구권의 채무자) **235**

242 다수설에 따르면 이 경우 민사소송법 제727조는 단지 유추적용될 수 있을 뿐이다. 그러나 대리인 이론(Rdnr.76)에 근거한 이설(異說)로는 K.Schmidt, JR 1991, 309 이하(단지 다음 사항을 확인하기 위해 — (집행권원에 있는) — 조항을 보충하는 것이다. 집행권원은 도산재단을 위해 강제집행될 수 있다는 점과 집행권원은 자유재산과 무관하다는 점의 확인).

243 책임을 부담하는 채무자가 채권자에 대하여 소극적 확인의 소를 구하는 경우에도 도산법 제92조, 제93조는 적용된다. BGH ZIP 2012, 1683 Rdnr.3ff.

244 따라서 채권자가 이미 취득한 집행권원의 경우, 민사소송법 제727조를 유추하여 그 명의가 도산관리인에게로 변경될 수 있다. OLG Dresden ZinsO 2000, 607. 채권자가 진행하던 소송절차는 도산절차의 개시로 중단된다. BGH ZIP 2009, 47 Rdnr.6ff.

도산시 이를 신고할 수 있다.

236 채무자나 제3자가 도산재단을 감축시키고 이에 따라 채권자들이 더 낮은 비율로 변제받을 수 있게 됨으로써 채권자들이[245] 손해를 입은 경우, 도산관리인은 이러한 **손해배상청구권**을 행사할 수 있다(도산법 제92조).

237 **사례** : *유한책임회사의 이사*가 도산법 제15a조 제1항 제1문에 따른 도산신청의무를 위반하였고 이미 신청을 했어야 할 시점에서 계속 업무를 수행하였으며 이로 인해 환가가능한 재산이 감소되었다. 이를 통해 신청이 이루어졌어야 할 시점에 이미 청구권을 갖고 있던 채권자들(구채권자)이 손해를 입었다. 여기서 손해는 적시에 도산절차가 개시되었을 경우와 비교해 줄어든 배당비율이다(변제비율 손해). 이러한 손해는 이사가 도산재단을 다시 보충함으로써 전보될 수 있고, 도산관리인은 도산법 제92조 제1문에 따라 이를 요구할 수 있다. 이에 반해 위 신청의무의 발생 이후 유한책임회사와 비로소 계약을 체결한 채권자들(신채권자)은 이사에게 직접 책임을 물을 수 있다(도산법 제15a조 제1항 제1문과 연결된 민법 제823조 제2항을 근거로). 왜냐하면 신채권자들은 도산재단의 감소로 인해 손해를 입은 것이 아니고, 유한책임회사와 거래를 하였다는 것으로 인해 손해를 입었기 때문이다. 적시에 신청이 이루어졌더라면 이러한 거래는 일어나지 않았을 것이다.

238 *도산관리인*이 재산가치를 낭비하거나 불필요한 재단채무를 발생시킴으로써 도산재단에 손해를 입힌 경우, 도산관리인은 도산채권자들에 대하여 도산법 제60조에 따라 손해배상의무를 진다. 이러한 한도에서 재단의 확충을 통해 전보되어야 할 포괄손해의 배상[246]이 문

245 지분권자(사원)가 손해를 입은 경우 이 규정은 (유추)적용될 수 없다. BGH ZIP 2013, 781 Rdnr.41ff.

246 이에 반해 개별채권자들의 개별 손해가 발생한 경우, 환취권이 침해된 경우에는 이러한 채권자들의 개별청구권만이 존재한다. 도산관리인이 재단채권자에게 손

제된다.[247] 도산법 제92조 제2문은 이에 보충하여 이 경우 도산관리인에 대한 청구권은 새롭게 선임된 — 기존 관리인과 함께 또는 기존 관리인을 대신하여 관리인 지위를 얻게 된 — (특별)도산관리인에 의해서만 행사될 수 있다고 규정하고 있다.

인적회사의 채권자가 인적책임을 부담하는 사원에 대하여 갖는 상법 제128조에 따른 **책임청구권**(Haftungsanspruch)도 도산법 제93조에 따라 도산관리인만 행사할 수 있다(Rdnr.235). 239

합자회사의 경우 이러한 규정은 명백히 합리적이다. 왜냐하면 *합자회사의 유한책임사원*은 합자회사의 채권자에 대하여 아직 이행되지 않은 출자액의 한도에서만 책임을 지기 때문이다(상법 제171조 제1항). 이 경우 도산관리인은 미이행된 출자분을 도산재단으로 가져와야 하고, 이를 통해 모든 채권자들이 변제비율 상승이라는 동등한 이익을 얻게 된다(상법 제171조 제2항). 240

이에 반하여 *합자회사의 무한책임사원*, *합명회사의 사원*, *민법상 조합의 조합원*의 상법 제128조에 따른 또는 이 규정의 유추에 따른 책임은 책임범위에 제한이 없다. 이 경우 책임청구권 행사를 채권자들에게 맡기는 것도 가능하다. 그 결과 필요하다면 사원의 재산에 대하여 2번째 도산절차가 개시되어야 한다. 그러나 도산법 제93조는 이 경우에도 도산채권자들을 배제하고 관리인만 회사의 재산에 관하여 채권자들의 책임청구권[248]을 행사할 수 있다고 규정한다.[249] 이에 따라 그 241

해를 가한 경우에도 마찬가지이다. BGH ZIP 2006, 1683 Rdnr.7f.

247 도산절차폐지 후에는 개별 채권자가 자신이 입은 개별손해의 배상을 관리인에게 청구할 수 있고, 도산채무자가 그 전체손해의 배상을 청구할 수 없다. BGH ZIP 2009, 2012.

248 개인적으로 책임을 부담하는 사원이 회사채무를 위해 보증을 한 경우, 이러한 보증에 따른 청구권도 책임청구권에 포함된다.

사원에 대한 책임청구권으로부터 도산채권자들이 평등변제를 받도록 하는 도산법 제93조의 취지를 부인권 행사국면에서도 관철시킬 수 있는지, 즉 회사의 위기시기에 특정 채권자가 사원으로부터 채권만족을 얻은 경우 회사의 도산관리인이 책임은 모든 채권자들에게 동등하게 이익이 되고, 개별채권자가 빠른 공취를 통해 특별이익을 얻을 수 없게 된다.[250] 그러나 이 경우에도 개별 사원의 재산에 대한 도산절차는 개시될 수 있다. 회사의 도산관리인은 사원에 대한 채권자(그와 동시에 회사에 대해서도 채권자인 자는 제외한다)와 함께 그 도산절차에 참가하여 책임청구권을 신고한다.

242 **사례** : G는 합명회사에 대해 채권을 갖고 있고, 그 회사의 사원A는 G에 대하여 채권을 갖고 있다. 합명회사의 도산절차에서 도산관리인은 상법 제128조에 따른 G의 A에 대한 채권을 행사할 수 있다. A는 그러나 민법 제412조, 제406조의 유추적용에 따라 상계를 통해 그 의무에서 벗어날 수 있다.

그 채권자에 대하여 부인권을 행사할 수 있는지에 관하여 판례는 이를 긍정한다. BGH ZIP 2008, 2224 Rdnr.12.

그러나 사원에 대해서도 도산절차가 개시된 경우에는 도산법 제93조의 법적 취지는 한발 뒤로 물러선다. 즉 이 경우 부인권은 사원의 관리인에게 귀속된다. BGH ZIP 2008, 2224. 사원의 관리인이 부인권을 행사하는 경우 위기시기 판단의 기준시점은 사원에 대한 도산절차 신청시점이 아니라 그보다 선행하여 이루어진 회사에 대한 도산절차 신청시점이 되어야 한다. 그렇게 보지 않으면 부인권 행사의 상대방은 사원에 대하여 나중에 도산절차가 개시되었다는 우연한 사정으로 인해 원상회복의무를 면하는 부당한 결과가 발생할 수 있기 때문이다. BGH ZIP 2008, 2224 Rdnr.20－21.

249 개인적으로 책임을 부담하는 사원은 회사에 대한 도산절차에서 채권자들 전체가 변제받지 못한 부족분에 한해 책임을 진다는 점을 유의해야 한다. 이미 구 파산법 제212조가 이를 규정하고 있었다. 오늘날 이러한 결론은 추심을 완료한 후 잉여금은 사원에게 다시 반환되어야 한다는 규정(도산법 제199조 제2문)으로부터 도출될 수 있다.

250 그와 동시에 개인적으로 책임을 지는 사원이 충분한 재산을 갖고 있음에도 불구하고 회사재산에 대한 도산절차가 재단부족으로 기각되는 것을 막을 수 있다. 그러나 사원으로부터 추심한 금액은 모든 회사채권자에 대해서가 아니라 — 특별재산을 만드는 방법으로 — 회사채권자이자 사원에 대한 채권자인 자들에게만 귀속된다는 점을 유의해야 한다.

§ 20: 부인권

243

A. 기초

채무자가 그의 채권자들에 대하여 책임을 부담하는 도산재단은 244
원칙적으로 도산절차개시 당시 채무자에게 속하는 재산가치로 구성된다(도산법 제35조; Rdnr.141 이하). **채무자가 그 전에 양도한 목적물**은 절차개시 당시 채무자가 아니라 제3자에게 속하므로, 도산재단에 포함되지 않는다. 그러나 도산법은 도산관리인에게 일정요건 하에 위와 같은 목적물을 부인권 행사의 방법으로 도산재단에 다시 복귀시키는 것을 허용하고 있다(도산법 제129조 이하). 이러한 허락은 (1) 절차개시 시점과 가까운 시점에 채무자 재산으로부터 이탈한 재산가치 또는 (2) 부인상대방의 신뢰보호를 고려하더라도 그 목적물을 전체 채권자들의 만족을 위해 전체 채권자들에게 책임법적으로 귀속시키는 것이 정당화되는 조건 하에 채무자 재산으로부터 이탈한 재산가치와 관련이 있다. 부인권을 통해 채무자가 재산가치를 도산압류로부터 배제시키거나(도산법 제133조; Rdnr.257), 개별채권자에게 *채권자평등원칙*(Rdnr.2)에 반하여 도산절차개시 전에 특별한 이익을 부여하는 것(도산법 제130－132조; Rdnr.260 이하)이 저지된다.[251]

---

251 **채권자취소법**에 따른 채권자취소권 — 채권자취소법 규정은 도산법 제129조 이하와 거의 동일하다 — 은 개별집행절차에서 책임재산의 유지와 개별채권자의 보호만을 목표로 한다. 수익자가 취소채권자에게 원상회복을 한 경우, 도산법 제130조에 따른 위기부인의 대상이 될 수 있다(채권자취소법 제16조 제2항). 그러나 도산법 제130조에서 정한 기간 범위 밖에서 수익자의 원상회복이 이루어진 경우, 취소채권자가 수령한 급부에 대하여 도산관리인(채무자에 대한 도산절차가 개시되어 선임된 도산관리인)이 그 원상회복의 효력을 부정하여 취소채권자에게 도산

245 따라서 부인권에 관한 규정은 **도산법 제81조, 제91조와 밀접한 관련**이 있다. 후자는 *도산절차개시 후* 관리인의 동의 없이 이루어진 도산재단으로부터의 권리취득을 무효라고 규정하고 있다(Rdnr.163 이하). 이에 반해 도산법 제129조 이하는 *도산절차개시 전*에 이루어진 취득을 다루고 있고, 이러한 취득은 유효하지만 일정요건 하에 부인할 수 있다는 점에서 출발한다. 다수설에 따르면 부인은 부인대상인 권리취득을 무효화하지 않고, 단지 관리인의 채권적 반환청구권을 발생시킨다(Rdnr.266). 부인권은 민법 제119조 이하의 취소와 엄격히 구별된다. 그러나 부인할 수 있는 법적 행위는, 신용을 속이거나 도산절차 개시를 지연시킨 점을 고려하여 민법 제138조에 따라 **양속위반**을 이유로 무효가 될 수 있다. 그러나 이 경우 단순한 부인근거를 넘어서는 사정이 존재해야 한다. 이는 민법 제134조[252]에 따른 무효의 경우에도 마찬가지이다.

B. 요건

Ⅰ. 법적 행위

246 도산법 제129조 제1항에 따르면 "도산절차개시 전에 이루어졌고 도산채권자들을 해하는 법적 행위"가 부인의 대상이다. 법적 행위라는 **개념**은 폭넓게 해석해야 한다: 법적 효과를 발생시키는 모든 행위로서 의사(意思)에 따라 이루어졌고 책임을 발생시키는 행위(적극적 행위뿐만 아니라, 도산법 제129조 제2항이 명시하는 것처럼, 의식적이고 의도된

재단으로 해당 급부를 반환할 것을 청구할 수 없다. 또한 도산관리인이 수익자에게 재차 부인권 행사에 따른 원상회복을 청구할 수도 없다. BGH ZIP 2013, 131 Rdnr.15ff.

252 역자 주: 법률상 금지에 위반하는 법률행위를 무효로 하는 규정이다.

부작위도 포함한다)는 부인할 수 있다.[253] 도산법이 명시적으로 다르게 규정하지 않는 한(가령 도산법 제132조 이하) 채무자 자신이 법적 행위를 할 필요는 없다. 제3자의 법적 행위도 그것이 단지 채권자를 해하는 결과를 가져오는 한 부인할 수 있다. 법률행위일 필요도 없다; 법적 효과가 행위자의 의사를 근거로 발생하는지 법률의 규정을 근거로 발생하는지는 중요하지 않다.

사례 (1) 채무자의 적극적 행위 : 모든 법률행위와 법률행위 유사행위(의무부담계약, 처분행위, 해지), 사실행위(혼화, 가공), 자금이체의 지시, 용역을 제공함으로써 담보목적으로 양도된 보수(報酬)청구권의 가치를 현실화시키는 것, 소송행위(청구포기, 청구인낙,[254] 자백), 벌금지급, **247**

(2) 채무자의 소극적 행위 : 소멸시효기간이 도과하게 하는 것, 지급거절을 하지 않는 것, 소송절차에서 다투지 않는 것

(3) 제3자의 법적 행위 : 상계(도산법 제96조 제1항 제3호에 따라 무효가 아닌 경우. Rdnr.313), 채무자재산에 대한 개별집행이나 임시집행(도산법 제141조 참조)으로서 도산법 제88조에 따른 소급차단으로 무효가 되지 않는 경우, 관청이 보조금을 지급하지 않는 것[255]

채무자 재산을 처분할 수 있는 **임시도산관리인**(Rdnr.125)의 법적 **248**

253 그러나 도산법적 평가와 배치되는 경우에는 법적 효력을 발생시키는 행위도 부인할 수 없다. 가령 채무자의 상속승인이나 상속포기의 경우(도산법 제83조). Rdnr.118.

254 그러나 집행권원을 성립시키는 원인이 된 청구인낙이 법상황을 정당하게 반영한 청구인낙인 경우에는, 그 청구인낙이 채권자에 의해 이루어진 이후의 강제집행을 야기한 공동원인이라고 할 수 없다. BGH ZIP 2017, 1962 Rdnr.33. 이 책의 Rdnr. 257도 참조.

255 BGH ZIP 2012, 833 Rdnr.8{제3자가 보조금을 지급하지 않음으로 인해 채권자들을 해하는 법적 효과가 발생한다는 것을 인식하였다는 점이 중요하다. 그런데 위 사안에서 보조금을 지급하지 않은 관청(피고)—부인권 행사의 상대방—이 그 부작위 시점 또는 그 이후 시점에서 도산채권자가 아니었기 때문에 부인권 행사는 결과적으로 부정되었다. 위 사안에서 관청은 부작위가 부인됨으로써 즉 보조금을 지급함으로써 비로소 채무자에 대하여 도산채권—보조금 반환청구권—을 취득하게 된다}.

행위의 경우, 구 파산법 하에서는 도산채무자에게 그 행위가 귀속되었고[256] 따라서 채무자 자신의 행위처럼 부인할 수 있었다. 따라서 도산관리인은 설령 그 자신이 임시도산관리인으로 행위를 한 경우에도 이를 부인할 수 있었다. 그러나 도산관리인이 자신의 행위를 통해 수령자에게 보호가치 있는 신뢰를 부여하였고, 따라서 수령자가 출연된 목적물에 대하여 더 이상 문제를 삼을 수 없는 법적 지위를 취득하였다는 점을 도산관리인이 신의성실의 원칙상 고려해야만 하는 경우는 예외였다.[257] 도산법 시행 후 약한 임시도산관리인의 법적 행위에 대해서는 동일한 법리가 적용된다.[258] 이에 반해 처분권이 있는 강한 임시도산관리인의 경우 그가 스스로 발생시킨 재단채무(도산법 제55조 제2항)를 이행하거나 이에 대하여 담보를 제공한 경우에는 다르게 보아야 한다. 왜냐하면 이 경우 그의 행위는 도산관리인의 행위와 동일하게 취급해야 하기 때문이다. 이러한 행위는 도산절차의 일부분이고 따라서 부인할 수 없다.[259] 그러나 강한 임시도산관리인의 법적 행위가 도산절차의 목적에 명백히 반하는 경우 그 행위는 무효가 될 수 있다(Rdnr.152).

249 도산법 제129조 제1항에 따라 법적 행위는 원칙적으로 **도산절차 개시 전**에 이루어져야 한다. 도산법 제140조는 법적 행위의 경우 그 효력발생 시점에,[260] 등록을 해야 하는 법적 행위의 경우 등록신청의

---

256 임시도산관리인을 채무자의 대리인으로 보는지 또는 직무상 당사자로 보는지 여부(Rdnr.126)는 이러한 귀속과 관련이 없다.

257 BGHZ 97, 87, 91.

258 BGHZ 165, 283, 285ff.

259 BGHZ 200, 210 Rdnr.10ff.

260 예외 : 조건부 또는 기한부 법률행위의 경우 조건성취나 기한도래를 고려하지 않는다(도산법 제140조 제3항). 따라서 이 경우 법률행위가 종결된 것만으로 충분하다. 권리취득의 구성요건이 복수의 행위로 이루어진 경우 — 가령 장래채권의 양도, 압류, 질권설정 등 — 채권발생 시점이 중요하고 양도시점은 중요하지 않다. BGHZ 170, 196 Rdnr.13ff.

접수시점에 그 행위가 이루어진 것으로 본다.[261] 이는 원칙적으로 타당하다. 왜냐하면 도산절차개시 후 이루어진 법적 행위는 도산법 제81조, 제91조에 따라 무효이기 때문이다(따라서 굳이 부인할 필요가 없다). 그러나 도산법 제81조, 제91조는 토지의 경우 선의취득이 가능하다고 규정하고 있다(Rdnr.170, 177). 이러한 취득은 비록 절차개시 후에 이루어졌더라도 도산법 제147조에 따라 부인할 수 있다.

사례 : S는 도산절차개시 전에 G에게 토지를 매도하고 물권계약(Auflassung)도 마쳤다. G는 그 후 이루어진 도산절차 개시를 알지 못한 채 등기신청을 하였고 이전등기를 마쳤다. 이러한 도산절차개시 후 권리취득은 채무자의 법적 행위가 없으므로 도산법 제81조에 저촉되지 않는다(Rdnr.164). G가 선의이기 때문에 도산법 제91조를 근거로 좌절되지도 않는다(Rdnr.177). G가 *도산절차개시 후에* 등기신청을 했기 때문에 부인가능성을 판단하는 기준시점과 관련하여 위 전체 법률행위는 도산법 제140조 제1항에 따르더라도 또한 도산법 제140조 제2항에 따르더라도 절차개시 후에 이루어진 것이다. 그러나 전체 법률행위는 도산법 제147조에 따라 마치 절차개시 전에 이루어졌던 것처럼 보아 부인할 수 있다. 250

위 사례에서 G가 *도산절차개시 전에* 등기신청을 한 경우 그 취득은 도산법 제91조 제2항, 민법 제878조에 따라 유효하다(Rdnr.177). 이 251

261 이 규정은 법적 행위가 부인권행사가 가능한 도산신청 전 기간 내(도산법 제130조 내지 제132조의 경우 3개월, 도산법 제135조 제1항 제2호의 경우 1년, 도산법 제134조의 경우 4년, 도산법 제133조 제1항, 제135조 제1항 제2호의 경우 10년)에 이루어졌는지 검토할 때 중요한 의미를 갖는다. 도산법 제140조 제1항에 따르면, 마지막 부분행위의 이행이 이루어진 시점이 중요하다(BGH ZIP 2018, 1601 Rdnr.12). 따라서 계좌인출 방식으로 채무이행이 이루어지는 경우 차감권한의 부여나 차감기장 시점이 아니라 차감기장의 승인 시점이 중요하다. BGH ZIP 2012, 285 Rdnr.8. 생명보험의 경우 수익자 지정이 철회불가능한 상황이라면 그러한 수익자 지정 시점(철회불가능한 지정이 이루어진 시점)이, 철회가능한 상황이라면 보험사고 발생시점이 중요하다. BGH ZIP 2012, 636 Rdnr.7f.

러한 취득을 부인할 수 있는지 논란이 된다. *권리취득자가* 등기신청을 한 경우, 도산법 제140조 제2항에 따라 그 취득은 절차개시 전에 이루어진 것으로 본다. 따라서 도산법 제129조 이하가 직접 적용되고,[262] 도산법 제147조는 문제되지 않는다. 그러나 *채무자가* 등기신청을 하면[263] 도산법 제140조 제2항이 아니라 도산법 제140조 제1항이 적용된다: 권리취득은 도산절차개시 후에 이루어진 것이고 따라서 도산법 제147조가 적용된다. 그런데 도산법 제147조는 민법 제878조를 언급하고 있지 않다. 따라서 법적 행위는 도산절차개시 후에 이루어진 것이므로 원칙으로 돌아가 부인할 수 없음이 명백하다. 그러나 입법자가 이러한 결론을 의도한 것은 아니다.[264] 이러한 결론은 채무자의 신청에 기초한 권리취득은 부인할 수 없고, 따라서 채권자의 신청에 기초한 권리취득 — 채권자의 기대권을 이미 발생시킨 — 보다 유리한 지위에 놓인다는 것을 뜻한다. 기대권자가 더 악화된 지위에 놓여서는 안 되고 더 유리한 지위에 놓여서도 안 된다. 왜냐하면 민법 제878조는 토지등기절차의 지연으로부터 보호하기 위한 규정으로서, 누가 신청을 했는지, 취득자가 이미 기대권을 취득하였는지와 무관하기 때문이다. 따라서 두 사례는 동일하게 취급되어야 한다. 민법 제878조의 평가는 도산법 제140조 제2항에 대해서도 관철되어야 한다. 따라서 누가 등기신청을 했는지는 무관하다는 기준을 갖고 도산법 제140조 제2항을 도산법 제91조, 민법 제878조의 사안들에 적용해야 한다. 도산법 제129조는 이 두 경우에 모두 적용할 수 있다.[265]

---

262 부인요건, 가령 주관적 요건은 등기부에 등기되는 시점이 아니라 등기신청시에 존재해야 한다.

263 역자 주 : 독일법은 — 우리처럼 — 등기권리자와 등기의무자의 공동신청주의를 취하고 있지 않고, 채무자 또는 채권자의 단독 등기신청을 허용하고 있다.

264 이 쟁점에 관하여 불명확한 입법자료는 채무자의 신청에 근거한 권리취득을 명백히 간과하였다.

265 실무에서는 공증인이 두 당사자를 위해 신청한다는 점도 위 결론을 뒷받침한다. 보충적으로는 도산법 제147조에 민법 제878조도 언급되는 방향으로 법이 개정되

Ⅱ. 사해성

도산법 제129조는 전체로서의 통상적인 도산채권자들(도산법 제38조)[266]이 부인대상 법적 행위로 인해 객관적으로 손해를 입었다는 것을 요건으로 한다.[267] 법적 행위가 소극재산을 증가시키거나 적극재산을 감소시키고 이를 통해 채무자재산에 대한 공취를 좌절시키거나 어렵게 하거나 지연시킨 경우, 사해성이 존재한다.[268] 채무자가 반대급 252

어야 한다. 그렇지 않으면 채무자의 신청에 기초한 권리취득은 전혀 부인할 수 없게 되기 때문이다.

266 도산재단이 모든 통상적 도산채권자(도산법 제38조)의 채권만족을 위해 충분하고 단지 후순위 도산채권자(도산법 제39조)가 변제를 받지 못하는 경우에는, 통상적 도산채권자에게 변제를 하더라도 사해성이 인정되지 않는다.

267 사해행위의 의사가 있었지만 결과적으로 그 행위가 사해행위가 아니라면 — 가령, 채권자에 의해 상계가 이루어졌는데 도산절차개시 후에도 도산법 제94조 이하에 따라 가능한 상계였던 경우, 생명보험수익권을 출연하였는데 그 출연이 무효인 경우 — 부인할 수 없다.

268 다음 사례의 경우 **사해성이 부정**된다.

- 도산재단에 효용이 없는 목적물이 양도된 경우(BGH ZIP 2018, 1601 Rdnr. 20ff.), 이미 목적물 자체의 가치를 초과하는 부담을 지고 있는 목적물이 양도된 경우(그 부담에 대하여 부인권을 행사할 수 없고, 양도계약 후에도 그 부담이 제거되면 안 되는 경우에 한한다). BGH ZIP 2007, 1326 Rdnr.15, BGH ZIP 2009, 1285 Rdnr.19ff.
- 부인할 수 없는 담보권설정에 기초해 담보권을 환가하는 경우(BGH ZIP 2008, 131 Rdnr.9), 변제를 통해 담보권을 소멸시키는 경우(BGH ZIP 2015, 585 Rdnr.8), 담보교환의 경우(BGHZ 174, 297 Rdnr.13).
- 채무자에 대하여 급부의무를 부담하지 않는 제3자가 채권자에게 변제한 경우에도 통상적으로 사해성이 부정된다. BGH ZIP 2008, 2182 Rdnr.9. 그러나 은행과의 사전 약정없이 계좌명의인에게 부여된 신용한도를 초과하여 은행이 신용을 제공함으로써 결과적으로 계좌명의인에 대한 채권자에게 변제가 이루어진 경우에는 편파변제의 사해성이 인정된다. BGHZ 182, 317 Rdnr.11ff. 이 문제에 관해서는 최준규, "다수당사자 사이에서의 부인권 행사", 민법과 도산법, (2019), 191면의 각주 95 참조.
- 민법 제364조 제2항에 따라 이행을 목적으로 추가 채무를 부담하는 경우(가령 유가증권이나 수표의 교부). BGHZ 166, 125 Rdnr.24.
- 장차 도산재단에 속하지 않을 것이고 도산압류의 대상이 아닌 목적물의 처분. BGH ZIP 2016, 1174 Rdnr.17.
- 손해를 가져오는 법적 행위와 그 손해를 전보하는 직접적 이익이 서로 관련된

부를 받지 않거나 적절한 반대급부를 받지 않으면[269] 또는 채무자가 무상으로 이루어져야 할 급부에 대하여 반대급부를 약속하거나 보장한 경우 명백히 사해성이 인정된다(*직접적 사해행위*). 그러나 법률이 달리 규정하지 않는 한, 법적 행위가 종료된 후 그 밖의 사정이 추가됨으로 인해 채권자에게 불이익이 발생한 경우에도 사해성이 인정된다(*간접적 사해행위*).[270] 간접적 사해행위의 사례는 다음과 같다. ① 채무자가 반대급부를 은닉하거나 소비한 경우, ② 급부와 반대급부 사이의 가치비율이 도중에 도산재단에 불리하게 변경된 경우,[271] ③ 부인대상 행위로 인해 도산채권자들이 추가되어 결과적으로 도산재단이 더 많은 채권자들을 위해 사용되어야 하는 경우, ④ 무담보채권이 담보부 채권으로 대체되거나[272] 통상의 도산채권이 재단채권으로 대체되는 경우.[273] 문제된 법적 행위가 채권자를 해하는 효과와 함께 도산재단에 유리한 효과도 가져온다는 점은 고려되지 않는다. 손익상계와 같은 이익과 손해의 정산은 일어나지 않는다. 가정적 대안도 고려되지 않는다; 따라서 문제된 법적 행위가 없었더라도 (실제로 일어나지

경우. BGH ZIP 2016, 427 Rdnr.16ff.

– 잔존 도산재단이 모든 도산채권자(후순위 도산채권자 포함)의 채권만족을 위해 충분한 경우. BGH ZIP 2018, 1794 Rdnr.15.

269 사례 : 더 이상 가치가 없는 채권의 변제, 담보권설정의무가 없음에도 담보권을 설정해 주는 것, 가치가 없는 담보권의 가치를 현실화해주는 것.

270 이 경우 사해성 판단시점은 사실심구두변론종결시이다. BGH ZIP 2018, 1794 Rdnr.15. 따라서 법적 행위 시점에서 채무자에게 다른 채권자들이 있었는지는 중요하지 않다. BGH ZIP 2010, 841 Rdnr.14.

271 사례 : 양도된 유가증권의 가치가 상승한 경우.

272 가령, 채무자가 부담하는 채무를 채무자에 대한 다른 채권자(담보권자)가 변제하였고 그 후 채무자에 대한 도산절차가 개시된 경우. 이 경우 대위변제한 만큼 대위변제자의 피담보채권이 증가하게 된다(BGH ZIP 1999, 973, 974).

273 BGH ZIP 2012, 1193 Rdnr.25ff.(다른 임차인의 차임채무를 함께 부담하고 있던 채무자가 그 임대차계약을 인수함으로써 제3자의 지위에서가 아니라 '임차인의 지위'에서 차임채무를 부담하게 되었고, 그 후 채무자에 대하여 도산절차가 개시된 경우, 계약인수가 없었다면 채무자에 대한 차임채권은 통상의 도산채권이지만, 계약인수로 인해 도산절차 개시 후 채무자에 대한 차임채권은 재단채권이 된다)

않은 다른 사정으로 인해) 결국 도산재단에 동일한 효과를 가져왔을지 여부는 원칙적으로 고려하지 않는다. (간접적) 사해행위의 판단기준이 되는 질문은 그 법적 행위가 없었다면(또는 하지 않았던 행위를 하였더라면) 채권자들이 현재의 판단시점에서 더 많은 만족을 받을 수 있었는지 여부이다.[274]

253 그러나 도산법 제142조가 직접 이행된 **현금거래**(Bargeschäfte)를 부인의 대상에서 제외하고 있다는 점을 주의해야 한다. 계약에 근거하여 동일한 가치의 급부가 교환되고 급부와 반대급부 사이에 직접적 관련이 있는 경우, 위 조항이 말하는 현금거래가 있는 것이다. 현금거래의 경우 그 개념상 직접적 사해성은 부정된다. 그러나 간접적 사해성은 인정될 수 있다. 판례는 도산법 제142조의 적용범위를 본지급부 사안(Rdnr.261)으로 제한한다. 따라서 현금거래의 경우 도산법 제130조에 의한 부인권만 행사할 수 없고, 도산법 제131조에 의한 부인권은 행사할 수 있다. 또한 법률문언상 도산법 제133조에 의한 부인권도, 채무자가 부정하게 행동하였고 부인상대방도 이 점을 알았다면, 행사할 수 있다.

Ⅲ. 부인의 근거

254 법적 행위가 채권자들을 해한다는 점은 부인의 충분조건이 아니

274 이는 지시에 따른 자기채무 변제목적 출연(Anweisung auf Schuld : 채무자에 대한 제3채무자가 채무자의 지시를 받고 채무자에 대한 채권자에게 자기채무 변제 목적으로 출연한 경우) 사안에서 — 단순한 채무교환에 불과한 지시에 따른 타인채무 변제목적 출연(Anweisung auf Kredit : 채무자의 부탁을 받고 제3자가 채무자의 채무를 대신 변제해 준 경우)과 달리 — 종종 문제된다. : 도산채무자는 제3채무자에게 그가 도산채무자에게 부담하는 채무를 도산채무자가 아니라 직접 도산채무자에 대한 채권자에게 지급하라고 지시한다. 이 경우 통상 채권자를 해하는 간접출연이다. 왜냐하면 지급지시와 그에 따른 지급이 없었다면 도산관리인은 제3채무자로부터 채무를 추심할 수 있었고 채권자에게는 단지 도산배당률에 따른 금원만 지급하고 다른 채권자들은 더 많은 배당을 받을 수 있었기 때문이다.

다. 추가로 그 법적 행위가 ① 도산절차개시와 인접한 시기에 이루어지거나, ② 그 목적물을 복귀시켜 이를 책임법적으로 총채권자들의 만족을 위해 귀속시키는 것이 정당화될 수 있는 조건에 따라 이루어져야 한다. 이 조건들은 도산법 제130조 내지 제137조에 부인의 근거들로서 규정되어 있다. 여기에서는 부인권을 행사하려면 어떠한 *객관적 요건*이 필요한지, 어떠한 *시간적 한계*가 존재하는지,[275] 채무자와 수익자 측에 어떠한 *주관적 요건*이 필요한지, 누가 *증명책임*을 부담하는지 검토해야 한다.

1. 무상급부(도산법 제134조)

255 도산법 제134조 제1항에 따르면, 채무자의 무상급부는 도산신청 전 4년 내에 이루어진 것이면 부인할 수 있다. 이 규정은 무상급부는 유상급부처럼 보호할 필요가 없다는 생각에 기초하고 있다: 무상취득자는 이를 다시 반환할 수 있다는 점을 고려해야 한다. 수령자가 채무자(또는 채무자와의 합의에 따라 제3자)에게 상응하는 반대급부를 객관적으로 제공하지 않은 채, 이를 통해 다른 사람을 위해 재산가치가 포기된 채무자[276]의 모든 급부가 무상부인의 대상이다. 민법 제814조에 따라 채무자가 착오로 존재하지 않는 채무를 이행한 경우에만 발생하는 부당이득청구권으로서 가치가 있는 청구권은 "상응하는 반대급부"에 해당한다. 통상적이고 일시적 동기로 이루어진 증여(Gelegenheits-geschenke: 생일선물, 시험합격선물, 결혼선물 등)로서 작은 가치를 증여한 경우 무상부인의 대상에서 제외된다(도산법 제134조 제2항). 무상부인의 경우 별도의 주관적 요건은 존재하지 않는다.[277] 채무자의 무상

275 도산법은 절차개시신청 시점을 기준으로 한 부인가능기간을 각 부인의 유형별로 다르게 설정하고 있다. 기간산정의 개별문제에 관해서는 도산법 제139조 참조.
276 채무자의 급부가 존재하는지 여부는 수령자의 시각에서 결정된다.
277 그러나 당사자들 사이의 합의된 의사는 무상성을 확인하는 데 중요한 의미를 가

급부에 대한 증명책임은 도산관리인에게 있다. 상대방은 그 법적 행위가 절차개시신청 전 4년보다 앞서 이루어졌음을 증명해야 한다.

사례 : S는 그가 소유하는 토지를 무상으로 자녀들에게 양도하였다(양도시 S에게 용익권이 유보된 경우 이는 반대급부가 아니고, 증여의 가치를 감소시킬 뿐이다).[278]; S가 그의 딸에 대하여 그의 딸의 토지채무를 변제할 의무를 부담하였다.; S가 채권이 부존재한다는 사실을 알면서 지분권자에게 '가장의 수익'을 지급하였다.[279]; S가 법적 의무 없이 D의 채무를 변제하거나 D가 부담하는 급부의무를 이행하였다(이는 원칙적으로 D에 대한 무상급부이고, D에 대한 채권자 G에 대해서는 그의 D에 대한 채권이 실질적 가치가 없었던 경우에만—D가 무자력이었고 원래 무담보채권자였던 G가 지급을 받은 후 그의 채권자에게 더 이상 반대급부를 이행하지 않은 경우—무상급부이다).[280]; S가 제3자의 채무에 대하여 담보를 제공하였다.[281] S가 자신의 처를 생명보험의 수익자로 지정하거나[282] 그 밖의 급부약속의 수익자로 지정하였다.[283]; S가 회사지분을 부적절하게 낮은 가격으로 매도하였다.[284]; S가 제3자에 대한 자신의 채권을 후순위로 만들었다.[285]; S가 공익단체에 돈을 기부하였다.[286] 그러나 다음 행위는 도산법 제134조를 따른 무상부인의 대상이 아니다. 자기 256

질 수 있다. BGHZ 113, 98, 101ff.

278 BGH ZIP 2007, 1326 Rdnr.10.

279 BGHZ 179, 137 Rdnr.6.(악의의 비채변제이기 때문에 부당이득반환을 청구할 수 없지만—민법 제814조—, 부인권을 행사하는 데는 문제가 없다. Rdnr.14ff.)

280 BGHZ 174, 228 Rdnr.7ff.

281 BGH ZIP 2012, 1254, Rdnr.21. 그러나 담보권자가 그 담보제공을 받음으로 인해 비로소 제3자에게 신용을 제공하였다면 무상행위가 아니다. 담보제공을 받은 담보권자의 입장에서 무상급부가 아니기 때문이다. BGH ZIP 2009, 228 Rdnr.14.

282 BGHZ 156, 350, 352ff.

283 BGH ZIP 2006, 1639 Rdnr.7ff.

284 BGH ZIP 1993, 1170, 1173.

285 BGH ZIP 2009, 1080 Rdnr.14ff.

286 BGH ZIP 2016, 583 Rdnr.12ff.

채무의 변제(다만 증여약속의 이행은 예외)[287]; 자기채무를 위해 사후에 담보를 제공하는 행위[288]; 화해의 틀에서 이루어진 급부[289]; 형사처벌을 피하기 위해 이루어진 급부[290]

2. 고의에 의한 사해행위(도산법 제133조)

257 도산법 제133조 제1항 제1문은 실무적으로 가장 중요한 부인근거 중의 하나이다. 이 규정의 **객관적** 요건은 채권자들을 해하는 데 공동원인으로 작용한 채무자[291]의 법적 행위의 존재이다. 간접적 사해행위와 직접적 사해행위가 모두 부인대상에 포함된다(Rdnr.252).[292] 법적 행위는 도산개시신청 전 10년 내(또는 신청과 개시결정 사이)에 이루어져야 한다. 본지 또는 비본지급부행위의 경우(Rdnr.261) 4년 내에 이루어져야 한다(도산법 제133조 제2항). 그러나 — 도산법 제130조, 제131조의 경우(Rdnr.261 이하)와 달리 — 부인상대방이 도산채권자일 필요는 없다. 왜냐하면 도산법 제133조의 더 포괄적 요건 하에 급부중개인, 지급장소의 역할을 하는 은행에 대해서도 부인권을 행사할 수 있기 때문이다.[293]

257a **주관적** 요건으로 *채무자에 대해서는* 그가 채권자들을 해할 고의로 행동하였다는 점이 증명되어야 한다. 주관적 요건은 부인대상 법적 행

287 BGH ZIP 2014, 493 Rdnr.9ff. 참조.

288 BGH ZIP 2012, 1254 Rdnr.20.

289 BGH ZIP 2012, 984 Rdnr.28ff.

290 BGH ZIP 2008, 1291 Rdnr.11ff.

291 채권자에 의한 강제집행 조치는 원칙적으로 채무자의 법적 행위가 아니다. BGHZ 162, 143, 147ff. 그러나 채무자가 최소한 공동원인으로 작용하는 행위를 통해 강제집행을 촉구한 경우, 채무자의 기여가 평가적 관점에서 채권자의 집행행위와 적어도 비교가능한 무게를 갖는 한에 있어서는, 채무자의 법적 행위가 존재한다고 볼 수 있다. BGH ZIP 2017, 1962 Rdnr13, 30f.

292 사례 : S가 채무를 변제한 경우; S가 토지를 저가매도한 경우; S가 사후적으로 담보를 설정해 준 경우.

293 급부중개인 도산시 그의 도산관리인의 부인권 행사에 관해서는 BGH ZIP 2013, 81 Rdnr.8ff.(급부중개인이 타인 채무를 변제한 후 도산한 경우 도산관리인은 그 채권자에 대하여 고의부인권을 행사할 수 있다)

위와 관련되어야 한다. 채무자의 행위가 채권자들에게 불리하게 작용할 수 있고 채무자가 이러한 결과를 감수한다는 점(*dolus eventualis*: 미필적 고의)을 채무자가 고려하였다면, 사해의 고의가 존재하는 것이다. *수령자(부인상대방)에 대해서는* 그가 사해적 법적 행위와 행위시점(도산법 제140조)에서의 채무자의 사해의 고의를 알고 있어야 한다.[294] 도산법 제133조 제1항 제2문에 따르면, 부인상대방이 채무자가 지급불능의 우려가 있다는 점[295](또는 이를 추단할 수밖에 없는 사실)을 알았고, 그 행위가 채권자들을 해한다는 점을 알았다면(이러한 점들은 도산관리인이 증명해야 한다), 채무자의 사해의 고의도 안 것으로 추정한다. 이 규정은 채무자의 고의에 대해서도 준용된다.

증명책임은 — 주관적 요건의 경우에도 — 도산관리인이 부담한다. **257b**
주관적 요건을 직접 증명하는 것은 거의 불가능하므로, 도산관리인은 통상 *간접증거*를 기초로 한다. 이 경우 모든 관련된 개별 사정을 종합적으로 평가하는 것이 중요하다. 가령 부인상대방이 비본지급부(Rdnr. 262)를 받은 경우, 채무자의 유동성을 의심할 만한 계기가 존재하는 한, 채무자의 사해의 고의와 수익자의 인식 모두에 대하여 유력한 증거가 될 수 있다. 본지급부가 문제된 경우 채무자가 채무이행의 목적뿐만 아니라, 특별한 이익을 얻거나 불이익(중요한 계약의 해지)을 피하기 위한 목적을 가지고 채권자에게 지급을 하였는지 여부[296]가 고의부인을 판단하는 기준이 될 수 있다. 채무자가 지급불능상태[297]였고

294 중과실로는 부족하다. 대리인의 인식은 민법 제166조 제1항에 따라 본인에게 귀속된다. 그러나 미성년자의 경우 대리인의 인식이 본인에게 귀속되지 않는다. BGH ZIP 2017, 1863 Rdnr.27f.

295 Rdnr.102 이하, 106 이하 참조. 도산법 제133조 제3항 제1문에 따르면, 본지급부(Rdnr.261 이하)가 취소되는 경우에는 지급불능의 우려를 안 것만으로는 충분하지 않다. 채무자의 지급불능을 알아야만 수익자의 악의가 추정된다.

296 BGHZ 155, 75, 83f. 도산신청을 피하기 위해 본지급부가 이루어진 경우, 판례는 일단 이를 비본지급부로 본다. BGH ZIP 2012, 2355 Rdnr.10.

297 Rdnr.102 이하.

당사자들이 이를 알고 있었다면, 이는 고의부인을 인정하는 강력한 징표가 된다. 그러나 반대징표를 통한 사해성 부정도 가능하다.[298]

258 도산법 제133조 제4항은 제1항과 별개의 독자적 부인요건이 아니고, 제1항의 요건 중 일부에 관하여 증명책임을 전환한 것이다: **이해관계인**(Rdnr.259)과의 유상[299]계약[300]으로서 이를 통해 채권자들이 직접적으로 해를 입었고(Rdnr.252) 도산절차개시 신청 전 2년 내에 체결된(이 또한 추정된다) 계약의 경우, 도산법은 채무자의 사해의 고의와 상대방의 악의를 추정한다. 도산관리인이 채무자가 이해관계인과[301] 채권자를 직접 해하는 유상계약을 체결하였다는 점을 증명하면, 부인상대방은 그 계약이 도산신청 전 2년보다 앞서 체결되었다는 점, 채무자가 사해의 고의 없이 행동하였다거나 이해관계인이 그 고의를 몰랐다는 점을 증명해야 한다.

259 **이해관계인의 범위**는 도산법 제138조에서 규정하고 있다. 제1항에 따르면 채무자의 배우자(제1호),[302] 생활동반자(제1a호), 일정 범위 내의 친인척(제2호), 채무자와 함께 주거공동체에서 사는 자(제3호),[303] 채무자의 인식이 귀속되는 회사(제4호)가 포함된다.

---

298 **사례** :
- 설득력이 있고 사실에 기초한 회생개념을 근거로 이루어진 진지한 회생시도의 틀에서 급부가 이행된 경우. BGH ZIP 2016, 1235 Rdnr.14ff.
- 현금거래와 유사한 급부교환. BGH ZIP 2016, 173 Rdnr.37ff.

299 유상성 개념은 폭넓게 해석되어야 한다: 채무자의 급부와 이해관계인의 그에 상응하는 반대출연 — 가령 채무의 면제 — 이 병존하고 있고, 양자가 법적으로 상호 의존 관계에 있다면 그 계약은 도산법 제133조 제4항의 의미에서 유상계약이다. BGH ZIP 2016, 1481 Rdnr.14.

300 계약 개념도 폭넓게 해석되어야 한다. 상대방과의 합의 하에 이루어지는 채무자의 모든 행위가 계약에 포함된다. 계약인수, 부부재산계약도 위 계약에 해당하고, 변제도 도산법 제133조 제4항의 의미에서 '유상계약'이다. BGH ZIP 2016, 1491 Rdnr.15.

301 제3자를 통해 이해관계인에 대한 직접 출연을 우회하려고 한 경우, 그 제3자와의 계약도 이해관계인과의 계약과 동일하게 취급해야 한다. BGH NJW 1995, 1093.

302 법적 행위 후에 혼인이 이루어진 경우도 포함한다. BGH ZIP 2016, 1491 Rdnr.11.

303 사실혼관계의 상대방은 여기에 포함된다. BGH ZIP 2016, 1491 Rdnr.11.

제2항에 따르면 회사에 대해서는 이사회 또는 감독위원회의 구성원, 인적으로 책임을 지는 사원, 25% 이상의 지분을 가진 사원(제1호), 그 밖의 내부자(제2, 3호).[304]

강화된 부인가능성은 이러한 자들은 채무자의 경제적 관계를 특별히 잘 알고 있고, 채무자의 의도를 더 쉽게 알 수 있으며, 채권자들을 해하기 위해 채무자와 협력할 준비가 되어있다는 점을 근거로 한다.

3. 특별 부인권(도산법 제130조 내지 제132조)

무상부인과 고의부인은 채권자취소법 제3, 4조에서도 규율하고 **260**
있지만, 도산법 제130조 내지 제132조는 도산절차에서만 행사할 수 있는 부인권을 규율하고 있다. 따라서 이를 "특별"부인권이라고 부른다. 이 조항들은 공통적으로 위기시기, 즉 도산(개시)절차가 시작되기 직전의 위험한 시기에 이루어진 법적 행위를 규제하고 있다. 이 국면에서는 제3자가 (책임)재산으로부터 만족을 얻는 것에 성공하는지, 아니면 도산절차가 적시에 개시되어 도산재단으로부터의 권리취득이 도산법 제81조, 제91조에 따라 좌절되는지가 다소간 우연에 좌우된다. 따라서 이러한 단계에서 이익을 보려는 자는 부인권을 고려해야 한다. 도산법은 개별적으로 다음과 같이 부인권의 근거를 규율하고 있다.

도산법 제130조는 **본지급부**를 규율한다. 본지급부의 경우 도산채 **261**
권자는 절차개시 전에 그에게 귀속되는[305] 급부(담보제공 또는 채권만족)를 취득한다.[306] 이는 그 자체로는 해로운 행위가 아니다. 도산법 제

304 피지배 자회사, 두 당사자에 대하여 모두 업무집행 대표자 지위에 있는 자, 세무사, 업무집행 대표자의 부모.

305 정확히 말하면, 도산법 제130조에 따른 부인의 경우 그 급부가 채권자에게 귀속되었는지(본지급부인지) 여부는 중요하지 않다. 도산법 제131조는 채권자에게 귀속되지 않는 급부(비본지급부)에 대해서만 적용되지만, 도산법 제130조는 모든 급부를 포함한다. 따라서 실질적으로는 도산법 제130조를 적용할 때 그 급부가 본지급부였는지 여부는 미확정인 상태로 남겨둘 수 있다.

306 이뿐만 아니라 담보제공이나 채권만족을 가능하게 하는 법적 행위도 포함된다.

130조 제1항 제1호에 따르면, 그 법적 행위가 도산절차개시 신청 전 3개월 이내에 이루어졌고 채무자가 그 시점에 이미 지급불능이었으며 채권자가 행위 시점에 이를 알고 있었던 경우[307](또는 지급불능을 추단할 수밖에 없는 사정을 알고 있었던 경우. 도산법 제130조 제2항)에만 부인이 가능하다; 법적 행위가 도산절차개시 신청 후 개시결정 전에 이루어졌다면 개시신청을 아는 것으로 충분하다.[308] 지급정지(Rdnr. 103)를 알아도 지급불능에 대한 악의 요건이 충족된다. 이러한 요건이 충족된 경우, 채권자는 자신이 권리를 갖고 있는 급부를 보유할 수 있다고 신뢰하면 안 된다. 이러한 요건은 도산관리인이 주장, 증명해야 한다. 법적 행위가 이해관계인에 대해 이루어진 경우에만 이해관계인이 지급불능이나 도산절차개시 신청을 알았다고 추정된다(도산법 제130조 제3항).

262 **비본지급부**는 도산법 제131조에 따라 부인할 수 있다. 여기서도 (나중에 도산채권자가 되는) 채권자에 의한 취득이 문제되는데, 채권자가 그러한 방법이나 시점으로 청구할 수 없었던 취득이 문제된다. 이러한 법적 행위는 도산절차개시 신청 전 1개월 내 또는 신청 후에 이루어진 경우 부인상대방이 그 비본지성을 알 필요도 없이 바로 부인할 수 있다(도산법 제131조 제1항 제1호). 비본지급부가 도산절차개시 신청 전 2개월 또는 3개월 내에 이루어진 경우 채무자가 이미 지급불

가령 그 자체로 급부를 보장하지 않지만 그러한 결과에 이르게 할 수 있는 해지(BGH ZIP 2017, 489 Rdnr.11ff.), 소송절차에서의 청구인낙; 상계적상의 창출(BGH ZIP 2010, 682 Rdnr.7); 새로운 채권을 발생시키거나 기존 채권의 가치를 현실화시킴으로써 포괄채권양도의 가치를 현실화시키는 것(BGHZ 174, 297 Rdnr. 14ff. 35ff.)

307 법적 행위가 이루어지기 전에 부인상대방이 채무자의 지급불능 사실을 알았더라도, 법적 행위 당시 부인상대방이 악의가 아니었다면 위 요건은 충족되지 않는다. 이러한 악의의 탈락이 인정되려면 부인상대방의 악의의 근거가 되었던 사실관계가 더 이상 존재하지 않아야 한다. 도산법 제130조 제2항에 따라 악의간주의 근거가 되는 사실(지급불능을 추단할 수밖에 없는 사실)이 사라졌다고 해서 반드시 부인상대방의 악의가 탈락되는 것은 아니다. BGH ZIP 2011, 1111 Rdnr.15/25.

308 공시가 이루어졌다고 해서 악의가 추정되지 않는다. BGH ZIP 2010, 2307 Rdnr. 19ff.

능 상태에 있었거나(도산법 제131조 제1항 제2호[309]), 채권자가 그 법적 행위가 도산채권자들을 해한다는 점을 알았거나(도산법 제131조 제1항 제3호), 채권자가 그 행위가 사해행위라는 점을 추단할 수밖에 없는 사정을 알았던 경우(도산법 제131조 제2항 제1문) 부인할 수 있다. 주장 및 증명책임은 도산관리인에게 있다. 이해관계인(Rdnr.259)에 대한 법적 행위의 경우에만 제3호의 상황에서 그 이해관계인이 사해성을 알았다고 추정된다(도산법 제131조 제2항 제2문).

사례(비본지급부) : 부존재하는 채무의 변제[310]; 계약의 변경을 통 **263**
해 발생하였거나 변제기가 도래한 채무의 변제(그 계약변경도 비본지행위이고 따라서 부인할 수 있는 경우에 한함); 담보제공의무가 없는데 사후적으로 담보를 제공하는 것; 무상으로 이루어질 급부에 대하여 보수를 지급하는 것; 대물변제 또는 지급을 위한 변제(그러나 수표[311]나 은행계좌의 차변기장을 통한 지급은 그것이 거래계에서 통상적인 경우라면 비본지급부가 아니다); 대용권(代用權)의 합의; 채권자가 제3자에 대하여 갖고 있는 채권에 대하여 채무자가 급부를 하는 경우; 채무자의 지급지시에 따라 제3자가 변제하는 경우[312]; 제3자의 계좌를 통한 지급; 변제기가 도래하지 않았거나 항변권이 존재하거나 소멸시효가 완성된 채무의 변제; 개별집행을 통한 채권만족[313]이나 압류질권의 취득(도산법 제131조는 채무자의 법적 행위를 요구하지 않는다!)으로서 이것이 도산

309 이 경우 채권자의 악의는 그 상황의 특별한 수상함 때문에 '간주'된다.

310 BGH ZIP 2012, 280 Rdnr.12.(이 경우 급부수령자는 부인권 행사의 관점에서는 도산채권자이다)

311 제3자가 발행한 수표로 지급이 이루어진 경우에는 비본지변제이다. BGH ZIP 2009, 1235 Rdnr.10f.

312 역자 주 : 우리법에서 이를 비본지변제로 볼 수 있는지는 의문이다. 독일 논의에 관한 상세한 소개로는 최준규, "다수당사자 사이의 부인권 행사 — 지급지시 및 제3자의 변제 사례를 중심으로 —", 민법과 도산법, (2019), 151면 이하 참조.

313 역자 주 : 우리법에서 강제집행을 통한 채권만족을 비본지변제로 볼 수 있는지는 의문이다.

법 제88조(Rdnr.154)에 따라 무효가 되지 않는 경우; 강제집행의 위협을 피하기 위해, 도산신청의 위험이나 이미 이루어진 도산신청을 피하기 위해, 벌금을 피하기 위해 이루어진 변제[314]

264 마지막으로 도산법 제132조에 따라 **직접적으로 채권자들을 해하는 채무자의 법적 행위**는 부인할 수 있다. 이는 앞서 언급한 부인요건에 포함되지 않는 나머지 상황들을 포괄적으로 포섭하는 보충적 구성요건이다. 도산법 제132조의 규제대상이 되는 행위로는, ① 직접적으로 채권자들을 해하는(Rdnr.252) 법률행위로(제1항)서 도산법 제130조, 제131조의 급부행위로 포섭되지 않는 것,[315] ② 채무자의 다른 모든 법적 행위로서 이를 통해 채무자가 권리를 잃거나 더 이상 행사할 수 없게 되거나 이를 통해 채무자에 대한 재산상 청구권을 보유하거나 실현할 수 있게 되는 행위(제2항)[316]가 있다. 이러한 법적 행위는 본지급부와 동일한 요건에 따라 부인될 수 있다. 따라서 그 법적 행위가 도산신청 전 3개월 내에 이루어졌고, 채무자가 이 시점에 이미 지급불능이었고,[317] 채권자도 이를 알았던 경우(도산법 제132조 제1항 제1호), 또는 그 법적 행위가 도산절차개시 신청 후에 이루어졌고 부인상대방이 지급불능이나 도산신청을 안 경우(도산법 제132조 제1항 제2호), 부인할 수 있다. 상대방이 중과실로 인식을 못한 경우 및 증명책임에 관한 법리는 도산법 제132조 제3항에 따라 본지급부의 경우와 동일하다(Rdnr.261).

---

314 역자 주 : 우리법에서 이를 비본지변제로 볼 수 있는지는 의문이다.

315 *사례* : 특수한 변제약속(BGHZ 154, 190, 194ff.: 임시도산관리인의 동의하에 채무자가 채권자의 기존 채권을 변제하기로 약속한 경우 도산법 제130조의 부인대상이 되지 않는다).

316 도산법 제132조 제2항은 무엇보다도 부작위를 포함한다. *사례* : S가 다음과 같은 행위를 하지 않는 경우. 유가증권의 적시 제시나 지급거절, 시효를 정지시키는 것, 시효완성 항변을 하는 것, 채권자취소권 행사기간을 준수하는 것, 상소를 제기하는 것.

317 Rdnr.102 이하 참조.

4. 그 밖의 부인근거

지분권자대여로 발생한 채권에 대한 담보제공이나 이러한 채권의 만족을 위한 법적 행위는 도산법 제135조에 따라 부인할 수 있다. 도산법 제39조 제1항 제5호에 따르면 지분권자나 지분권자와 동일시할 수 있는 제3자로서 그 회사에 금원을 빌려준 자는 다른 모든 도산채권자들이 만족을 얻은 뒤에야 대여금의 반환(또는 대여금과 동일시할 수 있는 채권[318]의 만족)을 청구할 수 있다. 이를 뒷받침하기 위해 도산법 제135조는 반환청구권을 위한 담보제공은 도산절차개시 신청 전 10년 내에 또는 도산신청 후 이루어진 경우 부인할 수 있다고 규정하고 있다(제1호). 반환청구권의 변제는 도산절차개시 신청 전 1년 내 또는 신청 후에 이루어진 경우 부인할 수 있다(제2호). 별도의 주관적 요건은 없다. 또한 **익명 지분권자에 대한 급부**에 대한 특별한 부인권 구성요건(도산법 제136조), **유가증권이나 수표를 통한 지급**의 경우 도산법 제130조의 적용제한 규정(도산법 제137조)이 있다. 이에 대해서는 더 살펴보지 않는다. 265

C. 법적 효과

I. 반환청구권

도산법 제143조 제1항 제1문에 따르면 부인대상 법적 행위로 인해 채무자의 재산으로부터 빠져 나간 모든 것은 부인을 통해 도산재단으로 **반환**되어야 한다. 정확히 말하자면, 부인상대방으로부터의 이 266

318 가령 지급이 중단된 매매대금청구권이나 채무자가 지급을 지체하고 있는 임금청구권. 회사가 지분권자에게 대출금을 상환하는 것은 무상급부가 아니므로 무상부인의 대상이 될 수 없다. 또한 지분권자가 지분권자대출을 보장하거나 유지하는 것은 지분권자의 도산관리인 입장에서 무상부인의 대상이 될 수 없다. BGHZ 212, 272 Rdnr.9ff.

익박탈을 통한 사해효과의 제거가 일어난다. 가령 부인대상 행위를 통해 상계적상이 만들어진 경우, 상계가 부정될 뿐이고 상계적상을 만든 법률행위가 소급적으로 청산되지 않는다(Rdnr.313).

267 이 규정의 **도그마틱**에 대해서는 다툼이 있다. 다수설에 따르면 부인을 통해 법적 행위가 물권적 효과를 갖고 소급해서 무효가 된다는 방식으로 이 규정을 이해해서는 안 된다.[319] 단지 채권적 반환청구권[320]이 존재할 뿐이다. 이 청구권은 부인의 의사표시의 결과 비로소 발생하는 것이 아니고, 도산절차개시와 함께 법률상 발생하는 것이다(Rdnr.272).

268 이러한 채권설은 **책임설**에 의해 다음과 같은 측면에서 보충되어야 한다: 취득하게 된 — 그러나 그 취득을 부인할 수 있는 — 재산은 반환 전까지 *물적으로* 취득자의 재산에 속한다. 그러나 이 재산은 부인권규정에 의해 *책임법적으로* 채무자의 재산에 귀속되고 따라서 — 담보물과 비슷하게 — 채무자에 대한 채권자에 대해서만 책임재산으로서 처분가능한 대상이라는 점(취득자에 대한 채권자에 대해서는 책임재산으로서 처분가능한 대상이 아니다)을 고려해야 한다. 이로 인해 다음과

---

319 입법자는 물권적 효력설과 어울리지 않는 소멸시효 규정을 둠으로써(도산법 제146조) 의식적으로 물권적 효력설을 부정하였다.

320 이 청구권은 도산재단을 부인대상 행위가 없었더라면 놓였을 상태로 만드는 것을 목적으로 한다(BGHZ 124, 76, 84). 자세한 **내용**은 부인대상 법적 행위에 따라 달라진다.
- 양도된 물건이나 채권은 반환되어야 한다.
- 설정된 질권이나 토지담보권, 수탁자 지위는 포기되어야 한다.
- 면제된 채권은 다시 성립되어야 한다(동액의 가액반환을 청구하지 않는 한).
- 채무자의 불리한 의사표시나 계약의 경우 부인상대방이 이를 원용할 수 없게 된다.
- 계약내용(이 계약은 문제된 계약조항이 없었다면 급부와 반대급부 사이에 균형이 존재하는 계약이다) 중 도산재단을 감축시키는 효과를 야기하는 계약조항의 효력은 주장할 수 없게 된다.

도산관리인은 그 *감축물(minus)*에 만족할 수도 있다. 가령 원상회복대신 강제집행의 인용(認容)을 청구할 수 있다.

같은 결론에 이르게 된다. 취득자의 도산시 해당 목적물은 채무자의 도산재단을 위해 환취되어야 한다.[321] 취득자의 채권자가 그 목적물에 대하여 강제집행을 할 경우 도산관리인은 민사소송법 제771조에 따라 제3자이의의 소를 제기할 수 있다. 이러한 책임법적 귀속은 강제집행법에서 낯설지 않다. 신탁에서의 수탁자나 위탁매매에서의 수탁자에 대하여 개별집행이나 전체집행을 하는 경우 그들의 채권자는 — 비록 신탁자나 위탁자가 채권적 반환청구권만 갖고 있더라도 — 신탁된 물건이나 위탁매매의 목적물을 채무자(수탁자)의 책임재산으로 확보할 수 없기 때문이다. 그러나 책임법적 귀속이 도산관리인의 법적 지위를 물권적 지위로 일반화시킴으로써 채권설과 모순에 빠져서는 안 된다. 책임법적 귀속은 구체적 규범을 적용할 때(가령 취득자에 대한 개별집행시 민사소송법 제771조를 적용하는 경우) 평가적 관점을 취한 것일 뿐이다.

원상회복의 **범위**에 관하여 도산법 제143조 제1항 제2문은, 이득수령자가 법적 원인의 부존재를 알았던 경우의 부당이득의 법률효과를 지시하고 있다. 이는 수령자가 사용이익과 대위물을 반환해야 하고(민법 제818조 제1항), 그가 민법 제819조 제1항, 제818조 제4항에 따라 악의의 반환의무자처럼 일반규정에 따라 책임을 부담함을 — 따라서 이득소멸 항변을 할 수 없음을 — 의미한다.[322] **269**

수익자가 받은 것을 반환할 수 없거나 훼손된 상태로 반환하는 **270**

---

321 BGHZ 156, 350, 358ff. 연방대법원은 책임설을 근거로 이러한 결론을 도출하지 않는다고 하면서도, 실제로는 책임설의 기준을 적용하고 있다. 판례는 보충적 논거로 도산법 제145조(Rdnr.270)를 끌어들이고 있는데 — 도산관리인을 취득자의 포괄승계인으로 보아야 한다는 관점 — 이 논거는 타당하지 않고, 굳이 그럴 필요도 없다. 도산법 제143조 제1항 제2문에 따라 가액반환청구를 할 수 있는 경우에는 (Rdnr.270) 환취권이 배제된다. 왜냐하면 대체물에 대한 대체적 환취권은 도산법 제48조의 요건(Rdnr.287, 289)에 따라서만 인정될 수 있기 때문이다.

322 그러나 도산법 제143조 제2항에 따르면, **무상급부**의 수령자에 대해서는 그가 급부시점(도산법 제140조)에 그 급부가 채권자들을 해한다는 점을 알지 못하였고 알아야 했던 경우도 아니라면, 본문 내용이 적용되지 않는다. 이 경우 수익자는 이득의 소멸을 증명해야 하고 도산관리인은 수익자의 악의를 증명해야 한다.

경우, 그는 가액반환의무를 부담한다. 이는 민법 제818조 제2항에 따라 수익자의 과책과 무관하다. 그에 더하여 도산절차 개시 전에 수익자의 과책이 있는 경우에는 민법 제819조 제1항, 제818조 제4항, 제292조 제1항, 제989조에 따라 손해배상의무를 부담한다. 도산절차 개시에 따라 반환청구권이 발생한 뒤(Rdnr.266, 272)에는 과책이 없는 경우에도 손해배상책임을 부담한다(민법 제819조 제1항, 제818조 제4항, 제292조 제1항, 제287조 제2문).[323] 수령자는 그가 이득을 얻고 있는지와 무관하게 사용이익을 반환해야 하고, 과실로 수취하지 못한 사용수익에 대해서는 배상해야 한다(민법 제819조 제1항, 제818조 제4항, 제292조 제2항, 제987조). 그러나 반환해야 할 원본이 금전인 경우에는 위 원칙이 적용되지 않는다. 도산법 제143조 제1항 제3문에 따라 금전에 대해서는 다음 경우에만 이자가 가산된다. 부인상대방이 지체에 빠진 경우(민법 제286조) 또는 부인청구권이 소송계속 중인 경우(민법 제291조).

Ⅱ. 부인상대방의 반대청구권

271 도산법 제144조는 부인상대방의 반대청구권을 규율하고 있다. 이 규정은 부인으로 도산재단이 부당한 이득을 얻는 것을 방지한다. *이행행위*가 부인되면 부인대상 급부로 소멸하였던 부인상대방의 채권이 부활하고, 부인대상 취득물이 도산절차 개시 전의 상태로 실제로 반환되며, 모든 종된 권리와 담보권이 부활한다(도산법 제144조 제1항). *의무부담행위* 즉 아직 이행되지 않은 채무의 발생근거가 되는 행위가 채무자를 위해 부인되면, 부인상대방이 한 반대급부는 — 그 반대급부가

323 법률상 원인이 부존재한다는 점을 알았다고 의제함으로써(도산법 제143조 제1항 제2문) 소송계속과 동일하게 취급되고(민법 제819조 제1항), 소송계속은 최고와 동일하게 취급된다(민법 제286조 제1항 제2문). 따라서 급부수령자는 지체책임에 빠지고 민법 제287조 제2문에 따라 우연한 결과에 대해서도 책임을 부담한다.

현존하거나 도산재단이 그 반대급부로 인해 이익을 얻고 있는 한 — 도산재단으로부터 부인상대방에게로 원상회복되어야 한다(도산법 제144조 제2항 제1문).[324] 그 밖의 청구권의 경우 부인상대방은 이를 일반도산채권으로 행사할 수밖에 없다(도산법 제144조 제2항 제2문). 부인권 행사에 따른 도산재단의 원상회복청구권은 도산절차 개시 후 비로소 발생한 것이므로, 도산법 제96조 제1항 제1호(Rdnr.319)에 따라 위와 같은 도산채권과의 상계는 금지된다. 부인상대방이 취득한 물건(그 취득은 부인의 대상이다)에 대하여 지출한 비용의 배상은, 필요비인 경우에만 사무관리 규정을 근거로 하여 부인상대방이 청구할 수 있다(민법 제819조 제1항, 제818조 제4항, 제292조 제2항, 제994조 제2항, 제683조, 제670조와 연결된 도산법 제143조 제1항 제2문).

D. 부인권의 행사

이미 설명한 것처럼(Rdnr.266) 부인대상 법적 행위가 있는 경우 원 **272**
상회복청구권은 도산절차 개시로 인해 법률상 당연히 발생한다. 따라서 도산관리인의 부인권은 형성권이 아니고 도산재단에 속한 반환청구권을 행사하는 권리이다.[325] 따라서 법원 — 민사법원의 관할이다 — 은 도산관리인이 명시적으로 '부인가능성'을 주장하지 않은 경우에도

324 부인상대방은 이러한 상환청구권으로 인해 민법 제273조에 따른 채권적 유치권을 취득한다.

325 도그마틱적으로 정확하게 표현한다면, 채무자가 반환청구권의 채권자이고 도산관리인에게는 — 일반규정(도산법 제80조)에 따라 — 그 권리에 대한 처분권이 귀속되는 것이다. 반대설(그러나 이러한 반대설이 직무설 — Rdnr.78 — 로부터 필연적으로 도출되는 견해는 아니다)에 따르면, 반환청구권은 도산관리인의 직무와 직접 관련된, 도산관리인의 법적 지위로부터 원시적으로 발생하는 권리이다. 어느 견해에 따르든, 반환청구권은 도산절차의 목적달성에 국한된 권리로서 도산절차의 종료로 **소멸**하고 그 후에는 채무자가 더 이상 이 권리를 행사할 수 없다. BGH 83, 102, 105f.

법적용의 과정에서 스스로 반환청구권의 존재를 고려해야 한다.[326] 그러나 도산관리인은 명시적으로 도산재단에 반환할 것을 소로써 청구하거나, — 채권자가 부인가능한 방식으로 취득한 법적 지위를 도산관리인에 대하여 관철하려고 하는 경우 — 항변의 방식으로 반환청구권을 행사할 수도 있다.

273 **사례** : S는 G에게 부인가능한 방법으로 화물차를 양도하였다. G는 도산관리인에게 도산법 제47조에 따라 화물차의 환취를 주장하고 있다. 도산관리인은 이러한 반환청구에 대하여 원상회복청구권으로 대항할 수 있다. 이 경우 권리행사로 인하여 얻은 결과물을 즉시 반환해야 하는 경우 그러한 권리행사는 권리남용이기 때문에 허용되지 않는다는 항변(dolo agit qui petit quod statim redditurus est)이 문제된다(민법 제242조). 화물차가 이미 G에게 인도된 경우 도산관리인은 도산법 제143조 제1항 제1문에 따라 원상회복을 청구할 수 있다.

274 반환청구권의 **채무자**(부인상대방)는 부인대상 법적 행위를 통해 이득을 본 자, 즉 부인가능하게 양도되거나 발생한 권리의 취득자이다. 도산법 제145조 제1항에 따르면, 부인가능하게 빠져나간 목적물을 취득한 *포괄승계인*에 대해서도 부인권을 행사할 수 있다. *특정승계인*[327]은 그가 취득시 부인권을 발생시키는 사정을 알았거나(도산법 제145조 제2항 제1호)[328] 해당 취득물이 특정승계인에게 무상 출연된 경우에만(도산법 제145조 제2항 제3호) 반환의무를 부담한다. 수익자에 대한 부인소송절차에서의 판결은 수익자의 승계인을 구속하지 않는다. 민사소송법 제325조, 제265조도 적용되지 않는다. 수익자에 대한 소는 단

326 BGHZ 135, 140, 149; BGH ZIP 2017, 1863 Rdnr.32.

327 *사례* : 취득자를 위해 수표를 환전해준 자. 그러나 취득자가 수령한 현금을 원물의 형태로 재차 이전받지 않고 계좌이체의 형태로 받은 자는 특정승계인이 아니다.

328 이해관계인(Rdnr.259)이 특정승계인인 경우 도산법 제145조 제2항 제2호에 따라 악의가 추정된다.

지 부인기간(Rdnr.275)의 진행을 정지시키고 이 정지는 승계인에 대해서도 효력이 있다.

도산법 제146조 제1항에 따르면 원상회복청구권("부인청구권")은 모든 종류의 부인권에 대하여 민법 제194조 이하의 일반규정에 따라 **시효기간 도과로 소멸**한다. 이는 강행규정이다. 민법 제199조 제1항에 따라 3년의 시효기간은 도산관리인[329]이 부인권을 발생시키는 사정을 안 날이 속한 해의 종료시점부터 기산된다. 시효정지에 관해서도 민법 제203조 이하의 일반규정이 적용된다. 도산재단으로 반환을 구하는 내용의 모든 소를 통해 그 기간은 준수된다. 또한 도산법 제146조 제2항은 도산관리인은 시효기간이 지난 뒤에도 부인가능하게 취득한 채권자의 채권에 대하여 그 이행을 거절해야 한다고 규정하고 있다. 이 규정으로 인해 도산관리인은 목적물이 부인가능한 방법으로 양도된 경우, 채권자의 권리행사를 기다렸다가 아직 도산재단에 있는 그 목적물이 시효기간의 경과 뒤에 도산재단으로부터 빠져나가는 것을 막을 수 있다. **275**

사례 : Rdnr.273에서 언급한 사례에서 도산관리인은 도산절차개시 및 관련 사정에 대하여 악의가 된 후 3년이 지나서도(민법 제195조, 제199조) 부인가능성의 항변을 할 수 있다. 도산관리인이 피고로서 항변의 방식으로 반대청구권을 주장한 경우, 소멸시효는 정지되지 않는다. 따라서 G가 시효기간 경과 전에 이전청구소송절차를 시작한 경우, 도산관리인의 반환청구권 자체는 시효로 소멸한다. 그러나 도산법 제146조 제2항이 존재하기 때문에 시효소멸로 인해 도산관리인이 손해를 입지는 않는다. **276**

329 현재 진행 중인 절차의 도산관리인을 뜻한다. 종전에 이미 채무자에 대한 도산절차가 진행되었던 적이 있다면, 그로 인해 발생한 시효소멸의 효과는 현재 도산절차에서는 양 절차가 동일한 실체적 도산상황을 전제로 한 경우에만 고려된다. BGH ZIP 2013, 1088 Rdnr.5ff.

277 위 사례에서 G가 이미 집행권원을 갖고 있다면, 도산관리인은 시효기간 도과에도 불구하고 부인가능성을 청구이의의 소(민사소송법 제179조 제2항, 제767조)의 형태로 주장할 수 있다.[330] 도산법 제146조 제2항은 도산관리인이 그 소의 내용상 단지 도산재단의 존속을 방어하려는 경우에는 적극적인 소제기의 경우에도 적용된다.[331] 따라서 채권자가 도산관리인에 대하여 반환청구의 소를 제기한 경우, 도산관리인은 원상회복의 소 또는 반소를 제기할 수 있다(제기해야 한다!).[332]

278 S가 D에 대한 청구권을 부인가능한 방법으로 G에게 양도한 경우, G는 일단 채권자이다. 도산관리인은 부인기간 이내에(도산법 제146조 제1항) G에 대하여 채권을 재양도할 것을 청구해야 한다. G가 D에 대하여 지급청구의 소를 제기한 경우, 도산관리인이 그 소송에 보조참가하여 부인가능성을 주장하더라도, 이를 통해 (부인청구권의) 소멸시효 진행이 중단되지 않는다. 또한 도산법 제146조 제2항도 적용될 수 없다. 왜냐하면 위 조항은 아직 목적물이 도산재단에 현존하는 경우 적용되기 때문이다. G가 도산재단을 공격하는 것, 관리인이 도산법 제146조 제2항을 근거로 편안하게 기다릴 수 있는 G의 도산재단에 대한 공격이 위 사안에서는 전혀 가능하지 않았다.

279 이에 반해 위 사안에서 D가 채권양도 사실을 모르고 도산재단에 변제를 하면 도산관리인은 민법 제816조 제2항에 따른 G의 구상청구에 대하여 (부인청구권의) 소멸시효 기간 경과 후에도 부인가능성의 항변으로 대항할 수 있다.

---

330 민사소송법 제767조 제2항은 청구이의의 소에 방해가 되지 않는다. 왜냐하면 도산법 제143조 제1항에 의한 반환청구권은 도산절차 개시로 인해 비로소 발생하기 때문이다(Rdnr.272).

331 가령 도산관리인이 별제권 부존재 확인의 소를 제기한 경우.

332 그렇지 않으면 소유권과 점유권이 오랜 기간 분리될 수 있고, 그 결과 도산관리인은 도산법 제146조 제2항에서 보장된 보호에도 불구하고 그 물건을 환가할 수 없게 된다.

§21: 환취

280

A. 기본생각

도산법 제35조로부터 직접 도출되는 것처럼 채무자의 재산만이 도산채권자들의 책임재산이 된다. 채무자에게 속하지 않는 재산은 절차개시 당시 현존하는 "있는 도산재단"으로부터 환취되어야 한다.[333] 환취권자는 도산채권자가 아니다(도산법 제47조 제1문). 따라서 이러한 청구권은 도산채권처럼 채권자표에 신고하는 방식으로 행사되지 않고, "도산절차 밖에서 유효한 법률에 따라"(도산법 제47조 제2문) 즉 통상의 민사소송절차(Rdnr.288)에서 행사된다.[334] 환취권은 확정된 내용이 없다. 환취권의 내용은 어떠한 목적물이 환취되어야 하는지에 따라 결정된다(Rdnr.282 이하). 281

B. 환취권

개별 사안에서 누가 환취권자인지는 도산법으로부터 도출되지 않는다. 도산법은 제47조 제1문에서 환취권자는 물적 또는 인적 권리를 근거로 목적물이 도산재단에 속하지 않는다고 주장할 수 있는 자라고 282

---

333 개별집행절차에서는 민사소송법 제771조에 의한 제3자 이의의 소가 환취권에 대응한다.

334 환취권 조항은 첫인상과 달리 단지 권리의 관철가능성을 위해서만 의미가 있다. 도산법에서 실체적 권리의 발생은 환취권의 경우(Rdnr.282)뿐만 아니라 다른 경우에도 "항상 도산절차 외부에서 효력이 있는 법률"에 따라 정해진다.

말하고 있을 뿐이다. 우선 **소유권**이 환취권의 기초가 될 수 있다. 제3자 소유의 물건은 채무자에 속하지 않고 따라서 도산재단에 속하지 않는다.[335] 관리인이 권한 없이 도산재단에 속한 채무자의 채권으로 취급하는 채권도 마찬가지이다.[336] 동산의 경우 소유자는 반환을,[337] 토지의 경우 경우에 따라서는 등기부기재를 요구할 수 있고 이러한 청구권은 도산관리인을 상대로 통상의 민사소송절차에서 관철할 수 있다. 그러나 환취권자는 자신의 환취권을 민사소송절차에서 증명해야 한다. 도산절차개시 당시 채무자가 동산을 점유하고 있으면 민법 제1006조 제1항에 따라 그의 소유권이 추정되고 따라서 해당 동산이 도산재단에 속한다는 점도 추정된다.

283 **소유권유보**의 경우 매도인은 매수인 도산시, 관리인이 매매계약을 이행하지 않는 것을 선택하였다면, 유보된 소유권을 근거로 환취를 할 수 있다(Rdnr.198). 이는 단순 소유권유보의 경우에만 적용된다. 단순 소유권유보의 경우 매매목적물에 대한 매매대금만이 소유권유보를 통해 담보된다. 연장된 소유권유보나 확장된 소유권유보는 매도인에게 환취권이 아니라 별제권을 보장한다.[338]

284 **사례** : 채무자가 매매목적물을 양도하고 그로부터 발생하는 청구권을 미리 매도인에게 양도한 경우(연장된 소유권 유보), 매도인은 별제권만 주장할 수 있다(도산법 제51조 제1호). 이는 도산관리인이 해당 청

---

335 압류할 수 없는 채무자의 재산은 도산재단에 속하지 않으므로(Rdnr.146) 이러한 목적물에 대해서는 채무자가 환취권자가 될 수 있다.

336 *사례* : X에 대한 채권자인 도산채무자 S는 채무자 X와 양도금지 약정(민법 제399조)을 체결하였음에도 불구하고 G에게 위 채권을 양도하였다. S와 X 사이의 상행위를 근거로 채권이 발생한 경우에는 양도금지약정은 상법 제354a조에 따라 무효이다. G는 S의 도산절차에서 그 채권을 환취할 수 있다. X가 이미 S에게 유효하게 변제한 경우(상법 제354a조 제2문), G는 대상적 환취권(Rdnr.289)을 취득한다.

337 도산관리인에 대한 반환청구는, 도산관리인이 그 동산을 관리점유하고 있거나 그 밖에 재단을 위해 그 동산을 요구하는 상황을 전제로 한다.

338 연장된 또는 확장된 소유권유보는 법적으로 도산법 제51조 제1호에 따른 양도담보(Rdnr.296)로 평가된다.

구권들을 추심하거나 다른 방법으로 환가할 수 있고(도산법 제166조 제2항), 그 환가대금으로부터 비용을 공제한 후 매도인에게 우선변제할 수 있다는 것을 뜻한다(도산법 제170조 제1항). 매도인과 매수인 사이의 거래관계에서 발생하는 모든 청구권들이 이행되면 비로소 소유권이 이전된다고 합의한 경우(확장된 소유권유보/상호계산 유보)도 마찬가지이다. 매도인은 인도된 물건에 대한 매매대금이 아직 지급되지 않는 한 환취권을 갖는다. 매매대금이 다 지급된 후에는 확장된 소유권유보에 따라 단지 별제권만을 갖는다.[339]

동산이나 채권에 **양도담보권**이 설정된 경우 *담보제공자의 도산시*, 환취권이 발생하지 않고 도산법 제51조 제1호에 따라 별제권만 발생한다. 양도담보권자는 법형식적으로는 소유자이지만, 종국적으로 물건 자체에 대한 권리를 갖고 있지 않고 단지 그 물건에 화체된 가치에 대하여 질권 유사의 권리를 갖는다. 양도담보권자는 그 화체된 가치(=환가대금)를 자신의 피담보채권액만큼 요구할 수 있다(Rdnr.296). 이에 반해 *담보권자의 도산시* 담보제공자는 피담보채권을 변제하면 환취권을 행사할 수 있다. 양도담보가 해제조건부로 설정된 경우 이는 분명하다. 단지 채권적 반환청구권만이 합의된 경우도 경제적 관찰방법에 따라 동일하게 취급해야 한다(Rdnr.287). 285

특정한 **물권적 권리**도 환취권의 기초가 될 수 있다. *물권적 선매권*(민법 제1009조)은 부담의 대상이 되는 토지를 환취할 수 있다. 이는 토지 소유자의 도산시 뿐만 아니라, 매도된 토지가 제3취득자에게 양도되었고 제3취득자가 도산한 경우에도 — 민법 제1098조 제2항에 따른 가등기의 효력 때문에 — 마찬가지이다. *지역권*(민법 제1018조 이하), *제한적 인역권*(민법 제1090조 이하), *토지담보권*(저당권, 토지채무, 정기토지채무; 민법 제1113조 이하)은, 이 권리들이 제3자의 토지에 존속하고 도 286

339 BGHZ 98, 160, 170.

산관리인이 도산재단을 위해 이 권리들을 요구하는 경우 그 자체가 환취의 대상이 될 수 있다. 그러나 채무자의 토지에 존재하는 토지담보권은 토지담보권자에게 해당 토지를 환취할 수 있는 권리를 부여하지 않고, 단지 별제권만을 부여한다(도산법 제49조).

287 마지막으로 **채권적 반환청구권**도 반환되어야 하는 물건에 대한 환취권의 근거가 될 수 있다.[340] 이 경우 채권적 반환청구권은 그 목적물이 도산재단에 속하지 않는다는 점으로부터 도출되어야 한다. 가령 가등기에 의해 담보된 반환청구권, 사용임대인(민법 제546조), 용익임대인(민법 제581조 제2항, 제596조), 사용대주(민법 제604조 제1항)의 반환청구권(이들은 채무자에게 임대 또는 사용대차된 물건의 소유자일 필요가 없다). 또한 신탁자도 그의 채권적 반환청구권을 근거로 수탁자 도산시 환취할 수 있다.[341] 순수한 조달청구권은 이 요건을 충족시키지 못한다.[342] 따라서 매수인은 매도인 도산시 자신의 인도청구권을 기초로 환취권을 주장할 수 없다.[343] 그리고 수탁자가 신탁자에게 이미 수탁자에게 속하고 있던 목적물을 앞으로 신탁자를 위해 신탁의 목적에 따라 보유하겠다고 단지 채권적으로 약속한 경우에는("합의신탁"), 신탁자는 환취할 수 없다.

340 채권에 *대한* 환취권(Rdnr.282)과 구별해야 한다.

341 그러나 수탁자가 한 명 또는 여러 명의 담보권자를 위해 담보목적물을 보유하고 단지 (그들의) 별제권을 행사할 뿐인 이른바 담보신탁의 경우, 법률관계가 다르게 전개된다. 위와 같은 담보신탁이 설정된 사안에서, 신탁자 도산시 수탁자는 환취권이 아니라 별제권을 행사할 수 있다고 본 판례로는 BAG ZIP 2013, 2025 Rdnr.18ff.

342 이는 민법 제285조에 따른 청구권(대상청구권)도 마찬가지이다. 대상(代償)물은 도산법 제48조에 따른 대체적 환취권에 의해서만 반환청구를 할 수 있다(Rdnr. 289).

343 그러나 위탁매매의 매수위탁자는 매수수탁자의 도산시 환취권을 갖는다. 위탁목적물은 상법 제392조 제2항의 평가를 근거로, 책임법적으로 수탁자의 재산에 속하지 않고 따라서 위탁자의 상법 제384조 제2항에 따른 반환청구권은 환취권의 기초가 된다.

C. 절차

환취절차는 "도산절차 외부에서 효력이 있는 법률"에 따라 정해진다(도산법 제47조 제2문). 따라서 민법과 민사소송법이 권리자가 무엇을 요구할 수 있고, 권리자가 어떻게 절차를 진행해야 하는지 정한다.[344] 채무자가 도산상태에 있지 않았다면 행사되었을 권리와 동일하게 환취권이 행사되고, 단지 소는 도산관리인을 상대로 제기해야 한다. 이행의 소(반환, 등기부기재의 청구), 확인의 소(관리인이 정당하게 점유하고 있는 경우 소유권확인의 소, 관리인이 청구하고 있는 채권에 관하여 권리보유자의 확인을 구하는 소)가 가능하다. 도산관리인의 소에 대하여 항변의 형태로 환취권을 행사할 수도 있다. 288

D. 대상(代償)적 환취권

환취를 요구할 수 있었던[345] 목적물이 도산절차개시 전에 채무자에 의해 또는 도산절차개시 후 관리인에 의해 권한 없이 양도된 경우,[346] 환취권은 도산법 제48조에 따라 그 반대급부(반대급부가 아직 이행되지 않은 경우에는 반대급부에 대한 청구권에)에 계속하여 존속한다. 양도의 효력유무는 중요하지 않다. 왜냐하면 대상적 환취권자의 반환청구권 행사에는 통상적으로 무효인 양도의 추인의사가 포함되어 있다고 볼 수 있기 때문이다. 대상적 환취권이 성립하려면 반대급부가 289

---

344 그러나 도산법에 따른 제한도 있다. 도산법 제21조 제2항 제1문 제5호(Rdnr.132), 도산법 제135조 제3항 참조.

345 어떠한 행위로 인해 환취권의 발생이 처음부터 의식적으로 저지된 경우에는 대상적 환취권이 문제되지 않는다. BGH ZIP 2013, 179 Rdnr.12.

346 모든 가치실현 행위를 의미한다. 가령 타인채권의 추심행위 등. 그러나 채권자가 추심권을 부여한 경우에는 권한없는 양도에 해당하지 않는다.

도산재단 내에 구별가능한 상태로 현존해야 한다.[347] 이러한 요건이 충족되지 않으면 환취권은 소멸한다. 이 때에는 부당이득반환청구권과 불법행위로 인한 손해배상청구권이 고려된다.

290 **사례** : S는 V로부터 승용차를 소유권을 유보하여 매수하였고 그 승용차를 계약에 위반하여 D에게 전매하였다. D는 S에 대하여 도산절차가 개시되기 전에 매매대금 중 5,000유로를 지급하였다. S가 계약에 충실하였다면 V는 승용차를 환취할 수 있었다(Rdnr.283). V는 환취권 대신 S의 D에 대한 잔존 매매대금청구권의 양도를 청구할 수 있다(도산법 제48조 제1문). 이미 지급한 5,000유로의 경우 도산재단에 구별가능하게 현존한다면, 이에 대해서도 반환을 청구할 수 있다(도산법 제48조 제2문). 구별가능한 형태로 현존하지 않는다면, V는 부당이득반환청구권이나 손해배상청구권을 주장할 수 있고, 이는 단순도산채권이다. 도산관리인이 승용차를 D에게 양도한 경우에도 마찬가지 법리가 적용된다. 그러나 부당이득반환채권과 손해배상채권은 재단채권이다(도산법 제55조 제1항 제1, 3호). V가 S에게 재양도를 허락한 경우 대체적 환취권은 발생하지 않는다. 대체적 환취권은 권한 없는 양도를 요건으로 하기 때문이다. 그러나 연장된 소유권유보에 따른 별제권이 발생한다(Rdnr.283).[348] S가 승용차가 아니라 자신의 기대권만 D에게

---

347 금전지급은 관리인이 이를 특별계좌에 관리한다면 도산재단 내에서 확실히 구별가능하다. 계좌로 지급한 경우 그 계좌에 다른 대변액이 없거나 입금기장이 이루어지지 않은 경우에만 구별가능하다. 왜냐하면 그렇지 않은 경우 어느 대변액으로부터 지급이 이루어져야 하는지 확정할 수 없기 때문이다. 그러나 다수설은 입금기장이 증거를 통해 확정될 수 있다면 구별가능 요건이 충족된다고 본다. 그리고 문제된 기간 동안의 일일 결산액 중 최저금액의 범위에서 대상적 환취권을 인정한다. 가령 처분대가로 20,000유로가 계좌에 입금되었고 이 계좌의 잔고가 그 후 5,000유로로 줄었다가 현재 12,000유로가 된 경우, 대상적 환취권은 5,000유로의 범위에서 인정된다.

348 그러나 도산관리인이 양도한 경우에는 별제권이 발생하지 않는다. 왜냐하면 통상적으로 매도인의 허락은 "정상적인 거래과정에서의" 재양도를 허락하는 취지일 뿐, 도산절차에서의 재양도까지 허락하는 취지는 아니기 때문이다.

양도하였다면 대체적 환취권은 발생하지 않는다.

291 도산법 제48조가 채무자에 의한 **도산절차개시 전** 권한없는 양도를 포함하고 있는 것은 원칙적으로 체계에 반하는 것이다. 이 경우 환취되어야 할 목적물은 도산재단에 속한 적이 없다. 오히려 절차개시 당시 손해배상청구권이나 부당이득반환청구권만 존재하였다. 원래 반환청구권을 갖고 있던 사람은 이러한 구상채권을 통해 단지 일반 도산채권자가 되는 것이다. 의회 법률위원회가 — 정부안 제55조와 달리 — 이 규정을 유지하기로 한 것은 타당하지 않다.

§ 22: 별제

292

A. 기본생각

293 별제권은 도산절차에서 담보권의 보장에 기여한다. 채무자의 재산에 속한 목적물에 대하여 담보권을 갖고 있는 자에게는 원칙적으로 물건 그 자체가 아니라 그 물건에 화체되어 있는 가치(피담보채권액에 달할 때까지)가 귀속된다. 따라서 채권자는 채무자 도산시 담보물을 환취할 수 없다; 담보물 자체는 도산재단에 속한다.[349] 그는 단지 담보물로부터 다른 모든 채권자들보다 우선변제를 받아야 한다고, 환가대금은 피담보채권의 변제를 위해 우선적으로 사용되어야 한다고[350] 요구

349 목적물의 가치까지 부담을 지고 있는 목적물의 경우, 도산관리인이 재단포기를 함으로써 다시 채무자가 처분권을 갖게 된다.

350 이는 개별집행 절차에서 민사소송법 제805조에 따른 우선만족 청구의 소에 대응하는 것이다. 별제권에 따른 채권자의 채권만족은 항상, 별제권이 도산법 제129조 이하에 따른 부인권(Rdnr.244 이하)의 대상이 아니라는 것을 전제로 한다.

할 수 있다. 별제권자의 채권만족 후 잔액(잉여금)이 있으면 이는 (있어야 할) 도산재단에 귀속되고 도산채권자의 채권만족을 위해 사용된다. 도산법은 토지의 경우 제49조, 제165조에서 동산의 경우 제50조 이하, 제166조 이하에서, 어떠한 담보권에 별제권이 보장되고 담보물이 어떻게 환가되는지를 규율하고 있다.

B. 별제권

294 **토지**에 대한 강제집행절차에 놓인 목적물로부터 우선만족을 얻을 권리를 갖고 있는 사람은 별제권을 갖는다(도산법 제49조). 따라서 먼저 해당 목적물이 민사소송법 제864조, 제865조에 따라 *토지강제집행*의 대상이 되는지 검토해야 한다. 토지,[351] 그리고 저당권의 책임단체에 속하였기 때문에(민법 제1120조 이하) 민사소송법 제865조에 따라 토지와 함께 환가되는 동산 및 채권[352]이 여기에 포함된다. 그 다음으로 채권자에게 해당 목적물로부터 *우선변제를 받을 권리*가 있는지 검토해야 한다. 이는 강제경매 및 강제관리법 제10조에 따라 결정된다. 이에 따르면 토지담보권(Grundpfandrechte)과 물적부담(Reallasten)(강제경매 및 강제관리법 제10조 제1항 제4호), 그리고 도산절차개시 신청시점으로부터 늦어도 1개월 전에 토지를 압류한 인적 채권자의 청구권(강제경매 및 강제관리법 제10조 제1항 제5호)이 토지로부터 우선변제를 받을 권리를 갖는다.

295 **동산**(도산법에 따르면 이러한 동산에는 토지강제집행절차의 대상이 아닌 동산과 채권이 포함된다; Rdnr.294)으로부터 우선만족을 받을 권리는 우선 *질권*이 갖고 있다(도산법 제50조). 질권이 법률행위에 의해 설정

351 토지와 유사한 권리, 선박, 선박건조물도 포함한다(민사소송법 제864조).
352 차임채권, 종물 등. 도산관리인에 의한 종물의 양도에 관해서는 Rdnr.308 참조.

되었는지 법률규정에 의해 설정되었거나[353] 압류질권이 발생한 것인지는 중요하지 않다. 질권이 유효한지 여부만이 중요하다.

도산법 제51조는 그 밖의 채권자들 일부를 질권자와 동일하게 본다. 실무적으로 가장 중요한 사례는 *동산양도담보와 채권양도담보*에 있어 별제권이다(도산법 제51조 제1호). 여기서 담보권자는 소유권자이고 채권자이다. 그럼에도 불구하고 그는 담보물을 환취할 수 없고 단지 별제권을 주장할 수 있을 뿐이다. 왜냐하면 그에게 경제적으로 물건 자체가 아니라 단지 — 질권과 비교될 수 있는 — 그 물건에 화체된 가치만이 환가대금의 형태로 귀속되기 때문이다(Rdnr.285). 도산법 제51조 제1호에는 연장된 소유권유보와 확장된 소유권유보도 포함된다. 그러나 단순한 소유권유보의 경우에는 환취권이 발생한다(Rdnr.283). **296**

몇몇 *유치권*도 별제권을 갖는다. 가치를 높이는 출연으로 인해[354] 또는 상법규정에 따라[355] 유치권을 갖는 자는 그 목적물로부터 실체법에 따라 우선변제를 받을 수 있다(민법 제1003조, 상법 제371조 참조). 따라서 도산절차에서도 별제권을 갖는다(도산법 제51조 제2, 3호).[356] 그러나 민법 제273조에 따른 유치권은 별제권이 없다. 왜냐하면 이 권리는 우선변제권을 보장하지 않기 때문이다. *그 밖의 별제권*으로는 도산법 제51조 제4호에 따른 국고(國庫)를 위한 별제권, 도산법 제84조 제1항 제2문에 따른 조합이나 공유관계의 분할시 별제권이 있다. 보험계약법 제110조에 따른, 가해자가 도산한 경우 가해자가 그 책임보험자에 대하여 갖는 면책청구권에 대한 피해자의 별제권도 질권과 유 **297**

353 점유질권인지 비점유질권인지 여부도 중요하지 않다. 사례 : 위탁매매인의 질권(상법 제397조), 운송주선인의 질권(상법 제410조), 임대인의 질권(민법 제562조). 다만 임대인의 질권은 도산법 제50조 제2항에 따라 도산절차개시 전 12개월 분에 대해서만 행사할 수 있다.

354 민법 제1000조, 제994조, 제996조.

355 상법 제369조 이하.

356 그러나 이는 동산에만 인정된다. BGH ZInsO 2003, 767.

사한 권리이다.[357]

C. 절차

298 별도로 우선만족을 받는다는 것은 우선, 별제권이 존재하는 목적물을 환가하여 환가대금을 피담보채권을 만족시킬 때까지 채권자에게 지급한다는 것을 뜻한다(Rdnr.293). 여기서 누가 환가절차를 진행하는지가 종종 매우 중요한 의미를 갖는다. 별제권자가 환가절차를 진행하면 별제권자는 도산관리인이 점유하고 있는 담보목적물의 반환을 청구할 수 있고, 담보목적물과 사업 사이의 조직적 결합이 해체될 수 있다. 담보권이 설정된 목적물이 적어도 사업의 잠정적 계속을 위해, 회생가능성의 유지를 위해, 질서 있는 청산을 위해 유용한 경우, 이러한 해체는 바람직하지 않을 수 있다. 도산법은 이러한 경제적 단일체의 유지이익을 도산법 제49조, 제165조 이하에서 고려하고 있다:

Ⅰ. 토지의 환가

299 별제권이 토지에 존재하는 경우, 채권자는 강제경매 및 강제관리에 관한 법률규정에 따라 **강제경매나 강제관리**를 진행할 수 있다(도산법 제49조). 따라서 환가는 기본적으로 채권자의 권한이다. 그러나 채권자는 채무자에 대한 집행권원을 민사소송법 제727조에 따라 도산관리인에게로 명의변경을 해야 한다. 도산재단을 일체로서 유지할 도산관리인의 이익은 도산관리인에게 일정 요건 하에 집행법원에 의한 강제경매나 강제관리를 일시적으로 정지시킬 권한을 부여함으로써 충족된다.[358] 정지에 대한 대가로 별제권자는 피담보채권에 대한 보고기

357 BGH NZI 2013, 886 Rdnr.10.

358 세부내용은 강제경매 및 강제관리법 제30d조, 제153b조 참조. 임시도산관리인의

일 이후부터의 (약정 또는 법정) 이자[359]를 재단채권으로서 취득하고, 정지이후 담보물의 가치가 하락한 경우 손해배상채권도 재단채권으로서 취득한다.[360]

300 채권자가 토지의 강제경매나 강제관리를 진행하지 않으면, **도산관리인**이 강제집행을 진행할 수 있다(도산법 제165조, 강제경매 및 강제관리법 제172조 이하). 이 경우 별제권을 갖고 있는 토지담보권은 강제경매 이후에도 존속한다(강제경매 및 강제관리법 제52조). 그러나 관리인은 꼭 이러한 환가방법을 사용할 필요는 없다. 관리인은 토지를 사적으로 양도할 수 있다. 즉 제3자에게 매도하거나 재단포기를 통해 채무자에게 줄 수도 있다(Rdnr.149). 이 경우 통상적으로 채권자의 담보권은 존속하고 그 토지는 계속 책임재산으로 남는다. 그러나 담보권이 사적 매각 과정에서 소멸한 경우, 별제권은 물상대위를 통해 환가대금에 그 효력이 미친다.[361]

Ⅱ. 동산의 환가

1. 동산

301 동산의 경우 환가권은 그 물건을 **도산관리인이 점유**하고 있는지에 따라 달라진다. 도산관리인이 도산법 제148조에 따라(Rdnr.61) 점유를 취득하면(양도담보목적물의 경우 이러한 점유취득이 통상적으로 발생한다), 그에게 전적으로 환가권이 귀속된다(도산법 제166조 제1항).[362] 이

신청에 의해서도 강제경매를 정지할 수 있다는 점이 중요하다(강제경매 및 강제관리법 제30d조 제4항). 임시도산관리인은 원칙적으로 도산법 제22조 제1항 제2문 제2호에 따라 사업을 계속해야 하기 때문에(Rdnr.126), 그는 자신의 책임을 면하기 위해 통상 강제경매정지를 신청한다.

359 등기부에 기재된 물적 이자가 아니다!

360 세부내용은 강제경매 및 강제관리법 제30e조, 제153b조 제2항 참조.

361 BGH ZIP 2010, 791, Rdnr.8; BGH ZIP 2010, 994 Rdnr.7ff.

362 그러나 관리인은 그 물건을 환가를 위해 별제권자에게 양도할 수 있다(도산법 제

규정은 ① 도산관리인이 직접점유하거나 간접점유하는 경우, ② 채무자가 점유하고 있는데 도산관리인이 담보권자보다 더 나은 점유지위를 갖고 있고 담보물이 사업의 유기적 일체에 속하는 경우,[363] 적용된다. 도산관리인은 채권자들의 이익을 보존하면서 도산법 제172조의 기준에 따라 담보물을 사용하고, 또한 담보물을 부합, 혼화, 가공해야 한다. 채권자는 환가대금으로부터의 우선만족을 기대할 수 있다. 따라서 담보물이 환가되지 않으면 채권자는 피담보채권에 대한 보고기일부터의 이자의 지급을 도산재단에 요구할 수 있다(도산법 제169조). 이를 통해 환가가 부적절하게 지연되는 것을 막을 수 있다. 도산관리인이 목적물을 제3자에게 양도하려는 경우, 도산관리인은 이를 별제권자에게 알려야 한다. 이 경우 별제권자는 1주 이내에 더 유리한 환가방법을 증명할 수 있고, 자신이 그러한 조건으로 매수할 것을 제안할 수 있다(도산법 제168조). 도산관리인이 이 제안을 활용하지 않은 경우, 그는 채권자들이 손해를 입지 않게 해야 한다(도산법 제168조 제2항).

302 **도산관리인이 동산을 점유하지 않는 경우**, 채권자가 환가권을 갖는다(도산법 제173조 제1항).[364] 그러나 이 규율은 채권자가 실체법에 따라 환가권을 갖는 경우에만 적용된다. 가령 질권(도산법 제50조)의 경우 민법 제1228조에 따라 환가권이 인정되고, 동산양도담보권(도산법 제51조 제1호)의 경우 담보계약에 근거하여 환가권이 인정될 수 있다.[365] 도산법은 특정한 환가방법을 예정하고 있지 않다. 이는 채권자 스스로 자

170조 제2항). 이를 "부진정 재단포기"라 한다. 왜냐하면 관리인은 환가권만 포기하였고 그 물건은 도산재단의 일부로 남아있기 때문이다("진정"재단포기에 관해서는 Rdnr.124). 채무자와 담보권자는 도산법 제166조에 따른 도산관리인의 환가권을 담보계약을 통해 사전에 배제할 수 없다. BGH ZIP 2009, 768 Rdnr.3.

363 BGHZ 166, 215 Rdnr.24; BGH ZIP 2016, 130 Rdnr.20.

364 이 규정은 합리적이다: 채무자가 점유를 포기한 목적물은 사업의 계속을 위해서 또는 도산재단을 일체로 양도하기 위해서 중요한 의미를 갖지 않는 것이 통상이다(Rdnr.298).

365 유치권의 경우 Rdnr.297 참조.

신의 이익을 위해 가급적 가장 유리한 방법을 선택하여 환가를 한다는 점을 고려한 것이다. 그러나 환가가 지체되지 않도록 하기 위해 도산법원은 채권자에게 기간을 지정할 수 있다(도산법 제173조 제2항).

목적물이 환가되면 별제권자는—담보사고가 발생한 경우에는, 즉 도산상황이 아니었다면 채권자가 담보물의 환가권한을 가졌을 경우에는[366]—**환가대금**으로부터 채권만족을 받는다.[367] 복수의 별제권 사이의 순위는 실체법에 따라 결정되는데, 통상 순위의 원칙에 의한다. 다만 환가로 인해 발생한 **비용**을 우선 고려해야 한다. *도산관리인*이 환가한 경우 도산법 제170조 제1항 제1문에 따라 환가대금으로부터 우선 별제권의 확정비용[368]과 환가비용이 도산재단을 위해 공제된다. 이때 확정비용은 일률적으로 환가대금의 4%(도산법 제171조 제1항)로 정할 수 있고, 환가비용은 실제 환가비용이 그보다 현저히 높거나 낮지 않는 한, 환가대금의 5%로 정할 수 있다(도산법 제171조 제2항 제1, 2문). 또한 도산재단에 부과될 양도소득세(Umsatzsteuer)도 환가대금으로부터 공제해야 한다(도산법 제171조 제2항 제3문).[369] 담보권 유지비 303

---

366 도산채무자가 담보물로 제3자의 채무를 담보하였고 이 채무가 아직 위급한 상황이 아니라면 채권자는 담보물에 대한 환가권한을 갖지 않는다. BGH ZIP 2009, 228 Rdnr.18ff.

367 별제권은, 환가대금이 도산재단에 구별가능한 상태로 존재하는 한. 물상대위를 통해 배당되어야 할 환가대금에 존속한다. 구 파산법 제127조 제1항 제2문은 이를 명시적으로 규정하고 있었다. 그러나 현재도 일반적 법원칙에 따라 같은 결론이 인정된다. 권한없는 자의 환가로 인해 물상대위가 일어난다면(Rdnr.307), 정당한 환가의 경우에도 물상대위가 인정됨이 타당하다. BGH ZIP 2008, 1638 Rdnr. 10. 피담보채권이 여러 개인 경우 환가대금 충당방법에 관해서는 BGH ZIP 2014, 2248 Rdnr.9ff. 참조(평시개별집행에 따른 배당시 민법 제366조 제1항에 따른 채무자의 지정권 행사는 허용되지 않는다. 도산절차에서도 도산관리인이 민법 제366조 제1항에 따른 지정권을 행사하는 것은 허용되지 않는다).

368 동산담보권은 그 형태가 다양하기 때문에 실무상으로는 도산재단의 목적물에 관한 법률관계를 조사하는 것이 어렵고 비용이 많이 드는 것이 통상이다. 따라서 확정비용이 도산재단에 부담을 주어서는 안 되고, 담보권으로 이익을 누리는 자가 그 비용을 부담해야 한다.

369 환가대금이 1,000유로인 경우, 환가대금의 9%(90유로)가 비용으로 공제되고, 양

용은, 담보권자가 도산관리인에 대하여 그러한 유지의무를 별도로 부담하는 경우에 한하여, 담보권자가 부담한다. 잔존 환가대금은 담보권자가 채권만족을 요구할 수 있는 한 담보권자에게 지급된다(도산법 제170조 제1항 제2문). 이에 반해 *채권자* 스스로 환가한 경우, 만약 채권자에게 환가권한이 없었다면 도산재단은 환가비용을 부담하지 않는다. 담보권이 채권자의 환가비용도 담보하는지 여부는 실체법의 문제이다. 담보권자가 단지 도산관리인이 자신의 환가권을 사용하지 않는다는 이유로 환가권을 행사할 수 있었던 경우라면, 담보권자는 확정비용과 도산재단의 양도소득세 부담을 미리 정산해야 한다(도산법 제170조 제2항). 채권자가 도산법 제166조에 반하여 금지된 사력(私力)으로 환가한 경우에도 마찬가지이다.

304 담보권자들은 담보계약에서 **비용지급의무도 담보**하기로 약정하고 그에 상응하여 더 고액의 담보권을 설정하는 방법으로 위와 같은 비용부담으로부터 벗어나려고 할 것이다. 입법자는 판례가 담보의 마진(margin)이 상승하는 것을 허용한다는 전제 하에 입법을 하였다. 연방대법원 민사연합부는 대환대출을 담보하는 포괄담보에 대하여 (110% +양도소득세) 형태의 담보마진을 허용하는 방법으로 담보권자를 고려하고 있다.[370]

2. 채권 및 기타 권리

305 담보목적으로 양도된 채무자의 채권에 대해서는 도산관리인이 동산을 점유하고 있는 경우의 법리가 그대로 적용된다: 환가권은 채권

도소득세[양도소득세율이 19%이므로 159.66유로{≒(1,000/1.19)×0.19}가 공제된다. 결국 채권자들에게 배당될 금액은 나머지 750.34유로(=1,000−90−159.66)이다.

370 BGHZ 137, 212: 채권 100%(주된 채권과 이자 등 종된 채권 포함), 비용 10%(확정비용, 환가비용, 권리행사비용), 양도소득세부담(담보권자가 이 부담을 지는 경우)이 담보된다.

양도통지가 제3채무자에게 이루어졌는지 여부와 상관없이 도산관리인에게 전속한다(도산법 제166조 제2항).[371] 도산관리인은 채권을 추심하거나 다른 방식—가령 추심권을 제3자에게 부여하거나 그 채권을 팩토링 은행에 매도—으로 환가하고 환가대금으로부터 도산법 제170조 이하에 따라 확정비용과 환가비용을 공제할 수 있다. 그러나 제3채무자에 의해 도산절차개시 전에 채권이 변제된 경우, (채권이 소멸하므로) 그 채권은 도산재단에 포함되지 않는다. 채권에 대한 다른 모든 별제권(가령 채권질권)과 다른 권리에 대한 별제권의 경우 환가권은 실체법에 따라(Rdnr.302) 채권자에게 있다. 그러나 채권자는 자신의 채권을 추심할 권한을 임의적 소송담당의 형태로 도산관리인에게 부여할 수 있다.

Ⅲ. 별제권과 도산채권

피담보채권이 채무자에 대한 채권인 경우, 별제권자는 도산채권 306
자이기도 하다(도산법 제38조, 제52조 제1문). 따라서 채권자가 피담보채권 전액을 채권자표에 신고해서 배당률에 따라 배당을 받을 수 있는지 의문이 제기된다. 이를 허용하면 별제권자는 환가대금으로부터 우선만족도 얻고, —이로써 충분하지 않을 경우— 모든 도산채권에 대한 배당률에 따른 배당을 추가로 받게 된다. 도산법 제52조 제2문, 제190조는 이러한 불공평한 결과를 막기 위한 규정이다: 피담보채권은 그 전액을 채권자표에 신고할 수 있다. 그러나 채권자가 별제권을 포기한 경우에만 배당시 그 전액이 고려될 수 있다.[372] 채권자가 별제권

371 도산법 제166조 제2항은 담보목적으로 채권이 양도된 경우에만 적용되고, 위와 같이 양도된 채권이 소멸되는 등의 이유로 그 채권대신 발생한 손해배상채권이나 부당이득반환채권에 대해서는 적용되지 않는다. BGH ZIP 2003, 1256, 1257.

372 채권자가 피담보채권을 유보 없이 신고한 것만으로는 전액을 기준으로 배당받기

을 포기하지 않으면 환가대금을 통해 우선만족을 얻지 못한 피담보채권 부분만 도산채권으로 고려된다(Rdnr.353). 위와 같이 도산채권으로 고려되는 피담보채권 부분을 실무상 "부족한 경우에만 행사할 수 있는 청구권(Ausfallforderung)"[373]이라고 부른다.

D. 대상(代償)적 별제권

307 도산법 제48조의 대상적 환취권(Rdnr.289)에 대응하는 별제권에 대한 규정이 도산법에 마련되어 있지 않다.[374] 그러나 *도산관리인이* 담보물을 권한 없이 양도하여 우선적 채권만족을 좌절시킨 경우 대상적 환취권을 유추하여 대상적 별제권을 허용해야 한다. 채권자는 도산법 제48조를 유추하여 반대급부청구권이 존재하는 한 이 청구권에 대한 별제권을 주장할 수 있다. 반대급부 자체는 그것이 도산재단 내에 구별가능하게 현존하는 한 별제권의 대상이다(Rdnr.289). 그렇지 않은 경우 손해배상청구권과 부당이득반환청구권만 존재한다. 이에 반해 도산절차 개시 전에 *채무자가* 권한 없이 담보물을 양도한 경우에는 도산법 제48조의 유추가 고려되지 않는다. 왜냐하면 이 규정은 위 경우에 한해서는 법체계에 반하기 때문이다(Rdnr.291).

308 **사례** : 사업자가 도산하였고 도산관리인은 영업을 중단하고 기계를 양도하였다. 토지담보권자는 매각대금의 반환을 요구하고 있다. 기계들은 영업용 토지의 종물이다. 영업중단으로 인해 기계는 종물의 특성을 상실하였다. 그렇다고 해서 기계들이 민법 제1120조에 의해

에 충분치 않다. BGH ZIP 2017, 686 Rdnr.16.

373 상계를 통한 채권만족시 준용에 관해서는 BGH ZIP 2012, 1087 Rdnr.13f.

374 정부안 제60조는 대상적 별제권 규정을 두고 있었지만 의회 법률위원회가 이를 삭제하였다. 그러나 이러한 삭제가 구법에서 인정되고 있던 대상적 별제권을 폐지하려는 의도로 이루어진 것은 아니다.

토지담보권의 책임단체에 포함된다는 점은 변하지 않는다. 왜냐하면 책임단체로부터의 이탈(면책)은 민법 제1121조 이하에 의해서만 가능하기 때문이다. 책임단체로부터의 이탈이 인정되기 위한 요건(면책요건)으로 통상 민법 제1121조 제1항만이 고려된다. 이 요건(담보권자를 위한 압류가 있기 전에 종물이 양도되어 토지로부터 반출된 경우)이 충족되면 토지담보권자의 별제권은 대상적 별제권을 통해 매각대금 위에 존속한다.[375]

§23: 상계

309

A. 기본생각

도산법 제94조 이하는, 채무자의 도산절차에서 채권자가 자신의 채 310
권에 관하여 채무자의 반대채권과 상계하는 방법으로 만족을 받을 수 있는지에 관한 문제를 다루고 있다. 도산법은 도산절차개시 당시 이미 상계적상이 존재한 경우에는 제한 없이 상계를 허용하고 있다. 그러나 도산절차 개시 후 비로소 상계적상이 발생한 몇몇 경우에는 상계를 부정하고 있다. 도산법 제94조 이하의 기본생각은 다음과 같다: 절차개시 전에 상계할 수 있었던 자는 절차개시 후에도 상계할 수 있다;[376]

375 반대의견에 따르면 양도가 정상적인 경영의 규칙에 따른 것이 아닌 경우 민법 제1135조, 제823조의 기준에 따라 도산재단에 대한 손해배상채권과 부당이득반환채권만이 발생한다. 또 다른 반대의견에 따르면 매각대금은 도산재단에 귀속되고 도산관리인이 자유롭게 처분할 수 있다. 왜냐하면 민법 제1121조는 민법 제1122조와 달리 정상적인 경영이라는 제한을 고려하지 않고, 종물이 책임단체로부터 이탈되는 것을 허용하고 있기 때문이다.

376 따라서 상계권한이 있는 채권자는 평가적 관점에서 별제권을 가진 담보권자처럼

절차개시 당시 상계할 수 없었던 자는 원칙적으로 상계가 허용되지 않는다는 점을 고려해야 한다.[377] 그는 자신이 부담하는 급부 전부를 도산재단에 이행해야 하고 그가 받을 수 있는 급부는 단지 배당률에 따라 청구할 수 있다.

B. 도산절차개시 전 상계적상의 성립

I. 상계적상의 도산절연성

311 도산법 제94조는 도산절차개시 당시 존재하는 채권자의 상계권한은 도산절차에 의해 영향을 받지 않는다고 규정하고 있다. 채권자는 그의 채권을 **채권확정절차**(Rdnr.331 이하)**에서** 채권자표에 **신고할 필요가 없다.**[378] 채권자의 채권은 상계를 통해 직접 만족을 받는다. 채권자는 채무자의 채권에 대한 별제권자처럼 취급된다.

312 채권자는 **법률 또는 약정을 근거로** 상계권을 갖고 있어야 한다(도산법 제94조). 민법 제387조 이하의 요건이 충족되면 "법률에 근거한" 상계권한이 존재한다. 이 규정들에 따르면, ① 두 동종채권(상계상대방의 주채권과 상계하는 자의 반대채권)이 상호대립하고, ② 주채권(수동채권)이 이행가능하고 반대채권(자동채권)이 관철가능하며(즉, 이행기가 도래하였고 강제이행이 가능하고 항변권이 붙어있지 않은 경우), ③ 법률상 또는 약정에 따른 상계금지에 해당하지 않는 한 상계적상이 존재한다. 민법 제387조 이하의 요건이 존재하지 않는 경우에도 당사자들이

취급된다.

377 이러한 기본생각은 일단 취득한 상계적상을 보호하는 민법규정과 일맥상통한다.

378 이는 상계의 대상이 되는 수동채권이 존재하는 한, 민법 제389조에 따른 당연한 결과이다. 자동채권이 수동채권을 초과하는 경우 초과부분은 채권자표에 신고할 수 있다. 도산관리인이 상계권한을 다투는 경우, 상계권한이 인정되지 않는 상황을 대비해 채권전액을 신고할 수 있다.

상계를 할 수 있어야 한다고 합의한 경우 "약정을 근거로 한" 상계권한이 존재한다.[379] 상계적상이 존재하면, 채권자는 도산관리인에 대한 일방적 상계의 의사표시를 통해 채권만족을 얻을 수 있다(민법 제388조, 도산법 제80조).

Ⅱ. 부인가능성

313 도산절차개시 당시 이미 상계적상이 존재하지만 상계적상이 부인가능한 방법으로 만들어진 경우, 도산법 제96조 제1항 제3호에 따라 상계가 금지된다. 도산법은 자동채권의 취득시점에 이미 도산절차가 개시된 것처럼 보면서 상계적상의 취득을 평가하고 있다. 즉 도산법은 도산관리인이 부인권을 행사하지 않아도 상계의 효력을 부정하는 방법으로 절차를 단축시키고 있다.[380] 상계가 무효가 되기 위한 요건은 단지, 상계의 요건(주채권의 발생, 반대채권의 발생, 상호대립성의 발생 등)이 갖추어졌는데, 그 요건이 구비되는 방법에 관하여 도산관리인이 도산법 제129조 이하에 따른 부인권(Rdnr.246 이하)을 행사할 수 있다는 것뿐이다. 도산법 제96조 제1항 제3호의 법적 효과는 단지 상계의 사표시가 무효가 되는 것뿐이다. 상계적상의 발생원인은 별도로 부인되어야 한다. 또한 도산관리인은 상계의 무효로 인해 발생한 청구권을 도산법 제146조에 따른 소멸시효기간(Rdnr.275 이하) 내에만 행사할

379 그러나 적어도 상계의 대상이 된 채권들은 존재해야 한다. 상계금지를 통해 제3자를 보호할 필요성이 없는 경우에만, 당사자들은 (합의를 통해) 상계금지로부터 벗어날 수 있다. 또한 도산법 제95조, 제96조는 제한 없이 적용된다.

380 도산절차개시 전에 상계의 의사표시가 이미 이루어진 경우에도 상계는 효력이 없다: 도산절차개시에 따라 상계의사표시는 자동적으로 무효가 된다. 그러나 관리인은 도산재단에 대한 추가적 불이익은 부인권을 행사하여 제거해야 한다(사례 : 채권자가 부인가능한 방법으로 발생한 자동채권으로 상계를 하였다. 이러한 상계는 무효이다. 채권자가 해당 채권을 채권자표에 신고한 경우, 관리인은 부인의 항변을 제기해야 한다. Rdnr.272).

수 있다.[381]

314 **사례** : G는 S에 대하여 100,000유로의 채권을 갖고 있다. S가 지급을 정지하자 G는 S에 대하여 100,000유로의 채무를 부담하고 있던 D에게 자신의 채권을 매각하였다. 며칠이 지난 후 S가 도산절차개시를 신청하였다. 도산절차개시 후 D는 도산관리인에 대하여 상계의 의사표시를 하였다. 이 상계는 도산법 제96조 제1항 제2호에 저촉되지 않는다. 왜냐하면 D는 G의 채권을 도산절차개시 전에 취득하였기 때문이다. 그러나 이 상계는 도산법 제96조 제1항 제3호, 제131조 제1항 제1호에 저촉된다. 왜냐하면 상계적상이 부인가능한 방법으로 만들어졌기 때문이다. 도산법 제96조 제1항 제3호의 문언만 보면 위 문제상황에 도산법 제96조 제1항 제3호는 적용되지 않는 것처럼 보인다. 왜냐하면 여기서 도산채무자의 채권자가 아니라 도산채무자의 채무자가 부인가능한 방법으로 상계가능성을 취득하였기 때문이다. 그러나 문언의 의미와 목적을 고려할 때 위 조항은 상계적상(위 사례의 경우는 상호대립성)이 부인가능한 방법으로 만들어진 모든 상황을 포함한다고 보아야 한다.

315 S는 도산절차개시 신청 직전에 그의 고정자산을 채권자 G에게 매도하였고 매매대금과 G의 채권을 서로 공제하였다. 이 경우 상계는 도산절차개시와 함께 소급하여 무효가 된다. 왜냐하면 도산법 제131조, 제133조에 따라 상계적상을 부인할 수 있기 때문이다. 경제적으로 관찰하면 G는 (돈 대신 고정자산으로) 대물변제를 받은 것이고 비본지변제를 받은 것이다.[382]

---

381 도산관리인이 채권자의 청구에 대하여 상계의 무효로 대항하는 경우에는, 도산법 제146조 제2항이 적용된다. 따라서 소멸시효가 완성되더라도 도산관리인은 위와 같은 대항을 할 수 있다.

382 채무자가 다른 채권자에게 담보목적으로 양도한 물건을 채권자에게 매도하고, 매매대금채권과 채권자의 채권을 상계처리한 경우도 마찬가지이다. BGH ZIP 2003, 2370, 2371.

C. 도산절차개시 후 상계적상의 성립

Ⅰ. 조건, 변제기, 동종성

상계의 대상이 되는 채권 중 적어도 1개의 채권이 정지조건부 채권이거나, 아직 변제기가 도래하지 않았거나, 아직 동종채권이 아니기 때문에 절차개시 당시 상계적상이 존재하지 않는 경우, 상계는 도산법 제96조(Rdnr.319)의 방해를 받지 않고 가능하다. 그러나 위와 같은 상계저지사유가 제거된 경우에 비로소 상계가 가능하다(도산법 제95조 제1항 제1문). 상계저지사유가 채권자 측에 존재하는 경우도 마찬가지이다: 절차개시 당시 채권의 변제기가 도래하지 않은 경우 원칙적으로 변제기 도래를 의제하는 도산법 제41조, 비금전채권의 금전화를 규정한 도산법 제45조는 적용되지 않는다(도산법 제95조 제1항 제2문).[383] 이 경우 채권자는 도산절차개시 당시 이미 반대채권(자동채권)을 가지고 있다. 이러한 채권자는 다음 내용에 대하여 정당한 신뢰를 갖는다. "채권자는 그가 부담하는 급부의무의 변제기가 나중에 도래한 경우 그 의무를 이행할 필요가 없고, 상계를 통해 위 의무에서 면책되고 그와 함께 자기채권의 만족을 얻을 수 있다."는 신뢰. 도산법 제95조 제1항은 이러한 신뢰를 보호한다. 그러나 다음 요건이 갖추어져야 한다. "채권들의 법적 핵심은 도산절차개시 전에 이미 갖추어졌기 때문에 추가적인 법적 행위가 없어도 상계적상이 발생할 수 있다."는 요건. 또한 도산법 제95조 제1항 제3문은 민법 제392조를 참조하여, 상계가 가능한 상황이 도래하기 전에 채무자의 주채권(수동채권)이 이행기가 도래하고 조건이 성취된 경우에는, 상계가 금지된다고 규정하고 있다. 316

383 그러나 계약을 통해 도산절차개시 시점에서 채권의 변제기가 도래한다고 약정할 수는 있다. 외화채권 등에 관해서는 도산법 제95조 제2항 참조.

317 **사례** : 도산절차개시 당시 두 개의 아직 변제기가 도래하지 않은 채권이 상호대립하고 있고, 채권자의 반대채권(자동채권)이 먼저 변제기가 도래하였다. 이 경우 채권자는 채무자의 주채권(수동채권)이 이행가능한 상황이 되고 그에 따라 상계적상이 발생한 즉시 상계할 수 있다(도산법 제95조 제1항 제1, 2문). 그러나 채무자의 주채권(수동채권)이 먼저 변제기가 도래한 경우(또는 도산절차개시 전에 이미 수동채권의 변제기가 도래하였거나 도산법 제116조에 따라 절차개시로 인해 수동채권의 변제기가 도래한 경우), — 설령 채권자의 반대채권이 도산절차 진행 중 변제기가 도래하더라도 — 도산법 제95조 제1항 제3호에 따라 상계는 금지된다. 채권자는 자신이 부담하는 급부의무를 도산재단에 이행해야 하고, 자신의 채권은 단지 배당률에 따라 청구할 수 있다.

318 누군가가 채무자를 위해 도산절차 개시 전에 담보를 제공하였고 절차개시 후 그가 담보로 인하여 청구를 받은 경우, 그는 채무자에 대한 구상권으로 상계할 수 있다. 왜냐하면 채무자는 이미 도산절차 개시 전에 (담보제공자를) 면책시킬 의무를 부담하기 때문이다. 채무자의 주 채권이 조건이 성취되었고 변제기가 도래한 뒤에 비로소 담보가 청구된 경우에는 상계가 배제된다(도산법 제95조 제1항 제3호).

Ⅱ. 존재, 상호대립성

319 도산절차개시 당시 두 채권 중 한 개가 아직 존재하지 않거나 두 채권 사이에 상호대립성이 존재하지 않는 경우 도산채권자는 상계를 통한 채권만족을 기대할 수 없다. 도산법 제96조에 따르면 이러한 요건이 도산절차개시 후에 갖추어지고 이를 통해 상계적상이 발생하더라도 이는 원칙적으로 고려대상이 아니다.[384] **채무자의 주채권(수동채**

384 이 상황과 다음과 같은 (드문) 상황은 구별해야 한다. 다양한 (독립적이지 않은)

권)이 절차개시 후 비로소 발생하는 경우가 우선 이에 해당한다(도산법 제96조 제1항 제1호).[385] 이 경우 채권자는 절차 개시시점에서 단지 배당률에 따른 변제를 기대할 수 있었다. 채권자가 이후 도산재단에 대하여 채무를 부담하게 되면, — 채권자가 도산관리인[386] 또는 채무자[387]와 계약을 체결해서 그 채무가 발생한 것이든, 채권자에 대한 불법행위손해배상청구권, 부당이득반환청구권, 부인권(Rdnr.271)이 발생한 것이든 — 그로 인해 채권자가 상계권한을 부여받을 수는 없다. 이 규정에 관해서는 3개의 타당한 근거가 있다: 첫째 채권자는 보호가치가 없다; 둘째 채권자가 장차 상계를 할 수 있다는 기대 하에 경솔하게 도산재단에 대한 채무자가 되어서는 안 된다; 셋째 채권자가 부담하는 의무는 도산재단에 실제로 이행되어야 한다.

사례 : G가 S에게 금전을 대여해주었다. S에 대하여 도산절차가 320
개시되자 G는 S의 도산관리인으로부터 토지를 매수하였다. G는 자신의 대여금채권과 매매대금채권을 상계할 수 없다. 매매대금은 도산재단에 전액이 이행되어야 하고 대여금채권은 배당률에 따른 만족에 그쳐야 한다(도산법 제96조 제1항 제1호). S가 이미 G에게 토지를 매도한 경우 G는 도산법 제95조 제1항의 제약 하에 상계할 수 있다(도산법 제94조). S가 매매대금채권을 도산절차개시 전에 Z에게 양도하고 Z가 이를 도산절차개시 후 도산관리인에게 재양도한 경우에도 마찬가지이

계산근거를 서로 공제함으로써 하나의 채권이 발생하는데, 도산절차개시 후 비로소 그와 같은 산정(공제)이 이루어져 유일한 채권이 발생한 상황. BGHZ 170, 206 Rdnr.5ff.

385 도산법 제110조 제3항에 따라 임대인 도산시 임차인의 특정 반대채권에 대해서는 예외가 존재한다. 이 규정은 도산법 제96조 제1항 제1호만을 제한한다. 도산법 제95조, 제96조 제1항 제2 내지 4호는 그대로 적용된다(도산법 제110조 제3항 제2문).

386 채무자가 체결한 쌍무계약에 대하여 도산관리인이 이행을 선택한 경우(도산법 제103조) 상계권한에 대해서는 Rdnr.190, 194 참조.

387 도산절차개시 후 발생한 채무자의 채권은 신득재산으로서 도산법 제35조에 따라 도산재단에 귀속된다(Rdnr.145)!

다: 이 경우 G는 절차개시 후 비로소 도산재단에 대하여 (다시) 채무를 부담하게 되었다. 그러나 도산법 제96조 제1항 제1호는 적용되지 않는다. 왜냐하면 G는 민법 제406조에 따라 이미 Z에 대하여 상계할 수 있었고 이에 따른 신뢰보호가 우선하기 때문이다.

321 도산채권자가 그의 **반대채권(자동채권)을 도산절차개시 후 비로소 다른 채권자로부터 취득**한 경우에도, 상계는 금지된다(도산법 제96조 제1항 제2호). 이 반대채권이 설령 도산절차개시 당시 이미 존재하던 채권인 경우에도 상계는 금지된다. 왜냐하면 도산절차개시 시점에서 종래 반대채권의 보유자는 단지 배당률에 따른 만족을 기대할 수 있었고, 나중에 이 반대채권을 취득한 자는 자신이 부담하는 급부의무를 도산재단에 전부 이행해야 한다는 점에 구속되어야 하기 때문이다. 상호대립성이 나중에 만들어진 경우 — 채권양도를 통해서이든 법정(法定) 채권이전을 통해서이든 — 상계가 허용될 수 없다. 왜냐하면 상계가 허용된다면 도산재단이 부당하게 악화될 것이기 때문이다.

322 **사례** : G는 S에게 금전을 대여해주었다. S는 G에게 토지를 매도하였다. G는 금전소비대차에 따른 청구권을 양도담보의 형식으로 D에게 양도하였다. S의 재산에 대하여 도산절차가 개시되자 D는 금전소비대차에 따른 청구권을 포기하고 G에게 이를 재양도하였다. 이 경우 비록 도산절차개시 전에 (양도담보가 이루어지기 전까지) 상계적상이 존재하지만, 다수설[388]에 따르면 G는 상계를 할 수 없다. 왜냐하면 도산절차개시 시점에서 상계적상이 존재하지 않았기 때문이다(도산법 제96조 제1항 제2호). 그러나 G가 금전소비대차에 따른 청구권을 도산절차개시 후 비로소 D에게 양도한 경우 그 후 G가 그 채권을 다시 취득하더라도 상계가 가능하고, 도산법 제96조 제1항 제2호는 이러한 상

388 Häsemeyer Rdnr.19.13. 그러나 양도담보의 신탁적 성격을 근거로 상계를 긍정하는 견해도 있다. Fricke NJW 1974, 2118; Kessler ZInsO 2001, 148ff.

계에 방해가 되지 않는다.[389]

도산절차개시 후 반대채권(자동채권)이 상계를 하려는 채권자에게 비로소 발생한 경우 상계가 가능하다. 채권자가 도산절차개시 후 도산관리인과의 법률행위를 통해 또는 법률에 의해 도산재단에 대하여 채권을 취득한 경우, 그는 재단채권자로서(도산법 제55조) 도산채권자보다 앞서서 *도산재단으로부터* 만족을 얻을 수 있다(도산법 제53조). 따라서 이러한 만족이 도산절차개시 전에 발생한 채무자의 주채권(수동채권)과의 상계를 통해 이루어지더라도, 도산재단이 부당하게 악화되지 않는다. 그러나 채권자가 *채무자의 자유재산으로부터* 이행되어야 하는 채권을 취득한 경우, 도산재단과 자유재산은 분리되기 때문에 도산법 제96조 제1항 제4호에 따라 상계는 금지된다. 323

§ 24: 재단채권자의 만족

324

A. 도산재단이 충분한 경우

재단채권자가 도산법 제53조에 따라 자신의 채권을 먼저 변제받고 나서야 비로소 도산채권자에게 배당되어야 할 "있어야 할 도산재단"에 이른다는 점은 앞서 언급하였다. 재단채권자는 도산절차개시 후 발생하였고 도산절차 자체를 계기로 발생한 청구권(Rdnr.84 참조) — 가령 도산관리인이나 임시도산관리인(Rdnr.127 참조)의 행동을 근거로 발생한 채권 — 을 갖고 있는 채권자를 뜻한다. 도산재단이 충분하면 재 325

389 방법론적으로 도산법 제96조 제1항 제2호의 목적론적 축소를 통해 이러한 결론에 도달할 수 있다.

단채권은 전액 변제된다. 이 경우 순위문제는 발생하지 않는다. 다만 너무 늦게 알려진 재단채권자의 경우, 다른 재단채권자들이 모두 만족을 얻고 도산채권자와 후순위 도산채권자가 확정된 비율에 따라서 변제를 받은 후 비로소 변제를 받을 수 있다는 점을 고려해야 한다(도산법 제206조).

B. 도산재단이 충분하지 않은 경우

326 재단채권자에게 변제하기에 충분한 도산재단이 존재하지 않는 경우, 상황을 다음과 같이 나누어 보아야 한다: **재단비용** — 즉 법원 비용과 도산관리인 및 채권자협의회 구성원이 청구할 수 있는 비용(도산법 제54조) — 에 충당하기에도 도산재단이 부족한 경우{이른바 "재단곤궁"(Massearmut)}, — 추가비용이 선지급되거나 지급유예되지 않는 한 — 도산절차는 도산법 제207조 제1항에 따라 재단부족을 이유로 중지된다.[390] 도산재단에 현금이 있는 경우, 이 현금으로 우선 도산관리인과 채권자협의회 구성원의 비용을 지급해야 하고, 이어서 그 밖의 절차비용을 지급해야 한다. 동순위 채권 내부에서는 채권액에 비례해서 지급해야 한다(도산법 제207조 제3항 제1문).[391] 도산관리인은 다른 재산을 환가할 의무를 더 이상 부담하지 않고(도산법 제207조 제3항 제2문), 도산절차는 종료된다.

327 도산재단이 재단비용을 충당하기에는 충분하지만 **그 밖의 재단채무를 충당하기에는 부족한 경우**{이른바 "재단부족"(Masseunzulänglichkeit)},

---

390 이 조항은 재단부족을 이유로 한 도산절차개시신청 기각을 규정한 도산법 제26조에 상응하는 조항이다. 법원이 도산법 제207조에 따른 절차중지를 거절한 경우, 도산관리인은 항고할 권한이 없다(BGH ZIP 2007, 1134 Rdnr.4f.). 중지결정에 대해서는 채무자와 도산관리인 모두 즉시항고를 할 수 있다(도산법 제216조 제1항).

391 도산관리인과 채권자협의회 구성원의 비용이 모두 지급된 후에야, 그 밖의 절차비용을 비율에 따라 지급할 수 있다.

절차는 처음부터 중지되지 않는다. 도산관리인은 재단부족을 도산법원에 통지해야 하고(도산법 제208조 제1항),[392] 그에 따라 도산법원은 재단부족을 공시하고 재단채권자들에게는 개별적으로 재단부족 사실을 알린다(도산법 제208조 제2항). 통지시점[393]까지 청구권을 취득한 재단채권자는 구(舊)재단채권자가 되고, 통지 후 권리를 취득한 재단채권자는 신(新)재단채권자가 된다. 도산관리인은 — 그의 비용과 법원비용은 이 경우 도산재단으로부터 충당이 된다 — 현존하는 재산을 적어도 재단채권자들에게 나눠주기 위해 재단을 관리하고 환가할 의무가 있다. 또한 부인권도 행사할 수 있고,[394] 도산계획절차를 진행하는 것도 가능하다(도산법 제210a조). 이 단계에서는 재단채권자들 사이에서 최대한 평등하게 변제를 하는 것이 중요하기 때문에, 재단채권자들은 더 이상 특별한 우선권을 가져서는 안 된다. 따라서 도산법 제210조는 구재단채권자에 의한 강제집행이 금지된다고 규정하고 있다.[395] 도산관리인에게 재단채권을 전액 변제할 것을 명하는 판결도 더 이상 허용되지 않고,[396] 상계도 재단부족의 통지 전에 상계적상이

392 도산법원에 통지하는 것과 관련하여 도산관리인은 재량을 갖지 않는다. 그러나 재단부족의 요건이 충족되는지에 관해서는 광범위한 판단재량을 갖는다. BGH ZIP 2017, 1571 Rdnr.25. 이러한 판단재량을 넘은 경우 비로소 도산관리인은 도산법 제60조, 제61조에 따라 책임을 부담한다.

393 역자 주 : 도산관리인이 도산법원에 통지하는 시점을 뜻한다. 도산법원이 재단채권자에게 개별적으로 알리는 시점이 아니다.

394 찬성 BGH ZIP 2001, 1641, 1643. 반대 Häsemeyer Rdnr.21.25(부인권 행사결과 오로지 재단채권자들만 이익을 얻는 경우 부인권 행사는 허용될 수 없다).

395 재단부족이 통지되기 전까지 재단채권자의 강제집행권한에 관해서는 Rdnr.129 참조. 도산법 제210조는 도산채권자에 대한 일반적 강제집행금지 규정인 도산법 제89조와 동일한 생각을 담고 있다. 이 규정은 신재단채권자에 대한 도산재단이 충분하지 않은 경우에도 유추적용되어야 한다.

396 확인의 소와 규제처분(Ordnungsverfügungen)의 발령은 가능하지만, 규제처분의 집행은 불가능하다. 이행의 소는, 도산관리인이 종결계산을 마치고(도산법 제66조, 제211조 제2항) 우선권이 있는 재단채무를 도산법 제209조 제1항 제1, 2호에 따라 변제한 후 비로소 제기할 수 있고, 배당률에 따른 이행청구의 소가 가능할 뿐이다.

발생한 경우에만 허용된다. 도산재단이 도산법 제209조의 기준에 따라 분배된 경우(도산법 제211조; Rdnr.360 참조) 비로소 도산절차가 중지될 수 있다. 절차중지결정에 대해서는, 도산법 제216조가 제211조를 언급하고 있지 않으므로, 이의를 제기할 수 없다.

328 도산재단이 충분하지 않은 경우 도산재단의 분배 시, 도산법 제209조 제1항에 따라 재단채권자들의 **순서**가 정해진다. 이는 재단부족이 도산법 제208조에 따라 통지되었는지 여부와 무관하다. 이 규정은 세 가지 순위를 예정하고 있다. 즉 도산재단은 우선 1순위 집단에 분배되어야 하고 선순위 집단의 채권이 모두 변제된 후에만 후순위 집단이 고려될 수 있다. 해당 순위집단의 채권만족을 위해 도산재단이 충분하지 않은 경우, 그 순위집단에 속한 채권은 채권액 비율에 따라 만족을 얻는다. 1순위는 절차비용(도산법 제54조)이다(도산법 제209조 제1항 제1호). 도산법 제4a조에 따라 절차비용 지급이 유예된 경우에도 절차비용은 1순위이다. 2순위는 신재단채권(Rdnr.327 참조)이다. 신재단채권은 재단부족 통지 후에 발생한 재단채권이다(도산법 제209조 제1항 제2호).[397] 이러한 채권들이 모두 만족을 얻은 다음 3순위로 모든 나머지 재단채권들이 변제를 받는다(도산법 제209조 제1항 제3호). 이들 사이에는 순위가 없다. 다만 채무자의 부양청구권은 가장 후순위이다.[398]

---

397 도산법 제209조 제2항에 따르면 다음과 같은 채권들(재단부족의 통지 전에 발생근거가 마련되었지만 통지 후에서야 도산관리인이 "공개한" 채권)도 신재단채권과 같은 순위이다. ① 도산관리인이 통지한 후 쌍방미이행 쌍무계약의 이행을 선택한 경우, 그 계약에 따른 채권, ② 도산관리인이 통지한 후 해지할 수 있었던(그러나 실제로 해지는 하지 않은) 기간 이후의 계속적 계약에 따른 채권, ③ 도산관리인이 통지 후 도산재단을 위해 계속적 계약에 따른 반대급부를 청구한 경우, 그 계속적 계약에 따른 채권.

398 사회계획에 따른 청구권은 도산법 제209조 제1항 제3호의 재단채권이다. 그러나 도산법 제123조 제2항은 사회계획이 없었더라면 도산채권자에 대한 배당에 쓰였을 도산재단의 1/3 이상을 사회계약에 따른 채권의 만족을 위해 사용할 수 없다고 규정하고 있다. 따라서 사회계획상의 채권은 모든 다른 재단채권들이 변제된 이후 비로소 변제될 수 있다. 이러한 규율체계로부터 부양료청구권은 사회계약에

도산재단에 급부를 하였으나 재단곤궁(Rdnr.326 참조)이나 재단부족(Rdnr.327 참조)에 따른 배당으로 인해 반대급부 전액의 만족을 얻지 못한 재단채권자는 도산법 제61조에 따른 **도산관리인의 책임**을 물을 수 있다. 이 규정에 따르면 도산관리인은 그에 의해 발생한 재단채무[399]가 변제기에 불이행된 경우 — 재단채무발생시점에서 도산관리인이 장차 도산재단이 그 재단채무를 변제하기에 부족할 것이라는 점을 인식할 수 없었던 경우가 아닌 한[400] — 개인적으로 책임을 진다. 도산법 제61조는 도산관리인으로 하여금 재단채무를 발생시키기 전에 그 이행가능성을 명확히 밝히고 의심스러운 경우 상대방에게 경고함으로써, 상대방이 도산재단부족의 위험을 인수할 것인지 여부를 미리 숙고할 수 있도록 한다. 따라서 이 규범은 계약에 근거한 1차적 청구권에 대해서만 적용되고, 법률에 근거한 2차적 청구권에 대해서는 적용되지 않는다.[401] 법률에 근거한 2차적 청구권은 도산관리인의 특별한 의무 — 통상적인 사무처리를 하는 도산관리인이 그가 발생시킨 채무를 도산재단을 통해 변제하는 것이 가능한 상황에 있는지 확인할 의무 — 와 관계가 없기 때문이다. 재단채권자는 소극적 이익(negative Interesse)을 배상받는다. 즉 재단채권자는 (손해배상을 통해) 도산관리인이 재단채무를 발생시키지 않았을 경우 놓였을 상태와 동일한 상태에 놓여야 한다. **329**

따른 청구권보다 선순위라는 결론이 도출된다.

399 지급의무뿐만 아니라 도산재단과 관련된 모든 급부의무가 포함된다.

400 예견가능성이 없었다는 점에 대하여 도산관리인이 증명책임을 부담한다.

401 그러한 한도에서 도산법 제60조에 따른 도산관리인의 책임도 발생하지 않는다.

6편

재단의 분배

§ 25: 확정절차

330

A. 개관

331 도산법 제38조에 따라 도산재단은 도산채권자들의 만족을 위해 사용된다. 그렇기 위해서는 우선 누가 도산채권자인지 확정해야 한다. 이를 위해 도산법 제174조 이하에서 도산채무자의 채무를 조사하는 확정절차를 마련하고 있다. 도산법은 "채무재단"(Schuldenmassen)의 확정을 **채권자자치**에 맡기고 있다. 환가대금 분배에 참여하려는 자는 자신의 채권을 채권자표에 기재하기 위해 도산관리인에게 신고해야 한다(Rdnr.332). 심사기일(Rdnr.333)에 이러한 신고에 대하여 도산관리인이나 채권자[402]가 이의를 제기하지 않으면, 이 채권은 확정되고 채권자는 이 채권을 가지고 환가대금의 배당절차에 참가한다. 이의가 제기되면, 신고내용의 타당성이 소송에서 다투어진다(Rdnr.335). 채권자가 배당절차에 참여할지 여부는 이 소송의 결과에 달려있다. 채권에 대한 법원의 심사는 이러한 경우에만 이루어진다.

402 이러한 측면에서 도산법은 모든 채권자의 "이기적 이익"—자기채권의 변제비율을 높이기 위해 부당한 채권을 다투려고 하는 이익—에 의존하고 있다.

B. 도산채권의 신고

환가대금의 배당시 고려되려면 도산채권자[403]는 자신의 채권을 도산법 제174조 제1항 제1문에 따라 서면으로 도산관리인에게 신고해야 한다.[404] 도산절차개시결정 시 도산법원은 도산채권자들에게 채권신고를 할 것을 촉구한다(도산법 제28조 제1항 제1문). 채권자의 신고에는 기간이 정해져 있다(도산법 제28조 제1항 제1, 2문). 이 기간은 제척기간이 아니다. 채권자가 이 기간을 준수하지 않더라도 종결목록(Rdnr.350)이 공시되기 전까지 사후신고가 가능하다(도산법 제177조).[405] 신고시 채권자는 채권을 충분히 특정해야 한다. 즉 채권의 발생근거와 액수를 밝히고(도산법 제174조 제2항), 채권발생의 근거에 관한 서류의 사본을 제출해야 한다(도산법 제174조 제1항 제2문). 그러나 도산법은 집행권원을 요구하지 않는다. 왜냐하면 전체집행은 개별집행과 달리 모든 채권자들을 위해 일어나는 것으로서, 권리의 확정은 1차적으로 채권자자치에 맡겨져 있기 때문이다(Rdnr.331).[406] 신고된 채권은 도산관리인이 채권자표에 기재한다. 신고기간이 지나면 채권자표는 이해 **332**

403 환취권자, 별제권자, 재단채권자는 확정절차에 참여하지 않고도 변제받을 수 있다! 그러나 별제권자는 자신의 피담보채권을 신고할 수 있다(Rdnr.306) 후순위도산채권자(도산법 제39조)에 대해서는 도산법 제174조 제3항 참조.

404 이는 — 도산법 제191조가 간접적으로 밝히고 있는 것처럼 — 정지조건부채권이나 기한부채권의 경우도 마찬가지이다. 변제기가 도래하지 않은 채권은 도산법 제41조에 따라 변제기가 도래한 것으로 본다. 반대급부와 동시이행관계에 있는 채권에 관해서는 BGHZ 213, 362 Rdnr.31(동시이행관계에 있는 채권을 채권자표에 '확정'하는 것은 법률적으로 가능하지 않다); BGH NZI 2016, 301 Rdnr.15ff.(동시이행관계에 있는 채권 그 자체는 신고하기에 적합한 채권이 아니다. 다만 반대급부까지 고려한 손해배상채권의 형태로 신고할 수는 있다) 참조.

405 그러나 채권자는 신고 전까지 채권자집회에서 투표권이 없다(도산법 제77조 제1항 제1문).

406 채권신고는 소제기와 마찬가지로 소멸시효 정지사유이다(민법 제204조 제1항 제10호). 그러나 채권신고는 그 채권에 관한 소송계속을 발생시키지 않는다. 만약 소송계속을 발생시킨다면 그 채권에 대하여 확정소송을 통해 다투는 것은 민사소송법 제261조 제3항 제1호 때문에 불가능할 것이다.

관계인의 열람을 위해 도산법원 사무국에 보관한다(도산법 제175조).[407]

C. 심사기일

333 신고된 채권의 금액과 순위에 대해서는 특별한 채권자집회, 즉 **심사기일**에 심사가 이루어진다(도산법 제176조 제1항 제1문). 도산법원은 심사기일을 신고기간 경과 후 일러도 1주 이후 늦어도 2달 이내에 잡아야 하고, 개시결정에서 이미 심사기일을 확정한다(도산법 제29조 제1항 제2호).[408] 심사기일에서 채권의 근거는 심사되지 않고, 단지 신고에 대하여 이의가 있었는지 여부만 심사된다. 채권에 대하여 이의가 제기되면, 그 채권을 개별적으로 진술한다(도산법 제176조 제1항 제2문). 신고한 채권자가 출석하지 않은 경우에도 마찬가지이다.

334 이후 절차는 **이의**가 제기되었는지, 누가 이의를 제기하였는지에 달려있다: *아무도 이의를 제기하지 않으면* 그 채권은 확정된다(도산법 제178조 제1항 제1문). 확정된 채권을 도산법원이 채권자표에 기재하면 채무자, 도산관리인 그리고 모든 도산채권자들에 대하여 확정력이 있다(도산법 제178조 제2항 제1, 3문).[409] 채권자는 신고된 범위의 채권을 가지고 환가대금배당절차에 참여할 수 있다. 또한 채권자는 도산절차 종료 후 채권자표 기재를 근거로 집행권원이 있는 채권처럼 채무자의 새로운 재산에 대하여 강제집행을 할 수 있다(도산법 제201조 제2항). 채무자는 채권이 확정되기 전에 발생한 항변으로 대항할 수 있다. *채권자나 도산관리인*이 이의를 제기하면, 이러한 이의는 비록 그 근거가

---

407 채권자표는 도산법 제5조 제4항에 따라 전자정보의 형태로 작성될 수 있다.

408 도산법 제29조 제2항에 따르면, 심사기일과 보고기일(Rdnr.88)은 함께 열릴 수 있다. 보고기일은 일러도 도산절차개시 후 3개월 후에 개최되어야 한다(도산법 제29조 제1항 제1호).

409 BGHZ 100, 222, 224(확정된 채무를 나중에 변제한 경우, 청구이의의 소를 통해서만 다툴 수 있다).

없더라도 채권자표에 기재된다(도산법 제178조 제2항 제1문).[410] 신고된 채권의 정당성은 이의자와의 소송절차에서 밝혀져야 한다(도산법 제179조 이하; Rdnr.335 이하). 채권자는 그가 확정소송에서 이긴 경우에만 배당절차에 참여할 수 있다(도산법 제189조). *채무자*가 이의를 제기한 경우에도 이 사실이 채권자표에 기재된다(도산법 제178조 제2항 제2문). 그러나 이러한 이의는 도산절차에 대하여 의미가 없다(도산법 제178조 제1항 제2문). 이의로 인해 채권자는 채권자표를 근거로 — 도산절차 폐지 후 — 채무자의 새로운 재산에 대하여 강제집행을 할 수 없게 될 뿐이다(도산법 제201조 제2항 제1문 참조). 즉 도산절차 종료 후 채권자가 채무자에 대하여 강제집행을 하려면, 급부청구의 소 — 도산절차 종료 전에는 도산법 제87조로 인해 이러한 소제기가 불가능하였다 — 를 제기해야 한다.[411] 채권자가 확정소송절차를 통해 이의를 제거하는데 성공한 경우, 채권자는 나중에 위와 같은 효력이 발생하는 것을 미리 저지할 수 있다(도산법 제184조).[412]

D. 확정소송

앞서 언급한 것처럼 심사기일에 도산관리인이나 다른 채권자가 이의를 제기한 채권은, 그 채권의 정당성이 이의자와의 확정소송절차 — 이의자가 여러 명인 경우에는 모든 이의자와의 확정소송절차 — 에서 밝혀진 경우에만, 고려된다. 확정소송의 **소송물**은 채권자에게 채무 335

410 도산관리인이 추가 조사를 준비하고 있고, 그렇기 때문에 단지 임시적으로 이의를 제기한 경우에도 마찬가지이다.

411 심사기일에 불출석하여 이의를 제기하지 못한 채무자는, 도산법 제186조에 따른 추완(追完: Wiedereinsetzung in den vorigen Stand)을 통해 사후적으로 이의를 제기함으로써 마찬가지 효력을 누릴 수 있다. 채권자가 이미 집행권원을 갖고 있는 경우, 채무자는 그에 대한 적법한 구제수단을 통해 집행권원을 방어해야 한다.

412 청구를 인용하는 판결이 내려진 이후 채권자표의 기재에 관해서는 Rdnr.340 참조.

자에 대하여 신고된 것과 같은 또는 심사기일에 표시된 것과 같은 내용의 채권이 도산채권으로서 존재한다는 점의 확인이다(도산법 제181조).

336 이 소송에서 누가 **원고**이고 피고인지는 채권에 관하여 이미 집행권원이 존재하는지 여부에 달려있다. 신고한 채권자가 다툼의 대상이 된 채권에 관하여 집행권원을 갖고 있지 않는 경우에는 도산절차에 참가하려는 채권자가 이의를 제기한 자에 대하여 소를 제기해야 한다(도산법 제179조 제1항). 이에 반해 채권에 대하여 집행권원이 존재하는 경우에는 원칙적으로 이의를 제기한 자가 소를 제기해야 한다(도산법 제179조 제2항).[413] 그러나 이의를 제기한 자가 소를 제기하지 않은 경우에는 채권자가 소를 제기할 수 있다. 도산절차 개시 당시 다툼이 있는 채권에 관하여 소송계속 중인 경우에는, 확정은 새로운 소를 통해서가 아니라, 도산절차개시를 통해 중단된 기존 소송절차를 인수함으로써 이루어진다(도산법 제180조 제2항; Rdnr.224).

337 **사례** : G는 S에 대하여 20,000유로의 매매대금 지급청구의 소를 제기하였고, 이 소송절차는 도산절차의 개시로 중단되었다(민사소송법 제240조; Rdnr.219). 도산관리인이 심사기일에 위 채권에 대하여 이의를 제기한 경우, G는 도산관리인을 상대로 한 소송절차를 인수할 수 있다(Rdnr.224). 다른 채권자가 이의를 제기한 경우, 그 채권자에 대한 소송절차가 계속될 수 있다. 이는 법률에 의한 당사자변경이다: 현재의 피고가 당사자로 등장하지만, S의 실체법상 지위를 대신하는 것은 아

413 집행권원이 확정력이 있는 한, 이는 집행권원에 표시된 당사자들과 권리승계인(민사소송법 제325조 제1항)인 도산관리인뿐만 아니라 그 밖의 채권자들에게도 구속력이 있다. 왜냐하면 확정력이 있게 확정된 채무자의 채무는 (부인권 행사의 대상이 될 수는 있지만) "채무재단"의 구성부분으로서 확정되기 때문이다. 따라서 확정력이 있는 종국판결의 경우 신고된 순위에 대해서만 이의제기가 가능하다. 즉 후순위 도산채권(도산법 제39조)임에도 불구하고 도산채권(도산법 제38조)으로 신고되었다고 이의를 제기할 수 있다. 그 밖에 변경의 소나 청구이의의 소를 제기하는 데 근거가 될 수 있는 사정들을 주장하며 이의를 제기할 수 있다(민사소송법 제323조 제2항, 제767조 제2, 3항).

니다. 원고는 그의 청구를 객관적 측면뿐만 아니라(이행청구 대신 확인청구로) 주관적 측면에서도(채무자에 대한 판결이 아니라 이의하는 채권자에 대한 판결로) 변경해야 한다. 이는 도산법 제180조 제2항에 따라 법률상 허용되는 청구변경이다.

확정소송의 **관할**은 도산법 제180조, 제185조가 정하고 있다: 어떠한 종류의 법원(일반법원 또는 특별법원)이 관할권을 갖는지(Rechtsweg-zuständigkeit : 도산법 제185조), 사물관할은 어떻게 되는지(도산법 제180조 제1항)는 일반규정에 따른다(법원조직법 제13조, 제23조 이하, 제71조).[414] 민사법원 내부에서는 확정소송의 경우 구(區)법원 사물관할에 속하는 사건은 도산법원이 배타적 토지관할권을 갖고, 그 밖의 사물관할에 속하는 사건은 도산법원이 속한 1심법원이 토지관할권을 갖는다. 이미 계속 중인 소송절차를 도산법 제180조 제2항에 따라 인수한 경우 도산절차개시 전에 소환된 법원이 계속 관할을 갖는다. 338

도산법 제189조는 간접적으로 확정의 소의 **제소기간**을 정하고 있다:[415] 확정의 소를 제기할 주도권이 신고한 채권자에게 있는 경우(Rdnr.336), 그 채권자는 늦어도 배당표가 공시된 뒤 2주 내에 자신이 소를 제기하였다거나 계속 중인 소송을 인수하였다는 점을 증명해야 한다(도산법 제189조 제1항). 그렇지 않으면 나중에 그가 확정소송에서 승소하더라도, 환가대금 배당절차에 참여할 수 없다(도산법 제189조 제3항). 그가 증명에 성공하면, 다툼의 대상이 된 채권에 상응하는 배당금은 유보되고, 소송의 결과에 따라 그 채권자 또는 다른 도산채권자들에게 (이 경우는 배당비율에 따라) 지급된다(도산법 제189조 제2항). 339

확정청구에 대한 **확정력 있는 법원의 결정**은 소송당사자뿐만 아 340

414 따라서 신고된 조세채권의 정당성에 관해서는 재정법원이, 사회보장기여금채권에 관해서는 사회법원이, 임금채권에 관해서는 노동법원이 관할권을 갖는다.

415 이 기간은 도산법 제184조에 따른 채무자에 대한 확정의 소의 경우 적용되지 않는다.

니라 도산관리인과 모든 도산채권자들을 구속한다(도산법 제183조 제1항). 이러한 확정력의 확장은 다음과 같은 이유에서 정당화된다. 확정소송은 모든 도산채권자들의 배당률에 영향을 미치기 때문에 진행되었고, 모든 도산절차참가자들에게 경제적 효과를 미치면서 진행되었다.[416] 승소한 당사자는 판결을 기초로 채권자표에 기재를 신청할 수 있다(도산법 제183조 제2항). 신고한 채권자가 승소한 경우, 채권자표의 이의가 제거되고 그에 따라 채권이 확정된다(도산법 제178조 제1항 제1문 참조). 채권자는 이 채권으로 환가대금 배당절차에 참가한다(Rdnr. 339).[417] 이의를 제기한 자가 승소하면, 채권자표에는 확정의 소가 기각되었고 그에 따라 이의는 근거가 있다고 기재된다. 이러한 채권을 위해 유보되었던 배당금은 다른 도산채권자들을 위해 지급된다.

§ 26: 재단의 환가

341

342 도산채권자들에게는 단지 금전이 배당될 수 있기 때문에(현금. 도산법 제187조 제2항 제1문), 도산재단에 속한 목적물은 환가되어야 한다. 이는 도산관리인의 임무이다(도산법 제159조). 채무자의 대부분의

416 따라서 도산법 제183조 제3항과 같은 상황(도산관리인이 아닌 채권자가 이의를 제기하여 확정소송이 제기되었고, 그 소송결과로 인해 도산재단에 이익이 발생한 경우)의 경우에도, 이의를 제기한 채권자는 재단채권자로서 도산재단에 대하여 비용상환을 청구할 수 있다.

417 이 경우 해당 채권자가 나중에 입장을 바꾸어 그 채권이 재단채권이라고 주장하는 것은 가능하다. BGHZ 168, 112 Rdnr.14ff.
역자 주 : 재단채권을 도산채권으로 신고하거나 승인하거나 확정되었더라도, 나중에 재단채권으로 행사할 수 있다는 것이 독일의 통설·판례이다. 다만 채권자가 재단채권을 행사하려면, 도산채권자로서의 권리를 포기하고 채권자표에 기재된 도산채권자 기재가 삭제되어야 한다. 도산채권자 기재를 삭제하지 않은 채 재단채권자로서 권리를 행사하면, 도산관리인은 금반언의 원칙을 이유로 지급을 거절할 수 있다.

재산가치는 **별제권**의 부담이 설정되어 있으므로, 환가방법에 관해서는 우선 Rdnr.298 이하의 내용이 적용될 수 있다. 그 밖에 아래 원칙들을 주의해야 한다:

환가방법은 원칙적으로 도산관리인의 자유재량에 속한다. 그는 343 우선 사업 전체를 환가할 수 있는지, 개별목적물을 청산의 방법으로 개별적으로 환가해야 하는지 검토한다. 이 문제와 관련하여 도산관리인은 채권자집회의 결의에 구속된다(도산법 제157조, 제159조).[418] 개별적으로 환가해야 하는 경우, 환가목적물이 *토지*라면 도산관리인은 선택권을 갖는다(Rdnr.300). 도산관리인은 토지를 임의 환가 — 시장에서의 매각 또는 임대 — 할 수 있다. 또한 도산관리인은 강제환가의 방법을 선택할 수도 있다(도산법 제165조). 취득자의 담보책임청구권을 배제하려면 강제환가가 유용하다(강제경매 및 강제관리법 제56조 제3문). *동산*의 경우 임의 매각만이 가능하다. 공적 경매는 도산관리인이 경매인에게 사적으로 위탁을 한 경우에만 가능하다. *권리*(*채권 등*)의 환가의 경우에도 동산의 경우와 마찬가지이다.

도산관리인은 개별 목적물을 **가능한 한 유리한 가격으로** 환가해 344 야 한다. 그러나 무엇이 가장 유리한 환가방법인지 항상 쉽게 특정할 수는 없다. 그 원인은 우선 구체적 환가방법이 종종 취득가능한 환가대금에 대한 불확실한 예측에 의존하고 있기 때문이다. 가령 강제환가에서 환가대금을 항상 확실히 예견할 수는 없다. 또한 환가대금의 액수뿐만 아니라 환가시점도 중요하다는 점을 고려해야 한다. 도산관리인은 최대한 빨리 채권자들에게 변제하기 위해 노력해야 하고, 그렇기 때문에 비록 조금 더 기다리면 더 많은 환가대금을 얻을 수 있는 경우에도 조기(早期) 환가가 정당화될 수 있다.[419]

418 양도형 회생에 관한 상세는 Rdnr.434 이하 참조.
419 “일찍 지급하는 사람이 두 배로 지급하는 것이다(Wer schnell gibt, gibt doppelt).”

345 이러한 형량불가능성을 고려해, 도산법은 타당하게도 원칙적으로 엄격한 환가규정을 두지 않고 단지 **간접적인 덤핑통제**만을 규율하고 있다. 이러한 간접적 통제장치로는 무엇보다도 — 법원과 채권자협의회 구성원의 일반적 감독권(Rdnr.66 이하) 이외에 — 다음과 같은 것이 있다. 도산관리인은 특별히 중요한 환가행위에 대하여 *채권자협의회의 동의*를 얻어야 한다(도산법 제160조 이하; Rdnr.67). 이러한 참여권이 침해되었다고 해서 문제된 환가행위가 무효가 되는 것은 아니다(도산법 제164조). 그러나 도산법 제60조에 따른 *도산관리인의 책임*이 발생한다. 또한 도산관리인은 도산재단을 부주의하게 환가한 경우에도 도산법 제60조에 따른 책임을 부담할 수 있다.[420]

§ 27: 배당

346

A. 관할

347 도산재단[421]이 환가되면, 환가대금은 도산채권자들에게 배당될 수 있다. 배당은 **도산관리인의 임무**이다. 그러나 채권자협의회가 설치된 경우, 도산관리인은 채권자협의회의 동의를 얻어야 한다(도산법 제187조 제3항). 종결배당(Rdnr.350)은 도산법원의 동의가 있는 때에만 이루어진다(도산법 제196조 제2항).

420 그러나 도산관리인의 유책성과 관련하여 Rdnr.344에서 언급한 어려움들이 고려되어야 한다. 도산목적에 명백히 반하는 환가행위의 무효에 관해서는 Rdnr.152 참조.

421 "있어야 할 도산재단"을 뜻한다. 앞으로의 설명에서는 환취권과 별제권이 이미 고려되었고, 재단채권자들도 이미 채권만족을 받았음을 전제로 한다(Rdnr.230).

B. 배당표

도산관리인은 배당표를 작성해야 한다. 배당표는 이해관계인들의 열람을 위해 도산법원 사무국에 비치되고 공시되어야 한다(도산법 제188조). 배당표에는 모든 신고된 채권들이 표시된다. 즉, 다툼이 있는 채권, 정지조건부 채권,[422] 별제권으로 담보된 채권도 표시된다. 배당표에 대한 이의에 관해서는 도산법원이 판단한다(도산법 제194, 197조).[423] 348

C. 지급시점

배당시점은 충분한 돈이 존재하는 시점이 언제인지에 따라 결정된다. 아무리 빨라도 심사기일 이후에야 지급이 가능하다(도산법 제187조 제1항). 왜냐하면 심사기일 전에는 어떠한 채권에 대하여 다툼이 있고 어떠한 채권이 확정되었는지가 정해지지 않기 때문이다(Rdnr.333). 심사기일 후에는 도산재단에 충분한 현금이 있으면 바로 **중간배당**(**Abschlagsverteilung**)이 가능하다(도산법 제187조 제2항).[424] 349

도산재단의 환가가 종료되면 도산채권자들에 대한 **종결배당**이 이루어진다(도산법 제196조 제1항). 이를 위해 *종결표*가 작성되는데, 종결표에 대해서는 도산법원의 동의가 필요하다(도산법 제196조 제2항). 법원은 동의하면서 *종결기일*을 지정한다(도산법 제197조 제1항 제1문). 종결기일은 특별한 채권자집회이다(Rdnr.88). 도산법 제197조 제1항 제2 350

422 해제조건부 채권은 완전한 가치를 갖는 채권으로 취급된다(도산법 제42조). 독립적 보증채권에 대해서는 BGH ZIP 2008, 1441 Rdnr.15ff. 참조(독립적 보증채권도 채권자표에 확정될 수 있다).

423 *종결표*에 대해서는 Rdnr.350 참조.

424 이 조항은 중간배당의 의무를 규정하고 있지 않다. 왜냐하면 현금이 다른 곳에 필요할 수도 있기 때문이다. 가령 사업의 계속을 위해, 또는 담보권을 소멸시켜 담보권자에 대한 이자지급의무를 면하기 위해 현금이 필요할 수 있다.

문에 따르면 종결기일에는 ① 도산관리인의 종결계산의 진술, ② 환가불가능한 재단목적물의 처리방법의 결정, ③ 종결표에 대한 이의제기가 이루어진다. 이의제기를 하지 않은 자는 현 도산절차에서의 배당시 최종적으로 배제된다. 즉 종결배당은 오직 종결표를 기준으로 이루어진다. 그는 이후 법적 구제수단을 주장할 수 없고,[425] 다른 도산채권자들에게 부당이득반환을 청구할 수도 없다.[426] 이러한 정산은 종결표에 기재된 채권이 배당절차에서 고려되지 않은 경우에만 가능하다. 종결배당 이후 잉여금이 존재하는 경우, 잉여금은 채무자에게, 회사가 청산된 경우에는 지분권자에게 반환되어야 한다(도산법 제199조). 그 후 도산절차는 폐지된다(도산법 제200조 제1항; Rdnr. 358).

351 도산재단에 속한 재산[427]이 나중에 알려지거나 자유롭게 처분할 수 있게 되어, 종결기일이 끝난 후에도[428] 배당할 것이 남아있는 경우, **사후배당**이 고려된다(도산법 제203조 이하).[429] 도산법은 사후배당을 다음과 같은 경우 허용한다. ① 유보된 금액(Rdnr.352)을 배당할 수 있게 된 경우,[430] ② 채무자의 정지조건부 채권의 조건이 성취된 경우, ③ 도산재단으로부터 지급된 금액이 반환된 경우,[431] ④ 지금까지 알려지

425 도산법 제233조 이하의 유추를 근거로 한 추완(追完)에 대해서는 Häsemeyer Rdnr. 7.65 참조.

426 BGHZ 91, 198, 204ff. 이는 도산법 제206조에 따라 현재까지 알려지지 않은 재단채무의 경우에도 마찬가지이다(Rdnr.325).

427 재단목적물에 포함될 수 있는 것이어야 한다. 도산절차종료 후 취득한 신득재산에는 도산압류의 효력이 미치지 않는다(Rdnr.144). 채무자의 도산관리인에 대한 개별적 손해배상청구권, 도산관리인이 포기한 재단목적물, 제3자에게 양도하는 것이 금지되지 않는 목적물도 마찬가지이다. 이러한 목적물/권리는 도산재단에 포함되지 않으므로, 이러한 목적물이 나중에 알려지더라도 사후배당은 가능하지 않다.

428 도산절차폐지는 사후배당의 요건이 아니다. BGH NZI 2005, 395.

429 그러나 사후배당은 그 자체로 실익이 존재해야 한다(도산법 제203조 제3항 참조). 도산절차가 도산법 제207조에 따라 재단부족으로 중지되었다고 해서 사후배당이 불허되는 것은 아니다. 왜냐하면 현재 발견된 도산재단으로 절차비용에 충당할 수 있기 때문이다.

430 사례 : 도산채권자가 확정소송에서 패소한 경우.

431 사례 : 채권자가 초과 지급된 금액을 반환한 경우.

지 않았던 재단목적물이 확인된 경우[432](도산법 제203조 제1항). 법원의 명령이 있으면 종결표의 기준에 따라 종전 도산관리인에 의해 도산채권자들에게 배당이 이루어진다(도산법 제205조).[433]

D. 배당의 핵심

배당표에 기재된 **확정된 채권**(Rdnr.348)은 배당시 고려된다. **다툼이 있는 채권**의 경우 확정소송에서의 결정시까지 그 채권에 해당하는 금액이 유보된다(도산법 제189조 제2항).[434] 채권자가 집행권원을 갖고 있거나, 채권자가 배당표의 공시 후 늦어도 2주 이내에 확정소송이 제기되었다는 점 또는 이미 계속 중인 소송절차가 인수되었다는 점을 증명한 경우에만, 위와 같은 유보가 가능하다(도산법 제189조 제1항). 적시에 증명이 이루어지지 않으면 해당 채권은 배당시 고려되지 않는다(도산법 제189조 제3항). 채권자는 도산절차 종료 후 채무자에게 권리를 행사할 수 있을 뿐이다. 352

위에서 언급한 법리는, 별제권으로부터 피담보채권 전부의 만족을 얻을 수 없다는 점을 적시에 증명해야만 (종결)배당절차에 참가할 수 있는(Rdnr.306) — 그 자신이 환가권한을 갖고 있는 — **별제권자**에게도 도산법 제190조에 따라 준용된다. **정지조건부 채권**에 대해서는 도 353

432 사례 : 부인권행사가 성과를 거둔 경우(BGHZ 83, 102, 103); 지금까지 알려지지 않았던 목적물의 존재를 사후적으로 알게 된 경우, 또는 이미 알려졌지만 그 목적물의 가치가 현실화되었다는 사정을 나중에 알게 된 경우(BGH ZIP 2017, 1169 Rdnr.14ff.); 유류분반환청구권이 나중에 환가가능하게 된 경우(BGH ZIP 2011, 135 Rdnr.7ff.).

433 도산절차의 확정력 있는 폐지 후에는 종결표의 변경이 허용되지 않는다.

434 유보금을 위해 확정소송의 결론을 기다릴 필요는 없다. 종결배당 후 유보금은 적절한 장소에 공탁해야 한다(도산법 제198조). 민법 제372조 이하에서 규정한 공적인 공탁소(주법에 따르면 공적인 공탁소는 통상 구(區)법원이다)뿐만 아니라, 은행이나 그와 유사한 다른 장소도 "적절한" 장소이다.

산법 제191조가 그 채권에 해당하는 금액이 유보되어야 한다고 규정하고 있다. 종결배당절차에서 이 규정은 정지조건의 성취가 극히 어려운 경우가 아닐 때에만 적용된다. 조건성취가 극히 어려운 경우에는 경제적 관점에서 그 채권의 현실적 재산가치가 없기 때문이다(도산법 제191조 제2항).

354 배당절차에서 모든 도산채권자들은 평등하게 취급된다. 그들은 채권금액에 따라 고려되고 그들의 채권액 중 일정비율을 변제받는다. **순위**는 통상의 도산채권자(도산법 제38조)와 후순위 도산채권자(도산법 제39조) 사이에서만 존재한다. 후순위 도산채권은 그것이 신고할 수 있는 채권인 경우에는(후순위 도산채권은 도산법원이 그 채권신고를 최고한 경우에만 신고할 수 있다. 도산법 제174조 제3항 참조), 통상의 도산채권 다음으로 도산법 제39조에서 규정된 순위에 따라 변제를 받는다. 즉 선순위 채권자가 모두 변제를 받은 뒤에만 후순위 채권자가 변제를 받을 수 있다.

355 **사례** : 도산한 유한책임회사의 사원으로서 회사에 대여를 해준 자(Rdnr.265)는, 모든 도산채권자들(도산법 제38조) 그리고 도산법 제39조 제1항 제1~4호까지의 모든 후순위 도산채권자들이 완전히 변제를 받은 뒤에 비로소 변제를 받을 수 있다(도산법 제39조 제1항 제5호).

7편
도산절차의 종료

§ 28: 폐지 및 중지

356

A. 개관

도산절차는 두 가지 방식으로 종료될 수 있다. 도산절차가 정상 적으로 마쳐지면, 종결배당 후 *폐지(Aufhebung)*로써 절차가 종결된다 (Rdnr.358). 이에 반해 절차가 도중에 중단된 경우 *중지(Einstellung)로써* 절차가 종결된다(Rdnr.360). 두 경우 모두 도산법원의 결정이 필요하고, 이 결정이 확정되면 도산절차가 종료한다. 357

B. 폐지

도산법 제200조 제1항에 따르면 종결배당이 완결된 즉시 도산법 원은 **폐지결정**을 한다.[435] 이 결정은 사법보좌관에 의해 이루어지고, 따라서 사법보좌관법 제11조 제2항 제1문에 따라 즉시이의(sofortige Erinnerung)를 통해 취소될 수 있다; 그 외의 경우에는 취소할 수 없다 (도산법 제6조 제1항; Rdnr.54, 57). 결정은 공시되고, 도산표시(Rdnr.136) 358

435 환가대금이 채권자들에게 지급되거나 공탁되면, 종결배당이 완료된다. 도산법 제198조는 유보금에 대한 공탁을 규정하고 있다. 그 밖에 채권자들에 대한 지급이 불가능한 때에도 민법 제372조 이하에 따라 공탁할 수 있다. 사후배당에 관해서는 Rdnr.351 참조. 도산계획 승인 후 절차폐지에 대해서는 Rdnr.403 참조.

를 삭제하기 위해 토지등기소와 등록법원에 통보된다(도산법 제200조 제2항, 제31조 이하). 폐지결정의 발령으로 *장래를 향하여* 폐지의 효력이 발생한다. 폐지로 인해 도산관리인과 채권자협의회 구성원의 직무는 종료하고, 채무자는 — 그 재산이 환가되지 않은 경우에는 — 자신의 재산에 대한 완전한 처분권을 회복한다.[436] 도산관리인에 대한 집행권원은 민사소송법 제727조에 따라 채무자에게로 그 명의가 변경되어야 한다.

359 폐지 후 도산채권자들은 자유로운 **사후(事後)채권(Nachforderungs-recht)**을 갖게 된다: 채권자들은, 잔존채무면책이 고지되지 않는 한(도산법 제201조 제3항; Rdnr.446 이하), 배당절차에서 변제를 받지 못한 잔존채권을 제한 없이 채무자에 대하여 행사할 수 있다(도산법 제201조 제1항). 채권이 확정되고 채무자가 채권자표에의 신고에 대하여 이의를 제기하지 않으면(Rdnr.334), 채권자들은 채권자표 기재를 근거로 집행권원이 있는 채권처럼 강제집행을 할 수 있다(도산법 제201조 제2항, 제202조). 이러한 요건이 충족되지 않는 경우 — ① 채무자가 신고에 대하여 이의를 제기하였고 확정소송에서 그 이의가 이유 없다고 선언되지 않은 경우, 또는 ② 채권이 신고되지 않았거나 채권이 다른 이유로 확정되지 않은 경우 —, 채권자는 자신의 채권에 관하여 소를 제기하거나 이미 마련된 그 밖의 집행권원을 갖고 강제집행을 해야 한다.

C. 중지

360 도산법은 도산절차의 조기 종료를 중지라고 부른다. 도산재단이 *절차비용*을 충당하기에도 부족하다는 점이 도산절차개시 후 밝혀진

---

436 폐지는 장래효만 있기 때문에, 도산관리인의 처분은 계속 유효하다. 채무자의 처분에 관해서는 Rdnr.163 참조.

경우, 중지가 이루어진다(Rdnr.122). 이 경우 도산법원은 채권자집회,[437] 도산관리인, 재단채권자의 심문을 거친 후 **재단부족으로 인한 중지**를 결정한다(도산법 제207조). 이 경우 도산관리인은 도산법 제207조 제3항에 따라 현존하는 현금을 비용에 충당해야 한다(Rdnr.326). 도산재단으로 절차비용을 충당할 수는 있지만, *그 밖의 재단채무*를 충당하기에 부족한 경우 도산관리인은 우선 재단부족을 신고하고 재단을 환가하여 환가대금을 채권자들에게 분배한다. 그 후 도산절차가 중지될 수 있다(도산법 제208조 내지 제211조; Rdnr.327 이하).

도산절차는 채무자의 신청에 따라 **개시근거의 탈락을 이유로 한** 361
중지를 통해 조기 종결될 수 있다(도산법 제212조). 이러한 중지가 이루어지려면, 채무자가 중지 후 지급능력이 있고 도산법 제18조에 따른 지급불능의 우려가 없다는 점이 보장되어야 한다.[438] 법인 또는 법인격 없는 조합 중 인적 책임을 지는 자연인이 없는 조합의 경우 채무초과도 존재하면 안 된다. 도산절차가 곧 다시 개시되어야 하는 경우에는, 도산절차가 중지될 수 없다. 채무자는 개시근거가 없다는 점을 소명해야 한다. 개시근거가 더 이상 존재하지 않으면, 도산절차는 채권자들의 동의를 거칠 필요없이 채무자의 신청에 따라 중지되어야 한다.

마지막으로 **채권자들의 동의에 따른 중지**가 가능하다(도산법 제213 362
조). 이 중지는 자신들의 채권이 확정된 모든 채권자들의 동의를 필요로 한다. 다툼이 있는 채권의 채권자들이나 별제권자의 경우, 도산법원이 이들의 동의를 요구할 것인지를 자유재량으로 결정한다. 신고기간(Rdnr.332) 경과 전에는, 동의한 채권자들 이외에 다른 채권자들이 알려지지 않은 경우라면 중지가 가능하다(도산법 제213조 제2항).

---

437 채권자집회는 보고기일에 이러한 청문권을 포기할 수 있다. LG Göttingen ZIP 1997, 1039.

438 이 경우 잔존채무 면책대상이 되는 도산채권도 고려되어야 한다. BGH NZI 2014, 229 Rdnr.7ff.

363 **중지절차**에 관해서는 우선 도산법 제214조가, 도산법 제212, 213조의 사례들(즉, 개시근거의 탈락으로 인한 중지, 채권자들의 동의에 따른 중지; Rdnr.361 이하)에서 중지신청은 공시되어야 한다고 규정하고 있다. 이는 중지신청 사실을 이해관계인들에게 알리고, 경우에 따라서는 중지결정에 대하여 이의를 제기할 수 있도록 하기 위한 규정이다. 모든 중지사례들에서 도산법원은 결정의 형식으로 중지를 명하고, 이 결정은 도산법 제216조에 따라 즉시항고로 취소될 수 있다. 중지결정은 폐지처럼 중지근거와 함께 공시되어야 하고(도산법 제215조 제1항), 공시 후 2일이 지나면 그 효력이 발생한다(도산법 제9조 제1항 제3문). 즉시항고는 집행정지효가 없기 때문에(도산법 제4조, 민사소송법 제570조 제1항), 중지결정이 취소된 경우에도 중지결정의 공시에 따른 효력은 유효하다. 폐지의 경우와 마찬가지로, 중지의 경우에도 도산관리인과 채권자협의회 구성원의 직무가 종료하고, 채무자는 도산재단에 관한 처분권을 회복하며, 채권자들은 채무자에 대하여 다시 채권을 행사할 수 있다(도산법 제215조 제2항). 사후배당(Rdnr.351)은, 재단부족이 신고된 후 도산절차가 중지된 경우에만 가능하다(도산법 제211조 제3항).

8편
도산계획

364

§ 29: 계획의 내용

A. 기본원칙

도산절차는 일차적으로 집단적 채권만족을 위한 강제집행절차이다(Rdnr.1). 이러한 측면에서 보면, 도산법은 도산절차 참가자들이 임의로 그 적용을 거부할 수 없는 강행법규라고 할 수 있다. 그러나 이러한 생각은 도산법이 **채권자자치** 사상을 기초로 만들어졌다는 점(Rdnr.18)을 간과한 것이다. 채권자자치 사상은 충분한 근거가 있다. 지금까지 살펴 본 통상의 도산절차에서, 수많은 사업적, 경제적 결정들이 상당부분 예측을 근거로 하여 이루어진다. 이 경우 항상 최대한의 채권만족이라는 목적이 종국적으로 문제된다. 그리고 다음과 같은 질문 — 채무자의 사업이 회생되어야 하는지 청산되어야 하는지(Rdnr. 4 이하), 또는 채무자의 재산을 임의매각해야 하는지 강제환가해야 하는지(Rdnr.343 이하) — 이 문제된다. 이러한 결정과정을 형식적인 강제집행절차에 무리하게 밀어 넣거나, 도산관리인의 손에 전적으로 맡기는 것은 타당하지 않다. 오히려 도산절차 참가자들이 도산절차의 목적의 더 나은 실현을 위해 필요하다고 생각하는 경우 모두의 이익을 위해, 주어진 절차모델에서 벗어날 수 있는 틀이 제공되어야 한다. 365

도산법은 — 미국 연방파산법 제11장과 (강제)화의의 전통을 참조 366

하여 — 제217조 이하의 **도산계획**에 관한 규정에서 이러한 틀을 마련하고 있다. 도산법 제217조는 도산계획에서는 도산법규정의 적용을 배제할 수 있다고 — 즉 통상의 도산절차가 폐지되고 도산계획절차로 대체될 수도 있고, 통상의 도산절차가 수정 또는 보충될 수도 있다(이른바 절차를 주도하는 계획, 절차와 병행하는 계획) — 규정하고 있다. 도산계획은 별제권자와 도산채권자의 채권만족, 도산재단의 환가와 절차참가자들에 대한 배당, 그리고 도산절차 종료 후 채무자의 책임에 관해 정할 수 있다. 도산법 제1조 제1문은 채권만족의 실현을 위한 절차로서, 다른 절차들과 동일한 중요성을 갖는 절차로서 도산계획을 명시하고 있다. 채권자자치의 도구이기 때문에 도산계획의 법적 성격은 법률행위로 보아야 한다.[439]

367 도산법 제1조 제1문은 도산계획은 **사업의 유지**를 고려해야 한다고 강조하고 있다. 오늘날 도산계획은 소비자도산에서도 가능하다(Rdnr.478, 488). 그러나 도산계획의 중점은 사업의 회생 — 실무에서는 사업만의 회생[440]보다는 사업주체의 회생까지 포함한다 — 에 있다. 이러한 사업회생은 실제로는, 모든 참가자들의 참여와 협상에 기초하여 합의된 대책을 근거로 실현된다(Rdnr.413 이하). 그러나 도산계획은 회생도구일 뿐만 아니라, **청산**의 기초가 될 수도 있다(Rdnr.5). 경우에 따라서는 사업의 해체와 개별 재산의 환가가 — 이러한 절차가 법에 규정된 모델과 달리 실행된다면 — 회생보다 나을 수 있다. 즉, 도산법

---

439 BGH ZIP 2018, 1141 Rdnr.23("책임을 부담하는 채무자재산의 환가에 관하여 이루어진, 참여권의 가치가 완전히 보장된다는 전제 하에 이루어진, 공동참여권한을 갖는 당사자들 사이의, 사적자치에 기초한, 법률규정에 따른 합의"). 학설 중에는 도산계획을 채무자 즉 도산관리인과 채권자들 사이의 합의로 보는 견해도 있다. 또한 학설 중에는 도산계획을, "국가의 규범설정권한을 위임받은 사인들이 그 권한을 행사하여 설정한 일종의 법규범"으로 보는 견해도 있다. 그러나 국가가 위와 같은 위임권한을 갖고 있지 않으므로, 위 견해는 의문이다.

440 실무에서 사업의 회생은 통상, 도산관리인에 의한 양도형 회생의 방법으로 이루어진다. Rdnr.414, 434 이하 참조.

제217조 이하의 적용범위는 회생에 한정되지 않는다. 오히려 환가방법에 따라 *회생계획, 양도계획, 청산계획*으로 나눌 수 있다.

도산법 제217조 이하의 **규율대상**은 당연히 절차문제에 한정된다. **368** 즉 어떻게 도산계획을 마련할 것인지, 어떻게 도산계획이 성립되는지, 어떻게 도산계획이 실행되는지를 규율한다. 이에 반해 도산계획의 구체적 내용에 관해서는 법이 언급할 수 없다: 계획내용을 정하는 것은 참가인들이 할 일이다. 입법자는 외부의 틀을 사용할 수 있게 해주고, 법률에 따른 절차에서 벗어날 수 있게 허락해주는 것(도산법 제217조)까지 할 수 있을 뿐이고, 이를 초과하는 일을 할 수 없다.

도산법 제219조 제1문에 따르면 도산계획은 설명하는 부분과 형 **369** 성하는 부분으로 구성된다. 이러한 **분류**는 뒤에서 설명하는 의무공시와 함께 모든 참여자들에게 정보를 보장해야 한다. 이러한 정보의 보장이 이루어져야만, 제안된 도산계획을 승낙할 것인지를 결정할 때 결정에 대한 명확한 근거가 마련될 수 있다(도산법 제220조 제2항 참조). 이를 위해 *설명하는 부분*에서는 변경제안의 근거가 되는 개념들이 설명되고(Rdnr.370 이하), *형성하는 부분*에서는 참가인들의 법적 지위가 어떻게 바뀌는지 설명된다(Rdnr.375 이하).

B. 설명하는 부분

설명하는 부분에 담길 **내용**은 도산법 제220조가 규정하고 있다. **370** 제220조 제2항은 도산계획은 계획의 기초 및 효력에 관한 모든 설명으로서, 채권자들이 도산계획에 동의하고 법원이 이를 인가하는 데 필요한 모든 설명을 담고 있어야 한다고 규정한다.[441] 따라서 도산계

441 도산계획에 담겨야 할 내용이 빠져있고, 그 흠이 중대한 경우에는 도산계획의 인가(Rdnr.397)가 거절될 수 있다. BGH ZIP 2012, 187 Rdnr.9f.

획은 *재산상태, 재무상태, 수익상태*를 밝혀야 한다. 도산법은 이를 명시하고 있지 않지만,[442] 이러한 내용에 대한 조사가 없으면 (채권자나 법원이) 의미 있는 결정을 하는 것은 불가능할 것이다. 이러한 내용들이 도산계획에 대한 결정을 위한 기초사실에 속함은 명백하다.

371 *환가방법*에 관한 내용도 포함되어야 한다. 도산계획은 배당에 사용될 돈을 어떻게 마련할 것인지 밝혀야 한다. 따라서 도산계획은 우선 청산, 사업주체의 회생, 사업의 양도형 회생 중 어느 방법으로 재산을 환가할 것인지 밝혀야 한다(Rdnr.367). 그리고 도산계획은 환가관련 법조항과 다르게 환가를 할 것인지, 다르다면 어떻게 다르게 할 것인지를 밝혀야 한다. 가령 지체 없는 환가원칙(도산법 제159조)을 준수할 것인지, 아니면 사업을 임시적으로가 아니라(도산법 제157조 참조) 오랜 기간 계속 유지할 계획인지를 밝혀야 한다.

372 또한 계획된 변경이 앞으로 어떠한 효과를 가져올 것인지를 설명해야 한다. 이를 위해 도산계획은 도산계획이 없을 경우 채권자들이 어느 정도의 채권만족을 얻을 수 있는지 밝혀야 한다. 이러한 *비교계산*은 법에 명시되어 있지 않다.[443] 그러나 이러한 비교계산은 본질적인 결정근거에 속한다. 왜냐하면 채권자들은 상황이 더 악화되는 일을 시도하지 않는 것이 통상이기 때문이다(Rdnr.398 이하도 참조).

373 회생이 계획된 경우 당연히 *회생개념*이 서술되어야 한다. 회생개념에는 — 도산법 정부안 제262조가 명시적으로 밝히고 있었던 것처

---

442 도산법 제229조는 채권자들이 사업의 계속으로 발생할 수익으로부터 채권만족을 얻도록 하기 위해, 도산계획에 대한 첨부서류로서 도산계획이 효력을 발생한 이후 발생이 기대되는 *장래의* 재산상태, 수익상태, 재무상태에 관한 목록이 제출되어야 한다고 규정하고 있을 뿐이다.

443 정부입법안 제259 내지 262조는 설명하는 부분의 내용을 — 비교계산을 포함하여 — 더 자세히 규정하고 있었다. 그러나 하원 법률위원회는 이러한 입법안을 채택하지 않았다. 왜냐하면 제안된 도산계획에 대하여 동의를 얻고자 하는 자라면, 필요한 정보를 자발적으로 제공할 이해관계가 있기 때문이다.

럼 — 권리형태의 변경, 조합계약(Gesellschaftsvertrag)이나 정관의 변경, 자본참가관계(Beteiligungsverhältnisse)의 변경이 언급되어야 한다. 이를 위해 사단법인 독일공인회계사협회는 회생을 시도하는 과정에서 반드시 따라야 하는 것은 아니지만 종종 활용되는, 회생개념의 기준(IDW S6)을 공표하였다.

도산법 제220조 제1항에 따르면, 설명하는 부분에는, — 참여자들 **374**
의 권리를 도산계획에 따라 형성하는 근거를 만들기 위해 — 도산절차 개시 후 어떠한 조치들이 취해졌고, 취해져야 하는지 서술해야 한다. 이러한 조치로는 — 도산법 정부안 제258조 제2항이 예시하고 있는 것처럼 — 가령 *사업변경, 그 밖의 조직적·인사적 조치*들이 있다. 사업전체 또는 개별 사업부분이 이미 중단되었는지, 사업조직이 변경되었는지, 근로자들이 해고되었는지, 이러한 조치들이 계획되고 있는지를 밝혀야 한다. 이와 관련하여 *사회계획상 채권*에 관한 정보도 중요하다. 왜냐하면 이 채권들은 재단비용으로서 우선변제되어야 하기 때문이다(도산법 제123조 제2항 제1문, 제53조). 따라서 사회계획이 이미 성립되었는지, 성립되었다면 그 내용은 무엇인지, 종업원평의회와의 협상은 얼마나 진행되었는지 알려야 한다.[444] 또한 도산관리인이 체결한 *소비대차계약에 따른 채권*도 재단채권이므로(도산법 제55조 제1항 제1호), 도산계획에 관한 결정에서 중요한 의미를 갖는다.

C. 형성하는 부분

I. 개관

도산법 제221조에 따르면, 도산계획의 형성하는 부분에서는 절차 **375**

444 사회계획에 관해서는 도산법 제123조 및 Rdnr.176 이하, 180 참조.

참가자들의 법적지위가 도산계획을 통해 어떻게 변경되는지가 확정된다. 도산법 제221조의 맥락에서 **절차참가자들**은, 도산법 제217조가 밝히고 있는 것처럼, 별제권자, 도산채권자, 채무자 그리고 채무자에 자본참가를 한 출자자이다. 따라서 도산계획을 통해서는 환취권자나 재단채권자의 법적 지위가 침해될 수 없다. 제3자의 권리도 침해될 수 없다.[445] 그러나 이러한 사람들이 자발적으로 채무자 기업의 회생을 위해 기여를 하는 것은 가능하다. 가령 환취권자는 환취권의 목적물을 채무자가 사용하도록 허락할 수 있고, 재단채권자는 지급유예에 동의할 수 있으며, 제3자는 담보를 제공[446]할 수 있다. 그러나 이러한 기여는 도산계획을 통해 강제이행될 수 없고, 도산계획절차 외부에서 합의가 이루어져야 한다(그리고 도산계획의 설명하는 부분에 합의내용이 언급되어야 한다). 그러나 도산법 제249조에 따라, 이러한 기여가 이루어지는 것을 조건으로 한 도산계획을 마련하는 것은 가능하다(Rdnr.397).

376 참가자들은 원칙적으로 형성하는 부분의 내용을 자유롭게 결정할 수 있다. 도산계획에는, 참가자들이 처분할 수 있고, 관계자들로부터 승인을 받을 기회가 있는 모든 사항이 포함될 수 있다. 그러나 도산법은 참가자들의 권리를 확정할 때, — 채권자들이 서로 다른 법적 지위를 가지고 있는 경우에는 — **조**(**Gruppen**)를 만들도록 규정하고 있다. 도산법 제222조 제1항 제2문에 따르면, 도산계획에 따라 별제권자의 권리가 침해되는 경우에는(Rdnr.378) 별제권자(도산법 제49조 이하)를 위해 적어도 한 개의 조는 만들어야 한다. 그리고 도산채권자(도산법 제38조)를 위해, 후순위 도산채권자(도산법 제39조)로서 순위가 같은 자들을 위해(후순위 도산채권이 면제되지 않은 경우. Rdnr.382), 각각 적어도 한 개의 조를 만들어야 한다. 또한 채무자 회사에 자본참가한 자들을

445 보증인의 구상권에 미치는 영향에 관해서는 Rdnr.402 참조.

446 도산법 제230조 제3항(제3자가 도산계획의 인가를 위해 채권자들에 대한 의무를 인수한 경우, 도산계획에는 제3자의 의사표시가 첨부되어야 한다) 참조.

위해 — 그들의 지분권이나 사원권이 도산계획에 반영되어 있는 한 — 적어도 한 개의 조를 만들어야 한다(Rdnr.385). 그 밖에 근로자들이 도산채권자로서 상당부분 참여하는 경우에는, 근로자를 위한 조를 만들어야 한다(도산법 제222조 제3항 제1문). 한 조의 내부에서, 같은 종류의 경제적 이해관계를 갖는 채권자들로 구성된 하위 조를 구성하는 것도, 구체적 사안을 고려하여 공평하게 이루어지는 한 가능하다(도산법 제222조 제2항).[447]

조 편성 과정에서 **평등대우원칙**이 합리적으로 실현되어야 한다: 채권자들은 차별의 합리적 근거가 있으면 동일하게 취급하지 않고(도산법 제222조 제2항 제2문 참조), 다른 조에 편성될 수 있다. 같은 조 내에서 차별취급은 모든 관련 참가자들이 동의하지 않는 한 금지된다(도산법 제226조 제1, 2항).[448] 도산계획에 포함되지 않은 이익을 보장하는 일부 참가자들과의 특별합의는 도산법 제226조 제3항에 따라 무효이고, 이러한 흠은 참가자들의 사후 동의를 통해서도 치유될 수 없다. 377

Ⅱ. 별제권자의 권리

도산계획이 별제권을 제한하려면, **도산계획에 이 점을 명시**해야 한다(도산법 제223조 제1항). 이 규정은 조건부 권리인 별제권(피담보채권)은 도산계획이 없었다면 완전히 이행되었을 것이라는 생각에 기초한다. 도산계획이 없는 경우와 비교할 때, 도산계획으로 인해 더 불리 378

---

447 가령 도산채권자 조 내부에서 금액이 작은 도산채권자들은 전부변제하고, 금액이 큰 도산채권자들은 채권일부를 포기하는 내용의 도산계획이 마련된 경우, 하위 조로서 소액 도산채권자조와 다액 도산채권자조를 구성하는 것이 가능하다(도산법 제222조 제3항 제2문 참조). 그러나 이 경우 다액 도산채권자조 내부에서 법상 요구되는 다수의 동의를 얻지 못할 위험이 있다(Rdnr.395 참조).

448 여기서 "관련되었다"는 것은 통상 그 조의 모든 구성원들을 뜻한다. 한 조의 구성원(들)이 다른 구성원들보다 우대되었다는 것이 명백한 경우에는, 불이익을 입은 구성원만이 "관련된" 구성원에 해당한다.

해지는 채권자는 도산계획의 유효한 성립을 저지할 수 있으므로(도산법 제251조; Rdnr.398), 별제권을 제한하려는 시도는 종종 포기된다. 그러나 다른 한편으로는, 별제권자에게 ① 수익을 담보로 제공할 수 있거나 ② 사업을 계속한다면(이를 위해서는 담보물을 사용해야 한다!) 적어도 담보물을 지금 환가할 경우 변제받을 수 있는 금액만큼은 보장할 수 있다면, 별제권자가 양보할 준비가 되어 있거나 도산계획을 통해 더 불리해지지 않는 상황이 있을 수 있다.

379 **별제권의 제한**방법은 다양하다. 도산계획은 피담보채권을 감축하고 ① 이를 통해 확보된 환가대금을 도산재단을 위해 사용하거나, ② 환가대금 중 일정비율을 미리 도산재단을 위해 유보하도록 정할 수 있다. 피담보채권의 지급을 유예하거나 환가절차를 연기하도록 정할 수도 있다. 또한 ① 별제권자가 자신의 권리를 "Pool"에 집어넣고 그 풀 안에서 비례적으로 만족을 얻거나, ② 별제권을 다른 담보권으로 대체한다고 정할 수도 있다. 이러한 모든 조치는 도산계획의 형성하는 부분에 자세히 표시되어야 한다(도산법 제223조 제2항).

380 물권적 권리변경을 위해 필요한 **의사표시**는 도산법 제228조에 따라 도산계획에 포함시킬 수 있다. 이러한 의사표시는 도산계획을 작성하는 사람이 포함시킨다. 도산계획이 유효하게 성립하면(Rdnr.401), 그 의사표시는 — 비록 "의사표시를 하는 사람"이 실제로 그 의사를 표시하지 않았거나 심지어 도산계획에 반대한 경우에도(도산법 제254b조) — 형식에 맞게 이루어진 것으로 본다(도산법 제254a조). 가령, 질권의 포기(민법 제1255조), 담보물의 반환에 관한 물권적 합의(민법 제929조)가 도산계획을 통해 이루어질 수 있다. 토지에 관한 법률행위의 경우 민법 제873조에 따른 물권적 합의뿐만 아니라, 토지등기법 제19조에 따른 승인도 도산계획에 포함될 수 있다.[449]

---

449 민법 제925조 제1항 제3문에 따르면, 민법 제925조가 요구하는 물권적 합의의 형

Ⅲ. 도산채권자의 권리

일반적으로 도산계획은 일차적으로 도산채권자(후순위 도산채권자가 아닌 도산채권자)의 권리에 대해 언급한다. 도산계획상 그들의 채권은 대부분 감축되거나[450] 그 행사가 유예되고, 장래의 수익으로부터 변제가 이루어질 것이 예정되기도 한다. 그 밖에 이자의 면제, 변제기가 장기인 소비대차계약상 채권으로의 전환, 출자전환(도산법 제225a조 제2항 제1문; Rdnr.385)도 고려될 수 있다. 이러한 모든 조치들은 도산법 제224조에 따라 도산계획의 형성하는 부분에서 언급되어야 한다. 또한 담보나 그 밖의 규정[451]을 통해 (도산채권자들의) 권리가 제한된 경우 이를 보상하는 조치도, 도산계획의 형성하는 부분에서 언급해야 한다. 도산채권자들이 하나의 조에 속하지 않고 여러 개의 조에 편성된 경우에는, 각 그룹을 차별취급할 수 있다(Rdnr.377). 381

Ⅳ. 후순위 도산채권자의 권리

후순위 도산채권자의 권리(Rdnr.83)가 경제적 관점에서 도산계획을 통해 침해되는 상황은 거의 발생하지 않는다. 왜냐하면 이러한 채권자들은 통상 배당절차에 참가할 수 없기 때문이다(Rdnr.354). 따라서 도산법 제225조 제1항은, 후순위 도산채권자의 채권은 — 벌금에 관한 청구권을 제외하고는[452] — 도산계획이 달리 정하지 않는 한 면제된 382

식(Auflassung)은 도산계획에 그 의사표시가 포함되면 갖추어진 것으로 본다. 이에 반해 등기신청 및 등기는 도산계획이 효력을 발생한 이후에야 비로소 가능하다.

450 Rdnr.382 참조. 도산법은 감축비율의 하한선을 규정하고 있지 않다. 그러나 도산계획이 없었더라도 만족을 얻을 수 있었던 비율조차 보장하지 못하는 도산계획은 사실상 실현되기 어려울 것이다(도산법 제245조 제1항 제1호 참조).

451 도산계획의 이행을 감독하는 기간 동안 체결된 금전소비대차계약상 채권은 기존의 도산채권보다 선순위가 될 수 있다. Rdnr.410 참조.

452 도산법 제225조 제3항, 제39조 제1항 제3호; Rdnr.462 참조.

것으로 본다고 규정하고 있다. 도산계획이 그와 달리 규율한 경우에 한해, 후순위 도산채권자들의 각자의 순위에 따라 조가 편성된다(도산법 제222조 제1항 제2문 제3호; Rdnr.376). 도산계획은 형성하는 부분에 이 권리들에 관해 통상의 도산채권자의 경우와 마찬가지로 상세히 언급해야 한다(도산법 제222조 제2항).

V. 채무자의 법적 지위

383 도산계획은 종종 도산채권자들은 지정된 기간 내에 자신들의 채권 중 일정 비율에 관하여 만족을 얻는다고 규정한다. 도산법 제227조는 도산계획에서 달리 정하지 않는 한, 채무자와 개인적으로 책임을 지는 지분권자는 — 도산계획상 권리변경의 대상이 되는 도산채권에 관하여(신고를 하지 않아 도산계획에 포함되지 않은 도산채권이 면책되는 것이 아니다. 우리법과 이 점에서 다르다. 역자 주) — 잔존채무로부터 면책[453]된다고 규정하고 있다. 도산계획은 이와 달리 규정할 수 있다. 달리 정하지 않으면 위 규정은 최종적 규정이 되고, 이에 따라 사후(事後)채권(Rdnr.359)과 지분권자의 책임에 대한 청구권(Rdnr.239)은 포기한 것이 된다. 도산계획은 이러한 방식으로, 추가절차를 거치지 않고 또한 도산법 제286조 이하의 요건(Rdnr. 446 이하)과 관계없이, 채무자를 면책시킬 수 있다.[454]

384 채무자의 법적 지위는 도산계획의 형성하는 부분이 **도산계획 이**

453 잔존채무를 자연채무로 만든다는 취지이다. 그러나 도산계획에서 그와 달리 — 즉, 실체법상 채권이 소멸한다고 — 규정할 수 있다(역자 주).

454 도산계획이 없었더라면 채무자가 도산법 제286조 이하에 따라 잔존채무면책을 받을 수 있는 상황이라면, 항상 잔존채무면책을 하는 것이 바람직하다. 채무자 또한 도산계획이 없었던 경우와 비교해 도산계획을 통해 더 불리한 상황에 놓여서는 안 된다(도산법 제247조 제2항 제1호 참조), 만약 채무자가 더 불리한 상황에 놓인다면(즉, 도산계획으로 인해 잔존채무면책을 받을 수 없게 된다면), 채무자는 이의를 제기함으로써 도산계획의 인가를 저지할 수 있을 것이다.

행의 감독에 관해 규정한 경우에도, 영향을 받을 수 있다(도산법 제260조 이하). 이에 관해서는 뒤에서 살펴본다(Rdnr.407 이하).

Ⅵ. 지분권자의 법적 지위

원래 채무자회사에 자본참가를 한 자의 권리는 도산계획의 규율 대상이 아니었다. 이러한 법상황은 "기업회생의 추가 원활화를 위한 법률"(Rdnr.16)을 통해 2012. 5. 1.부터 변경되었다. 현 도산법 제225a조는 도산계획에 지분권자를 포함시키는 것을 허용하고 있다. 이 경우 주로 출자전환(도산법 제225a조 제2항 제1문 참조)이 고려된다. 출자전환의 경우 도산채권자의 채권이 회사법상의 자본참가로 전환되고, 이에 따라 기존 지분권자의 지분비율은 감소한다. 이외에도 회사법상의 다른 모든 조치들이 도산계획에 담길 수 있다. 가령 법적 형태의 변경, 자본감소(Rdnr.428), 현물출자, 도산절차의 개시로 해산된(Rdnr.158) 회사에 대한 회사가 계속되고 있다는 결정(Fortsetzungsbechluss), 지분권의 양도 및 양도담보[455](도산법 제225a조 제2, 3항). 385

§30: 계획절차

386

A. 제안권

도산법 제218조 제1항 제1문에 따르면 도산계획의 제안권은 **도산** 387

455 유한책임회사법 제15조 제3항에 따라 요구되는 공정증서는, 도산계획에 양도 및 양도담보가 포함됨으로써 갖추어진 것으로 본다. 도산법 제254a조 제2항(Rdnr.401) 참조.

관리인과 **채무자**만이 갖는다. 개별 채권자들은 제안권이 없다. 그러나 채권자들은 보고기일(Berichtstermin)에 채권자집회의 결의에 따라 도산관리인에게 도산계획을 작성할 것을 위탁할 수 있다(도산법 제157조 제2문). 또한 채권자협의회는 도산관리인이 도산계획을 수립하려 하거나 수립해야 하는 경우, 도산계획수립과정에 참여한다.

B. 절차

Ⅰ. 계획의 작성

388 제안된 계획은 이를 제안하려는 사람이, 즉 도산관리인이나 채무자가 작성한다. 도산관리인이 도산계획을 수립하는 경우, 채권자협의회(Rdnr.387 참조) 뿐만 아니라 종업원평의회, 임원들의 대표자위원회, 채무자도 조언자로서 참여할 수 있다(도산법 제218조 제3항).

Ⅱ. 제안

389 도산법 제218조 제1항 제1문에 따르면 도산계획을 제안하는 **상대방**은 우선 도산법원이다. 제안**기간**은 정해져 있지 않다. 그러나 종결기일(Rdnr.350)이 지나서 도산법원에 제출된 도산계획은 고려될 수 없다(도산법 제218조 제1항 제3문). 채무자는 도산절차 개시 신청을 하면서 도산계획을 제출할 수 있다(도산법 제218조 제1항 제2문). 도산관리인은, 도산절차개시 전에 미리 도산계획을 준비하지 못한 경우에는, 통상적으로 빨라도 보고기일에야 도산계획을 제안할 수 있다. 보고기일에서 채권자집회는 도산관리인에게 도산계획을 작성할 것을 위탁할 수 있다(Rdnr.387).

Ⅲ. 도산법원에 의한 심사

도산법원은 도산법 제231조에 따라, 도산계획을 제출한 자가 제출권이 있는지(Rdnr.387), 제출된 계획이 도산계획의 내용에 관한 규정(Rdnr.365 이하)을 준수하였는지 여부를 심사한다. 심사를 통과하지 못하였고 그러한 흠이 적절한 기간 내에 제거될 수 없는 경우에는, 도산계획이 **기각**된다. 채무자가 제출한 도산계획에 대하여 채권자들이 승인하거나(Rdnr.392) 법원이 인가할(Rdnr.397) 가능성이 명백히 없는 경우에도, 그 계획은 기각된다. 도산계획의 형성하는 부분에 따라 참가자들에게 귀속된 청구권(Rdnr.375)이 이행될 수 없음이 명백한 때, 또는 채무자의 도산계획이 이미 기각된 적이 있을 때(도산법 제231조 제2항)에도 도산계획은 기각된다. 기각은 결정의 형식으로 이루어지고, 이 결정은 즉시항고를 통해 취소할 수 있다(도산법 제231조 제3항). 390

도산계획이 **기각되지 않으면**, 법원은 이 계획을 채권자협의회와 채무자 및 도산관리인에게 송부한다(채무자 및 도산관리인에 대한 송부는 이들이 그 계획을 제출하지 않은 경우에 한한다)(도산법 제232조 제1항). 또한 도산계획은 열람을 위해 도산법원 사무국에 게시된다(도산법 제234조). 도산관리인이 이미 환가 또는 심지어 배당절차를 개시한 경우, 법원은—추가 환가 및 배당이 이루어진다면 도산계획의 실행이 위험해지는 상황이라면—도산법 제233조에 따라 이러한 절차의 중지를 명한다. 391

Ⅳ. 채권자들에 의한 계획의 승인

규율의 근거인 도산계획은 채권자들의 결정을 통해 정당성을 부 392

여받아야 한다. 이를 위해 법원은 **설명기일과 투표기일**을 정한다. 이는 특별한 채권자 집회로서, 이 집회에서는 우선 도산계획과 채권자들의 투표권에 대한 설명이 이루어진다(도산법 제235조). 설명기일과 투표기일은 일러도 조사기일(Rdnr.333)과 함께 열려야 한다(도산법 제236조). 설명과정에서 도산계획 제안자는 계획을 승인받기 위해 자신이 제안한 계획을 수정할 수 있다(도산법 제240조).

393 설명에 이어서 투표가 — 설명기일과 동일기일(도산법 제235조) 또는 별도의 기일(도산법 제241, 242조)에 — 이루어진다. 도산계획의 형성하는 부분에서 확정된 각각의 조(Rdnr.376)에서 투표가 이루어진다. 도산계획의 형성하는 부분에서 언급된 모든 채권자들로서 그들의 채권이 도산계획을 통해 영향을 받는 채권자들(도산법 제237, 238조), 그리고 경우에 따라서는 지분권자들이(도산법 제238a조) **투표권**을 갖는다. 다툼이 있는 채권의 채권자는, 관리인과 투표권을 갖고 있는 것으로 드러난 다른 채권자들이 합의한 경우, 또는 법원이 투표를 허락한 경우에만, 투표할 수 있다(도산법 제237조 제1항 제1문, 제238조 제1항 제3문, 제77조 제2항). 투표권은 법원사무국 서기에 의해 투표자목록으로 확정된다(도산법 제239조).

394 모든 조(다수의 조가 아니다!)가 동의하고 **각 조에서 동의하는 채권자의 숫자와 그 채권액 합계가 모두 과반에 달하는 경우**, 도산계획은 승인된다(도산법 제244조).[456] 즉, 투표한 조구성원들 중(기권한 구성원은 포함되지 않는다) 과반수가 도산계획에 동의하고, 동의한 채권액 합계가 투표한 조구성원들 모두의 채권액 합계의 과반수에 달할 때, 그 조가 동의한 것이다.

---

456 별제권자의 경우, 다음과 같은 경우에만 도산채권자로서 투표권이 있다. ① 채무자가 별제권자에 대하여 책임뿐만 아니라 채무를 부담하고 있고, ② 별제권자가 별제권을 포기하였거나 별제권으로 우선변제를 받지 못하는 채권부분이 존재하는 경우(도산법 제237조 제1항 제2문). Rdnr.306도 참조.

그러나 도산법 제245조에 따르면 **저지금지**(Obstruktionsverbot. 도산계획이 불승인되는 것을 막는 제도) — 경제적으로 의미 있는 도산계획이 개별 채권자나 지분권자의 반대로 인해 승인되지 못하는 것을 막는 장치 — 가 존재한다: 조 내부에서 과반수 요건이 충족되지 않는 경우에도, ① 그 조의 구성원들이 도산계획을 통해 도산계획이 없을 때보다 불리해지지 않고(가치유지원칙),[457] ② 그 조의 구성원들이 환가대금에 '적절하게 참여'하는 경우(동등대우원칙)에는, 그 조의 동의가 있는 것으로 본다. 또한 다수의 조가 그 도산계획에 실제로 동의해야 한다(도산법 제245조 제1항 제3호).[458] 위 요건에 따르면, 어느 조에서의 도산채권자들에 대해서는 10%의 변제율(도산계획이 없고 통상의 도산절차가 진행되었더라면 적용되었을 변제율도 10%이다)이 적용되고, 다른 조의 도산채권자들에 대해서는 15%의 변제율이 적용되는 경우, 10%가 적용되는 조의 부결은 저지금지를 통해 극복될 수 없다. '적절한 참여' 요건이 충족되지 않기 때문이다(도산법 제245조 제2항 제3호).[459] 다른 395

---

457 이 요건은 도산법 제237조 제2항의 요건과 다르다: 도산계획이 채권자의 권리에 영향을 미치지 않으면, 그 권리에 대해서는 더 이상 검토할 필요가 없다. 그러한 채권자는 도산계획에 대한 투표권이 없다(도산법 제237조 제2항; 가령 도산계획이 해당 채권의 전액변제를 예정하고 있는 경우). 그러나 도산계획이 채권자의 권리에 영향을 미치는 경우, 도산계획을 통해 통상의 도산절차와 비교해 채권자의 지위가 더 악화되지 않는지 검토해야 한다; 채권자의 지위가 더 악화되지 않는다면 채권자의 도산계획에 대한 이의제기는 의미가 없을 수 있다(도산법 제245조; 가령 도산계획이 10%의 변제율을 예정하고 있고, 통상의 도산절차를 거칠 경우에도 10%의 변제율이 예상되는 경우).

458 따라서 도산계획이 하나의 조만 예정하고 있는 경우에는 저지금지가 적용될 수 없다.
(역자 주) 우리 채무자회생법상 강제인가를 위해 이러한 요건은 필요하지 않다(채무자회생법 제244조). 가치유지원칙과 동등대우원칙이 충족되었음에도 불구하고 굳이 과반수 조의 동의를 추가로 요구하는 것이 타당한지 사견(私見)으로는 의문이다. 독일에서도 과반수 조의 동의를 요건으로 하는 것에 비판적 견해가 있다. KPB/Pleister, InsO §245 Rz.37−39.

459 (역자 주) 도산법 제245조 제2항 제3호에 따르면, 도산계획이 없었더라면 부결된 조의 채권자들과 동순위에 놓였을 채권자들이, 도산계획을 통해 부결된 조의 채권자들보다 더 유리한 지위에 놓이게 된다면, 적절한 참여 요건이 충족되지 않는

조에 속한 동순위 채권자의 불평등한 취급은, 불리한 취급을 받는 조가 다수결로 이 취급을 승인한 경우에만 유효하다.

Ⅴ. 채무자의 동의

396 도산법 제247조에 따르면 채무자도 도산계획에 동의해야 한다. 채무자가 늦어도 투표기일까지 이의를 제기하지 않으면, 동의한 것으로 본다(도산법 제247조 제1항). 채무자가 도산계획이 없는 경우보다 불리해지지 않고,[460] 도산계획으로 인해 도산계획이 없을 때와 비교해 더 많은 변제를 받는 채권자가 없는 경우에는, 적시에 제기된 채무자의 이의도 고려되지 않는다(도산법 제247조 제2항).

Ⅵ. 법원의 인가

397 채권자와 채무자가 도산계획에 동의하면, 도산법원이 그 계획을 인가해야 한다(도산법 제248조). 이 경우 도산법원은 종전에 이루어진 사전심사(도산법 제231조; Rdnr.390)에 구속되지 않는다. 인가결정은 법관(Rdnr.54)이 한다. 법원의 인가는 우선, 도산계획에 포함된 인가요건들이 충족되었음을 전제로 한다(도산법 제249조). 가령 도산계획은 임대인이 차임감액에 동의하였을 경우 또는 추가담보가 제공되었을 경

다. 이러한 요건으로 인해 도산계획에서 상거래채권자를 금융채권자보다 우대하고 있는 경우, 금융채권자조에서 도산계획이 부결되면 강제인가가 불가능하다. 이러한 요건은 입법론의 관점에서 문제가 있다고 지적되고 있다.
또한 도산법 제245조 제2항 제2호에 따르면, 도산계획이 없었더라면 부결된 조의 채권자들보다 후순위에 놓였을 채권자, 채무자, 채무자에 대한 지분권자가 도산계획을 통해 경제적 가치가 있는 급부를 수령하는 경우에도, 적절한 참여 요건이 충족되지 않는다. 이는 절대우선원칙을 천명한 것이다.

460 Rdnr.399 참조.

우 그 효력이 발생한다고 정할 수 있다(Rdnr.375). 그 밖에 법정인가요건이 있다. 우선 **이의제기에서 자유로운 절차**(einwandfreies Verfahren)가 요구된다: 도산계획의 내용이나 도산계획절차에 관한 규정들의 중대한 위반/치유할 수 없는 위반이 존재하면 안 된다. 도산계획은 참가자들에 의해 도산법 제235조 이하의 기준에 따라 승인되어야 한다. 도산계획의 승인은, 투표권매수(Stimmenkauf. 가령 참가자들을 도산계획에서 유리하게 취급해주는 대가로 참가자들의 승인을 받아내는 방식. 도산법 제250조)와 같은 부정한 방법으로 이루어져서는 안 된다.[461]

또한 도산법 제251조는 **소수자보호**를 보장하고 있다: 도산계획에 398
대한 법원의 인가는, 채권자나 지분권자가 그 계획에 대하여 늦어도 투표기일까지 명확히 이의를 제기하였고, 그들이 이 계획을 통해 이 계획이 없었을 때보다 더 나빠질 것임을 소명한 경우,[462] 채권자나 지분권자의 신청으로 거절될 수 있다. 즉 도산법은 도산계획과 관계된 권리에 대하여 그 권리의 가치를 보장하고 있다: 모든—투표권이 없는 자도 포함—채권자나 지분권자는 이의제기 및 도산법 제251조에 따른 신청을 통해, 도산계획이 진행됨으로 인해 자신이 법에 규정된 절차에 따라 재산환가절차가 진행될 경우 받는 것보다 덜 받는 것을 막을 수 있다. 그러나 도산계획은 이러한 쟁송(爭訟)성 이의에 대처하기 위해, 도산계획의 형성하는 부분에 참가자들이 덜 받는 경우를 대비한 확실한 변제자원(資源)을 마련해 놓음으로써, 이러한 이의제기를 예방할 수 있다; 이 경우 도산계획은 인가되고, 이의가 있는 참가자들은 위 변제자원으로부터 보상을 요구해야 한다(도산법 제251조 제3항).

도산법 제251조 제1항 제2호는 도산법 제245조 제1항 제1호, 제 399
247조 제2항 제1호와 동일한 기준을 갖고 있다. 실무에서 상황이 더

461 Rdnr.377 참조.

462 채권자나 지분권자가 더 악화된 상태에 놓일 것이라는 점에 대하여 다툼이 없는 경우, 소명은 필요하지 않다. BGH ZIP 2009, 480 Rdnr.22.

나빠졌다는 것을 **확정하는 것**은 매우 어렵다. 왜냐하면 (도산계획이 아니라) 법이 정한 절차에 따라 환가할 경우의 환가대금을 항상 확실히 예측할 수는 없기 때문이다. 따라서 법원은 도산계획 자체에서 이 요건충족 여부를 미리 언급하도록 요구해야 한다(Rdnr.372). 또한 관련된 채권자들에 의한 소명도 도움이 될 수 있다(도산법 제251조 제2항).

400 도산법원은 **결정**(Beschluss)으로 인가 여부를 결정하고, 이 결정은 투표기일 또는 최대한 빨리 지정되어야 하는 고지기일에 공포된다(도산법 제252조 제1항). 이 결정에 대해서는 도산법 제253조에 따라 오로지[463] 제253조에서 언급된 항고권자들만이, 제253조에서 언급한 사유가 있는 경우에 한해 즉시항고를 제기하여 결정을 취소시킬 수 있다. 도산계획의 실행이 지체됨으로 인한 불이익이 항고인들의 불이익보다 크기 때문에 도산계획이 즉시 효력을 갖는 것이 더 중요한 경우에는, 1심법원은 도산법 제253조 제4항에 따라 즉시 위 항고를 기각할 수 있다(이 경우 항고인들이 도산재단에 대하여 2차적 청구권을 행사할 수 있다).

Ⅶ. 효력

401 인가결정이 확정되는 즉시, 도산계획의 형성하는 부분에서 정한 효력이 모든 이해관계인들에 대하여 발생한다. 이러한 효력발생은 이해관계인들이 도산절차에 참가하였는지 여부와 무관하다(도산법 제254조 제1항, 제254b조).[464] 채권자들의 **채권**은 면제되거나[465] 그 지급이 유

463 도산관리인은 항고를 제기할 권한이 없다. BGH ZIP 2009, 480 Rdnr.7ff.

464 그러나 신고를 하지 않아 나중에야 알려진 채권은 도산계획에 따른 계산의 정당성을 의문스럽게 만들 수 있다. 따라서 도산법 제259a조는 이러한 채권자의 강제집행에 대비한 보호를 신청할 수 있도록 정하고 있다. 또한 도산법 제259b조는 신고를 하지 않은 채권에 대하여 특별히 짧은 소멸시효기간을 정하고 있다.

465 채권자가 도산계획에서 정한 것보다 많이 변제받은 경우, 그는 원래 채권의 액면가까지는 받은 것을 보유할 수 있다(도산법 제254조 제3항). 도산계획에도 불구하고 수령된 급부에 대한 법적 원인을 구성하는 자연채무가 계속 존재하는 것이다.

예되고(Rdnr.381), 도산계획에서 정한 **의무**(가령, 별제권자들이 담보물을 "담보풀"에 집어넣거나, 담보물을 도산재단에—도산재단의 사용을 위해—인도할 의무. Rdnr.379)가 발생한다. 처분을 위해 필요한 **의사표시**, 회사법적으로 요구되는 결정, 그 밖의 의무부담의 의사표시는, 이들이 도산계획에 담겨있는 한, 형식에 맞게 그리고 유효하게 이루어진 것으로 본다(도산법 제254a조; Rdnr.380).

도산계획에 의해 자신의 채권이 제한되는 채권자들은, 제3자에 대한 **책임청구권**(**Haftungsansprüche**, **인적책임청구권과 물적책임청구권**)은 여전히 종전과 동일한 범위로 보유한다(도산법 제254조 제2항 제1문). 예를 들어 제3자가 채권자의 채권을 위해 보증을 한 경우, 채권자는 보증인에 대하여 채무자가 원래 지급해야 할 금액전부를 청구할 수 있다. 채권자가 보증인에게 도산계획에서 확정된 액수만 청구할 수 있는 것이 아니다. 이에 반해 보증인의 채무자에 대한 구상권은 도산계획에서 정해진 금액으로 감축된다(도산법 제254조 제2항 제2문). 왜냐하면 그렇지 않으면 도산계획에서 의도된 규율이 무력화되기 때문이다. 보증인은 이처럼 제한된 구상권으로 인해 종전보다 더 나쁜 상황에 놓이는 것이 아니다. 왜냐하면 도산계획이 없었더라도 보증인은 자신의 구상권 중 일부의 만족만 얻을 수 있었기 때문이다. 제3자의 재산 위에 설정된 또는 가등기로 확보된, 물적 담보도 도산법 제254조 제2항에 따라 영향을 받지 않는다. **402**

Ⅷ. 절차의 폐지

인가결정이 확정된 후 도산관리인은 다툼이 없고 변제기가 도래한 재단채무를 변제하고, 다툼이 있거나 아직 변제기가 도래하지 않은 재단채무에 대해서는 담보를 제공해야 한다(도산법 제258조 제2항). **403**

그 후 도산법원은 절차의 폐지를 결정하고(도산법 제258조 제1항), 이 결정은 공시된다(도산법 제258조 제3항). 도산절차의 폐지와 함께 도산관리인과 채권자협의회 구성원의 직무는 소멸하고, 채무자는 도산재단에 대한 처분권을 회복한다(도산법 제259조 제1항).[466]

C. 계획의 이행

Ⅰ. 실행

404 도산계획에서 규율된 청구권의 이행은 다시 처분권을 회복한 채무자의 임무이고, 이미 직무가 소멸한 도산관리인의 임무가 아니다(Rdnr.403 참조). 채무자로 하여금 의무를 이행하도록 하기 위해, 도산법 제255조 이하는 이른바 **재생**(**再生**)**조항**이라는 상당한 압박수단을 규정하고 있다: 채권자표에 기재되었고 변제기가 유예되었거나 그 중 일부가 면제된 채권의 이행에 관하여, 채무자가 상당한 연체에 빠진 경우, 채권자가 문서로 최고하고 채무자에게 최소한 2주의 연장기간을 부여하였다면, 그 기한유예나 면제는 해당채권자에 대하여 효력을 상실한다(도산법 제255조 제1항). 이 결과는 법률의 규정에 따라 발생하는 것이고, 도산계획에 명시적으로 규정되어 있을 필요가 없다.[467] 또

466 Rdnr.358도 참조. 그러나 도산절차 폐지시점에서 부인소송절차가 계속 중이고 도산계획에서 도산관리인에게 그와 같은 권한을 부여한 경우에는, 도산관리인이 부인소송절차를 끝까지 수행할 수 있다. 이 경우 도산관리인은 도산절차폐지 후 다시 처분권을 회복한 채무자를 위한 임의적 소송담당자로서 소송을 수행하는 것이다. 또 다른 방법으로는 도산계획을 통해 부인권의 피보전채권을 도산관리인에게 신탁적으로 양도하는 방법이 있다; 도산법 제254a조 제1항(Rdnr.380, 401)에 따르면, 이러한 채권양도는 도산계획의 인가결정이 확정되면 효력이 발생한다.

467 따라서 "재생'*조항*'"이라는 표현은 잘못된 것이다. 그러나 도산계획은 채무자를 위해 이러한 법률규정이 적용되지 않는다는 취지의 조항을 둘 수 있다(도산법 제255조 제3항).

한 이러한 결과발생을 위해 채권자의 "해제의 의사표시"가 필요한 것도 아니다. 도산계획이 모두 이행되기 전에 채무자재산에 대하여 새로운 도산절차가 개시된 경우, 모든 채권자들에 대하여 기한유예나 면제가 그 효력을 상실한다(도산법 제255조 제2항).[468]

도산법 제257조에 따르면 자신의 채권이 확정되었고 채무자가 심사기일에서 채권을 다투지 않은 채권자들은 도산계획을 근거로 **강제집행**을 할 수 있다. 강제집행은 채무자에 대해서뿐만 아니라, — 도산법원에 서면상의 의사표시를 함으로써, 선소의 항변(Einrede der Vorausklage)을 유보하지 않은 채 채무자와 함께 도산계획 이행을 위해 의무를 인수한 — 연대채무자, 보증인, 비부종적 보증인, 그 밖의 제3자에 대해서도 가능하다(도산법 제257조 제2항). 이에 반해 채권자들이 도산계획을 근거로 발생한 급부의무를 지는 경우, 채무자는 이 도산계획을 가지고 강제집행을 할 수 없다. **405**

사례 : 질권자가 도산계획에 따라 질물을 포기할 의무를 부담하게 되었다. 인가결정이 확정되면, 질권의 포기를 위해 민법 제1255조에 따라 요구되는 의사표시는 도산계획에 그 의사표시가 포함됨으로써 이루어진 것으로 본다(도산법 제254a조 제1항; Rdnr.401). 채권자가 그 목적물을 임의로 반환하지 않는 경우, 채무자는 민법 제985조에 따라 반환을 청구해야 한다. 도산계획을 가지고 반환의 강제집행(민사소송법 제883조)을 할 수 없다. **406**

468 그러나 도산법 제255조의 효력은 기한유예와 일부면제의 효력이 발생하지 않는 것에 그친다. 도산계획에 따른 이행을 채무자가 지체했다고 해서, 폐지된 도산절차가 계속되지 않고, 그 밖의 도산계획의 효력(가령 자본참가관계의 변경)이 영향을 받지도 않는다.

Ⅱ. 계획이행의 감독

407 도산법 제260조에 따라 도산계획의 형성하는 부분에, 도산계획의 이행은 채무자의 비용으로(도산법 제269조)[469] 감독된다고 규정할 수 있다. 채무자가 사업을 계속하고 채권자들은 그에 따른 수익으로부터 채권만족을 얻어야 하는 경우, 이러한 감독이 특히 필요하다. 감독은 절차폐지 결정(Rdnr.403)과 함께 공시된다(도산법 제267조). 도산계획이 달리 정하지 않는 한,[470] 감독은 **도산관리인의 임무**이다(도산법 제261조). 도산법원과 채권자협의회 구성원은 이러한 도산관리인을 감독한다. 이를 위해 도산관리인과 채권자협의회 구성원의 직무는 절차폐지에도 불구하고 존속한다(도산법 제261조).

408 도산관리인의 권한은 단순히 **감독하는 통제**에 그친다. 채무자의 권리자체를 특별히 제한하는—가령 사업의 운영—권한은 갖고 있지 않다.[471] 도산관리인은 단지 채무자가 계획을 제대로 이행하는지 심사한다. 제대로 이행하지 않은 경우, 도산관리인은 이를 신속히 채권자협의회와 도산법원에 알려야 한다(도산법 제262조). 채권자와 법원은 가급적 빨리 위와 같은 사실을 알 필요가 있다. 채권자와 법원이 계획불이행 사실을 빨리 알아야, 재생조항의 요건이 충족되었는지(Rdnr.404), 강제집행을 할 것인지(Rdnr.405), 새로운 도산절차를 개시해야 하는지를 판단할 수 있다.

409 계획이행의 감독은 채무자가 도산절차의 폐지와 함께 다시 처분권을 회복하였다는 사실에 원칙적으로 변화를 가져오지 않는다. 그러

469 이는 더 이상 "재단비용"이 아니다. 왜냐하면 도산절차가 폐지되었기 때문이다. 도산재단은 더 이상 존재하지 않는다. 계획이행의 감독이 도산절차 종료라는 사실을 바꿀 수 없다.

470 감독에 관한 규정은 임의규정이다. 이 규정은 도산계획이 감독에 관하여 규정한 경우에만 적용된다.

471 이에 대한 예외로는 Rdnr.409 이하 참조.

나 도산계획은 **동의유보**를 규정할 수 있다. 즉 도산계획은 감독기간 동안 채무자의 특정 법률행위는 도산관리인의 동의를 받아야만 유효하다고 규정할 수 있다(도산법 제263조 제1문). 동의유보가 존재하는 경우, 채무자의 처분권과 채무자에 대한 급부는 도산절차에서와 마찬가지로 효력이 없다(도산법 제263조 제2문. 제81조 제1항, 제82조; Rdnr.163 이하).

도산계획은 종종 채무자의 사업을 회생하기 위해 수립된다. 이를 위해서는 회생신용이 필요하다. 그러나 신용기관은 곧장 이러한 신용을 제공하려 하지 않고, 담보를 요구한다. 도산계획에서 계획이행의 감독을 지정하고, 그와 동시에 도산법 제264조 이하에 따라 **신용의 기본틀**(Kreditrahmen)을 지정하면, 은행에게 일종의 담보를 제공하는 것이 가능하다. 도산채권자들은 이러한 신용의 기본틀을 승인함으로써, 감독기간 동안 두 번째 도산절차가 필요한 상황에 이르면(도산법 제266조), 특정 금액의 한도(이 한도는 채무자재산의 가치를 초과하면 안 된다)까지 후순위로 갈 준비가 되었다는 의사표시를 한 것이다. 이와 같은 후순위로 가겠다는 의사표시는 감독기간 동안 채무자에게 소비대차나 그 밖의 신용을 제공한 자들을 위해 이루어진 것이다(도산법 제264조 제1항). 그러나 채무자와 신용제공자 사이에, 그의 채권이 신용의 기본틀 내에 속한다는 점이 명시적으로 합의되어야 한다(도산법 제264조 제2항). 이 경우 해당 채권자는 두 번째 도산절차에서 첫 번째 도산절차상 도산채권자에 대한 우선권을 누릴 뿐만 아니라, 감독기간 동안 발생한 다른 모든 계약상 채권자들에 대해서도 우선권을 누린다(도산법 제265조).[472] 410

계획이 이행되거나 그 이행이 보장된 때, 또는 도산절차 폐지 이 411

472 감독기간 동안 발생한 계약상 채권자들은 이러한 후순위를 감수해야 한다. 왜냐하면 이들은 채무자와 계약을 체결하면서 자신들의 채권도 공시된 신용의 기본틀 내에서 이루어지는 것을 조건으로 계약을 체결할 기회가 있었기 때문이다.

후 3년이 경과하였고 새로운 도산절차 개시 신청이 없는 경우, 감독은 도산법 제268조에 따라 도산법원의 결정으로 **폐지**된다.

9편
도산절차에서의 회생

412

§ 31: 회생

A. 개관

지금까지의 서술은 채무자가 단체인 한에서는(Rdnr.158 이하), 주로 청산, 즉 사업의 해체(적극재산의 개별양도와 환가대금을 통한 채권자들의 채권만족) 및 사업주체의 동시청산을 다루었다. 그러나 이러한 절차진행이 채무자 도산시 생각할 수 있는 유일한 방안은 아니다. 회생과 사업의 계속을 통해 채무자의 사업(때로는 사업주체와 채무자의 사업을 함께)을 구제하는 방법도 생각해 볼 수 있다. 도산법은 제1조 제1문에서 **사업의 유지를 다른 목적과 동일한 중요성을 갖는 절차목적**으로 인식하고 있다(Rdnr.4). 이러한 목적은 고려되어야 한다. 왜냐하면 회생을 통해 위협받는 일자리의 일부를 구제할 수 있고, 건강해진 시장참여자가 시장에 남아 경쟁을 계속할 수 있기 때문이다. 또한 채무자의 사업이 생존하여 영업을 계속하는 경우 채권자들은, 영업이 개별적으로 해체된 경우에 비해 통상 더 많은 변제를 받는다. 413

사업의 유지는 — 채권만족과 함께 — 절차의 *목적*이다. 이를 위한 *수단*이 **회생** 또는 "재조직(Reorganization)"[473]이다. 이 개념은 사업을 414

473 이 개념은 미국 연방파산법 제11장에서 유래한 것으로서(Rdnr.366), 법률에 규정된 도산절차 내에서의 회생을 가리킨다.

건강하게 하고 유지하는 모든 조치를 뜻한다. 우선 사업이 회생되어야 한다. 그와 동시에 사업주체, 즉 채무자가 회생될 수 있는지는 두 번째 문제이다. 회생된 사업이 채무자에 의해 계속 진행되는 것도 — 채무자가 자연인인지 회사인지와 상관없이 — 충분히 생각할 수 있다. 이 경우 채권자들은 회생된 사업이 벌어들이는 수익으로부터 변제를 받아야 한다. 그러나 실무에서는 회생된 사업이 새로운 사업주체에게 양도되는 경우가 많다. 이 경우 채권자들은 환가대금으로부터 만족을 얻고, 기존 사업주체는 그것이 회사라면 청산된다. 이를 양도형 회생 또는 회생형 청산이라고 한다(Rdnr.434 이하).

414a 사업(사업주체)의 회생은 도산절차 밖에서 이해관계인들의 협상과 계약체결에 의해 이루어질 수 있다. 그러나 현재 독일법은 도산절차의 틀에 따른 회생절차만을 갖고 있다. 독일법은 **도산절차개시 전 회생절차**를 알지 못한다. 그러나 실무에서 점차 이를 요구하고 있고, 입법자가 준비하고 있다(다만 EU지침 작업으로 인해, 이러한 준비작업은 중단되었다).

B. 원인분석, 약점분석

415 사업이 회생될 수 있는지 여부는 한편으로는 도산의 원인에, 다른 한편으로는 모든 이해관계인들이 사업을 구제하는데 협력할 준비가 되어있는지에 달려 있다. 따라서 우선적으로 경영학적인 관점에서 원인과 약점을 포괄적으로 분석하는 것이 필요하다. 이 분석은 **시장관계**를 파악해야 한다. 즉 그 사업이 제공하는 재화나 용역을 위한 시장이 존재하는지 검토해야 한다. 더 이상 수요가 없거나 내국 또는 외국의 경쟁자에 의해 그 수요가 지속적으로 충족되기 때문에, 사업의 산출물이 회생 후에도 판매될 기회가 없다면, 모든 회생은 무의미할

것이다. 이 경우 청산만이 고려된다. 사업이 그 산출물 중 일부에 대해서만 경쟁력이 있다면, 사업운영은 축소되어야 하고 그에 따라 임직원 숫자도 상당부분 감축되어야 한다.

마찬가지로 **고정비용**의 분석도 통상적으로 이루어진다. 고정비용 **416**
에는 임대료, 에너지비용, 관리비용 그리고 무엇보다 임금과 임금부대비용이 포함된다. 이 요소들은 사업의 수익성에 결정적 영향을 미친다. 거의 모든 도산 사업의 경우 이 비용은 매우 높다. 이는 회생의 과정에서 경영조직이 상당부분 효율적으로 재편되어야 한다는 것을 의미한다. 이는 근로자의 해고를 통해 가능하다.

회생능력은 본질적으로 사업이 처분할 수 있는 **자원**(Resource)에 **417**
의존한다. 이를 위해 가령, 사업이 어떠한 자본조달을 할 수 있는지, 사업의 산출물이 어떠한 기술수준에 있는지, 어떠한 생산설비를 사용할 수 있는지, 의사결정구조가 어떠한지, 직원들은 어떻게 교육되고 동기부여가 되는지 검토해야 한다. 이러한 관점에서 매우 다양한 행동의 필요성이 발생할 수 있다. 종종 사업에 자기자본을 확충하는 것이 요구된다. 기존 지분권자와 새롭게 포함될 지분권자들은 회생이 성공가능성이 있는 경우에 한해, 자기자본 확충에 참여할 것이다(Rdnr.428) 그 밖에 구조조정, 초과설비의 축소, 경영방법의 현대화가 고려된다. 이를 위해서는 적어도 회생신용을 통한 중간금융이 필요하다(Rdnr.430). 구조조정 등을 통한 회생의 경우에도 근로자는 상당한 부담을 질 수 있다(Rdnr.432).

C. 절차

앞선 고찰을 통해 회생은 우선 사업적인 임무이고 이 임무의 완 **418**
수는 개별 사안에 좌우된다는 것이 분명해졌다. 따라서 도산법이 회생절차를 모든 개별사안별로 규율할 수는 없다. 도산법은 법률적 틀, 의미 있는 절차형성을 가능하게 하는 틀만 제공할 수 있다. 이하의 서술은 도산법상의 회생도구에 국한하기로 한다.

Ⅰ. 사업의 계속 가능성의 심사

419 도산법원은 이미 **개시절차**에서 사업의 회생가능성을 심사할 기회를 갖는다. 도산법원은 임시 도산관리인을 선임할 수 있다(도산법 제21조 제2항 제1문 제1호; Rdnr.125 이하). 임시도산관리인은 일반적인 처분금지 결정이 내려진 경우에도(도산법 제21조 제2항 제1문 제2호), 도산절차개시신청에 대한 결정이 내려질 때까지 사업을 계속해야 한다(도산법 제22조 제1항 제2문 제2호). 그 밖에 임시도산관리인은 사업의 계속가능성을 심사하는 감정인으로서 임무를 부여받을 수 있다(도산법 제22조 제1항 제2문 제3호).

420 **도산절차 개시 후** 사업의 회생가능성을 심사하는 것은 도산관리인의 임무이다. 왜냐하면 도산관리인은 보고기일에 채무자사업의 전부 또는 일부를 유지할 가능성이 있는지 설명해야 하기 때문이다(도산법 제156조 제1항 제2문). 보고기일은 늦어도 도산절차 개시 후 3개월 내에는 열려야 하므로(도산법 제29조 제1항 제1호, 제2호 제2반문(半文)), 심사시간이 충분하지는 않다.

421 실무상으로는 필요한 **정보**에 접근하는 것이 항상 쉽지는 않으므로, 시간이 빠듯하다. 최종 연말결산이 이루어진 것이 한참 전인 경우도 종종 있고, 최종연말결산이 — 그전의 연말결산과 마찬가지로 — 조작된 경우도 많다. 신빙성이 있는 실제 장부정리는 이루어지지 않고("분식회계"), 쓸 만한 사업계획도 존재하지 않는다. 비용계산과 시장조사도 없거나 불충분하다. 유능한 종업원은 이미 회사를 옮겼다. 정

보를 얻을 수 있는 유일한 사람은 채무자뿐인 경우가 많다. 그 밖의 정보는 (임시) 도산관리인이 자신의 종업원들과 함께 스스로 알아보아야 한다(Rdnr.113 이하도 참조).

Ⅱ. 권한

도산법은 회생이 시도되어야 하는지에 대한 결정은 **채권자**들에게 맡기고 있다(도산법 제157조). 이는 타당하다. 회생이 청산보다 채권자들에게 더 높은 배당률을 가져다줄지는 불확실하기 때문에, 채권자들이 스스로 그 길을 갈 것인지에 대해 결정을 내려야 한다. 또한 채권자들은 회생을 도산계획을 근거로 시도할 것인지, 도산관리인이 일반적 규정에 따라 진행할 것인지를 확정해야 한다(Rdnr.424). **422**

회생자체는 통상적으로 **도산관리인**의 임무이다.[474] 도산관리인은 특별히 경험이 풍부하고 회생업무에 적합해야 한다. 왜냐하면 오늘날 도산관리인은 강제집행기관이라기보다 사업자이기 때문이다. 도산관리인의 선임, 감독 그리고 책임에 관한 조항들(Rdnr.65 이하)은 이러한 관점에서 특별한 의미를 갖는다. **423**

Ⅲ. 회생도구로서 도산계획

Rdnr.415 이하에서 언급된 문제영역들을 통해, 우리는 **모든 이해관계자들의 협력**이 있어야만 사업주체가 통상 회생할 수 있다는 점을 **424**

474 채무자 스스로에 의해 자기관리의 형태로 감독인(Sachwalter)의 감독 하에 회생을 하는 것도 생각해 볼 수 있다. 이는 사업이 채무자의 특수한 인적 능력으로부터 이익을 얻을 수 있는 경우, 가령 채무자가 좋은 수공업자이지만 서툰 상인인 경우, 의미가 있을 수 있다. 그러나 이것만으로는 그는 확실히 사업을 회생시키지는 못할 것이다. 도산법 제270b조에 따른 보호막절차에서의 자기관리형 회생에 대해서는 Rdnr.468 참조.

알 수 있다. 회생가능성이 심사되려면 채권자들은 적어도 일정기간 권리를 행사하지 않고 있어야 한다. 회생이 성공하려면 기한유예만으로는 충분하지 않고, 적어도 큰 규모의 채권액을 가진 자들이 자신의 채권 일부를 포기함으로써 회생의 성공에 기여해야 한다. 이는 별제권자의 경우도 마찬가지이다. 이들은 담보물이 사업의 계속을 위해 사용되도록 하기 위해, 담보물의 환가를 잠정적으로 포기해야 한다(Rdnr.427). 그렇지 않으면 사업의 조직적 결합은 해체되고 사업의 유지는 처음부터 어려워질 것이다. 또한 근로자들에게도 큰 희생이 요구된다. 적어도 일자리 일부를 지킬 수 있으려면, 근로자대표들에게 필요한 구조조정 조치에 적극적으로 참여하도록 요구해야 한다(Rdnr.432). 끝으로 돈을 제공해 줄 사람, 즉 사업에 투자하거나 회생기간 동안 중간금융을 제공해 줄 사람을 찾아야 한다(Rdnr.428 이하).

425 **도산계획**은 다양한 이해관계에 적절한 보상을 제공하고, 필요한 협력을 법률적 틀 안에서 수용하는 데 적합한 도구가 될 수 있다.[475] 도산계획절차는 유일한 회생도구가 아니고,[476] 도산계획이 회생에 국한되는 것도 아니다. 그러나 도산계획은 회생과 관련하여 가장 큰 의미를 갖는다(Rdnr.367). 이는 도산법 제1조 제1문뿐만 아니라 제229조 이하에도 — 이는 회생계획에 대해 특별요건을 설정하는 조항들이다 — 명시되어 있다. 도산법 제229조는, 회생계획{회생계획은 회생개념을 상세히 서술해야 한다(Rdnr.373 이하)}에 재산의 개요, 결과계획 및 금융계획(이러한 서류들로부터 장차 어떠한 지출과 수익이 예상되고 사업의 지급능력을 어떻게 보장되는지 확인할 수 있다)이 첨부되어야 한다고 규정하고

---

475 도산계획의 내용 및 도산계획 절차에 대한 세부내용은 Rdnr.365 이하 및 387 이하 참조.

476 양도형 회생에 대해서는 Rdnr.434 이하 참조. 최적의 해법을 찾기 위해 도산계획과 양도형 회생에 관하여 병행하여 협상이 이루어지는 "투 트랙 절차"에 대해서는 Nerlich, FS Prütting, 2018, S.717 이하 참조.

있다. 채무자가 사업을 계속하려면, 사업계속을 위한 준비가 되어있다는 채무자의 의사표시가 도산계획에 첨부되어야 한다(도산법 제230조 제1항). 채권자가 사업을 운영하는 회사에 지분참가를 한다고 도산계획에서 규정한 경우에도, 마찬가지로 사업을 계속할 준비가 되어있다는 채권자들의 의사표시가 도산계획에 첨부되어야 한다(도산법 제230조 제2항).

Ⅳ. 개별조치들

도산신청이 적시에 이루어지고 회생을 위해 사용될 수 있는 적극재산이 최대한 많이 존재한다면, 모든 회생이 장점을 갖게 된다. 따라서 도산절차 일반을 전제로 한, 조기 도산신청과 가급적 많은 도산재단 확보를 목적으로 하는 모든 도산법 조항(Rdnr.11)은 회생절차에서도 의미를 갖는다. 이는 특히 도산법 제270b조에 따른 "보호막절차"에 관한 규정(Rdnr.468)의 경우 의미가 있다. 이와 함께 회생시 전형적으로 이루어지는 조치들이 있는데, 이들이 도산법에서 어떻게 취급되고 있는지 아래에서 간단히 살펴본다. 426

1. 사업구성요소들의 유지

도산관리인이 사업에 필요한 자원을 갖고 있지 않아 사업을 계속할 수 없다면, 회생의 노력은 처음부터 좌절될 것이다. 따라서 도산법은 사업의 조직적 결합을 적어도 임시적이나마 유지하려고 한다. 가령, ① 임차인 도산시 임대인이 임대차계약을 해지하는 것을 어렵게 만든 도산법 제112조(Rdnr.205 이하), ② 매도인이 채무자에게 소유권유보 하에 매매목적물을 인도한 경우 그 매매계약을 이행할 것인지 여부를 결정하기 위해 도산관리인에게 보고기일까지 시간을 허용한 427

도산법 제107조 제2항(Rdnr.198)은 이러한 생각에 기초하고 있다. 도산관리인이 담보물을 환가하도록 함으로써, 담보채권자가 사업계속에 필요한 목적물의 환가를 위해 반환청구할 수 없게 한 도산법 제166조, 제172조(Rdnr.298, 301)도 같은 취지이다. 토지의 강제경매를 일시적으로 중단시킬 권한(Rdnr.299)도 사업구성요소들의 유지에 기여한다. 마지막으로 부인권도 회생을 촉진시키는 효과가 있을 수 있다.

2. 자본공급

428 사업이 회생되려면 자본이 필요하다. 왜냐하면, 채무자가 지급불능 또는/그리고 채무초과라는 사정이 보여주는 것처럼 현존하는 자본은 소진되었거나 처음부터 충분치 않았기 때문이다. 따라서 사업은 새로운 **자기자본**이 필요하다. 이를 위해 종종 "자본감소(Kapitalschnitt)"가 필요하게 된다. 이는 우선 통상적인 자본감축(Kapitalherabsetzung)으로 구성되어 있다. ① 최초의 자기자본이 가치감소나 상실을 보상하기 위해 소진되고, ② 청산의 경우 종국적으로 지분권자에게 최초의 자기자본이 반환될 수 없다는 점이, 자본감축을 통해 확인적으로 선언된다.[477] 자본감소의 특징은 자본감축이 효율적인 자본증가(그러나 이러한 자본증가는 자본감축이 없어도 가능하다)를 수반한다는 점이다. 자본증가를 통해 새로운 지분권이 만들어지고, 기존지분권자나 제3자는 출자급부의 대가로 이를 인수할 수 있다.

429 **사례** : 유한책임회사의 정관에 규정된 창립자본이 500,000유로에서 50,000유로로 소진된 경우, 정관변경을 통한 명목상의 자본감축 방법으로 창립자본을 50,000유로로 감축할 수 있다(유한책임회사법 제58a조 이하). 기존 지분권자에 대한 배당은 이루어지지 않는다. 그와 동시

477 세부내용은 주식법 제229조 이하, 유한책임회사법 제58a조 이하 참조. 인적회사의 경우 회사계약의 변경이 필요한 것이 통상이다.

에 450,000유로의 자본증가가 결정될 수 있다. 이 경우 자본금은 다시 500,000유로가 된다. 유한책임회사에는 새로운 지분권에 기초하여 450,000유로가 자본금으로 투입된다. 누군가 유한책임회사에 자본참가를 할 준비가 되어 있는지 여부는 근본적으로 회생개념이 얼마나 설득력 있게 마련되었는지에 달려있다. 왜냐하면 도산한 사업에 대해서는, 투자한 자본에 대한 대가로 이익이 배당될 수 있다고 확신할 수 있는 사람만 최초로 또는 추가로 투자할 것이기 때문이다.

회생가능한 사업이 다시 자기 발로 일어설 수 있을 때까지, 상당 **430**
한 "궁핍기간"을 견뎌내야 한다. 이 기간 동안 금융이 필요하다. 도산관리인은, 사업을 계속하고 회생을 할 수 있으려면, 회생금융 형태의 유동자금이 필요하고, 이는 **타인자본**의 형태로 마련되어야 한다. 그러나 신용기관은 대여금이 반환될 것이라는 확실한 전망이 있을 때에만 (추가)대출을 해줄 것이다. 사업의 현존하는 재산가치에 대해서는 이미 별제권의 부담이 설정된 경우가 대부분이므로, 도산관리인이 물적 담보를 제공할 수 있는 경우는 거의 없다. 강한 임시 도산관리인이나 도산관리인에 의하여 소비대차계약이 체결되었으므로 대여금 반환채권이 재단채권이 된다(도산법 제55조 제1항 제1호, 제2항)는 점은, 소비대차 계약의 채권자에게 미약한 위로가 될 뿐이다. 왜냐하면 재단채무의 변제도 이를 위해 충분한 재단이 있는 경우에만 보장되기 때문이다(Rdnr.325 이하). 이러한 상황에서 도산법 제264조에 따른 신용의 기본틀은 하나의 해결책이 될 수 있다. 이 제도는 도산절차폐지 후 채무자의 감독이 도산계획상 예정된 경우, 소비대차 계약의 채권자가 우선권을 누리는 것을 가능하게 한다(Rdnr.410).

지분권자에 의해 타인자본이 조달된 경우, **지분권자대여**가 문제 **431**
되고 이는 도산절차에서 별도로 취급된다(Rdnr.265). 그러나 도산법 제39조 제4항 제2문이 적용되는 경우(채권자가 채무자의 회생을 위해 채무자회사 지분권을 취득한 경우)에는 지분권자대출에 관한 규정이 적용되지 않는다. 지분권취득이 없었기 때문에 위와 같은 회생특권(지분권자대출에 관한 규정이 적용되지 않는 특권)이 문제되지 않는 경우에는, 다음 두 가지 상황을 구별해야 한다: 지분권자가 *도산절차개시신청 전에* 회생신용을 보장해준 경우, 그의 반환청구권은 도산법 제39조 제1항 제5호에 따라 후순위 도산채권이다. 지분권자가 *도산절차개시신청 후* 강한 임시 도산관리인(Rdnr.125)에게 또는 도산절차 개시 후 도산관리인에게 대출을 해 준 경우, 그의 반환청구권은—도산절차 진행 도중 회생시도가 실패한 경우[478]—도산법 제55조 제1항 제1호, 제2항에 따라 재단채권이다.[479] 도산절차폐지 후 비로소 회생이 실패한 경우에는 지분권자의 반환청구권은 2차 도산절차에서 다시 후순위 도산채권이 된다. 지분권자가 *도산절차 폐지 후* 비로소 대출을 해 준 경우, 도산법 제264조 제3항에 따라 지분권자인 대출채권자는 신용의 기본틀에 포함되어 우대를 받을 자격이 없다.

3. 구조조정

432 필요한 구조조정조치(가령 사업 또는 사업일부의 폐쇄)는 통상 상당한 인력감축을 동반한다. Rdnr.208 이하에서 상세히 설명한 것처럼 도산법은 근로자의 이익을 특별히 고려하고 있다. 그러나 도산법은 그와 동시에, 합의에 기초한 해결책이 도출되기 어려운 경우를 대비하여, 필요한 물적 조직의 감축 또는 인적 조직의 감축을 효율적으로 실행하기 위한 조치들도 갖추고 있다.

---

478 (역자 주) 엄밀히 말하면 도산절차 진행 도중 회생시도가 실패하는지 여부와 상관없이 이러한 채권은 재단채권이다. 다만 회생시도가 성공한 경우라면, 지분권자인 대출채권자가 굳이 도산절차 진행 중 반환채권을 행사하지 않는 것이 통상일 것이므로, 위와 같이 서술한 것으로 보인다.

479 그러나 실무상 도산관리인은 대출을 해 준 지분권자와 후순위 약정을 한다(도산법 제39조 제2항).

§32: 양도형 회생

433

A. 기본생각

434 Rdnr.414에서 언급한 것처럼 사업의 회생과 동시에 사업주체인 채무자도 회생할 수 있다. 그런데 실무에서는 양도형 회생이 훨씬 더 빈번히 사용되고 있다. 양도형 회생은 청산, 그리고 회생과 동일한 중요성을 갖는 환가방법이다. 양도형 회생은 사업 전체 또는 독립된 사업일부가 다른 권리보유자(Rechtsträger)에게 양도되는 점이 특징이다. 오로지 사업양도의 목적으로 만들어진 수용(受用)회사(Auffanggesellschaft)가 양도받을 수도 있고, 경쟁회사, 자신의 사업영역을 넓히려고 하는 다른 사업자, 앞으로 자신의 계산으로 사업을 운영하려고 하는 기존 경영자{이른바 "내부경영자 인수(Management-buy-out)"}가 양도받을 수도 있다. 사업양도대금은 환가대금으로서 기존 사업보유자의 채권자들에게 분배된다. 기존 사업보유자가 회사인 경우, 회사는 청산된다(Rdnr.158 이하). 따라서 이 경우 "회생형 청산"이라고 말할 수도 있다: 양도의 방법으로 회생된 사업은 청산되는 사업보유자와 분리된다.

B. 가격결정

435 양도형 회생의 기본문제는 양도되는 사업에 대한 정당한 매각가격을 결정하는 것이다. 사업보유자인 채무자에 대한 채권자들로부터 도산재단의 핵심적인 부분을 빼앗는 것이므로, **사업이 해체되어 청산되는 경우의 가치(청산가치) 이상의 금액**이 매각대금으로서 도산재단

에 산입되는 경우에 한해, 즉 매각대금이 개별적으로 재산을 청산하는 경우의 합계금액 이상인 경우에 한해, 양도형 회생이 환가방법으로서 승인될 수 있다. 또한 회생되고 살아난 사업을 취득한다는 점을 고려하여 매각대금을 산정해야 한다. 따라서 도산관리인은 청산가치에 만족할 수 없고, **계속기업가치**를 취득하고자 노력해야 한다.[480]

436 도산법은 양도형 회생을 포괄적으로 규율하지는 않고, 제160조 이하에서 가격결정을 위한 다양한 보장장치를 마련하고 있다. 우선 도산법 제160조 제2항 제2호는 **채권자협의회의 동의**를 규정하고 있다. 채권자협의회가 구성되지 않은 경우, 채권자집회가 동의해야 한다(도산법 제160조 제1항 제2문). 도산관리인이 채권자협의회의 동의 없이 사업을 양도한 경우, 그 양도는 유효하다(도산법 제164조; Rdnr.67). 그러나 도산관리인은 그가 사업을 적절하지 않은 가격에 양도하였다는 점이 증명되면 손해배상책임을 부담한다(Rdnr.345).

437 저가 양도의 위험이 있는 경우, 채무자나 요건을 갖춘 다수의 채권자들[481]은 사업양도는 **채권자집회의 동의**를 받은 경우에만 허용된다는 명령을 발령해줄 것을 도산법원에 신청할 수 있다(도산법 제163조). 이를 위해서는 다른 취득자에게 양도하는 것이 도산재단에 더 유리하다는 점이, — 유리한지 여부를 판단할 때에는 가격뿐만 아니라 지급방법(변제기, 지급유예의 위험)도 중요하다 — 소명되어야 한다.[482]

438 이러한 특별규정으로 인해 사업양도시 도산법 제161조 제2문은 큰 의미를 갖지 못한다. 도산법 제161조 제2문은 도산법원이 도산관

---

480 계속기업가치에 관해서는 Rdnr.111 참조.

481 5명 이상의 채권자, 그리고 그들의 별제권과 채권액 합계가 모든 별제권과 도산채권액 합계의 1/5 이상인 채권자들의 신청이 필요하다(도산법 제163조 제1항, 제75조 제1항 제3호).

482 소명에는 종종 감정인의 관여가 요구된다. 법원이 신청에 따라 채권자집회의 동의를 받아야 한다는 명령을 발령한 경우, 신청인은 감정인 비용을 도산재단으로부터 지급할 것을 요구할 수 있다(도산법 제163조 제2항).

리인에 의해 계획되고 *채권자협의회*가 승인한 조치의 실행을 **잠정적으로 중단**시킬 수 있고, 도산관리인의 조치에 대하여 *채권자집회*의 결의를 거치도록 할 수 있다고 규정한다.[483] 두 규정 사이의 차이는 제161조 제2문의 경우 사업양도의 허용요건은 충족되었지만 허용되는 조치의 실행이 — 채권자집회의 결의가 있을 때까지 — 잠정적으로 중단되는 것인데 반해, 제163조의 경우 채권자집회의 결정 자체가 사업양도의 허용요건이라는 점이다. 실무상으로 이는 별 차이가 없다.

사업 전체 또는 일부가 **특정 이해관계자**에게 양도되는 경우에는 **439**
특히 우려가 있을 수 있다. 도산법은 그러한 상황으로 ① 채무자와 도산법 제138조의 의미에서 특수관계에 있는 자(Rdnr.259),[484] 또는 ② 후순위가 아닌 채권자로서 그들의 별제권 및 채권 합계액이 모든 별제권 및 도산채권 합계액의 1/5 이상인 채권자(도산법 제162조 제1항)가 양수하는 경우(또는 양수하는 회사에 1/5 이상의 지분권을 갖고 있는 경우[485])를 예정하고 있다. 이 경우 양도시 채권자협의회의 동의뿐만 아니라(Rdnr.436), 채권자집회의 동의도 필요하다. 이 규정은, "내부자"에게 양도를 하여 취득한 매각대금은 내부자들이 특별한 정보 및 영향력을 갖고 있으므로 시장가격에 미치지 못할 것이라는 가정을 전제로 하고 있다. 채권자집회의 동의는 매각가격이 투명하고 정당하게 결정되는 데 기여한다.

---

483 이 경우에도 채무자나 5명 이상의 채권자의 신청이 필요하다. 채권자가 신청하는 경우 그들의 별제권과 채권액 합계가 모든 별제권과 도산채권액 합계의 1/5 이상이어야 한다.

484 채무자에 대한 종전 지분권자 또는 경영자가 사업을 양수하는 경우(직접 양수하거나 수용회사를 통해 간접적으로 양수하는 경우 모두 포함; Rdnr.434)가 이에 해당한다. 실무상 이러한 양수에 관해서는 도산절차개시신청 전 또는 개시결정절차 진행 중에 — 계약서를 작성해도 될 정도로 — 충분한 사전협상이 이루어지고, 도산절차개시 후 도산관리인에 의해(때로는 준비된 도산계획에 따라) 실행된다. 이를 "pre-pack" 절차라고 부르기도 한다.

485 종속회사를 통해 지분참여를 하고 있는 자도 포함된다(도산법 제162조 제2항).

C. 실행

440 양도형 회생의 방법으로 환가를 할 것인지 *여부*는 채권자가 결정한다(Rdnr.436 이하). 그러나 양도형 회생의 실행은 기본적으로 도산관리인의 일이다.[486] 또한 채권자집회는 도산관리인에게 **도산계획**을 작성하고 작성된 도산계획에 근거하여 양도형 회생을 실행하도록 위임할 수 있다. 이러한 도산계획은 모든 측면의 이해관계조정을 보장하고, (채권자집회의) 결정을 추가적으로 정당화할 수 있다(Rdnr.424 이하).

441 양도결정을 하는 것만으로 일이 끝나지 않으므로, 양도형 회생의 실행방법으로는 도산계획이 다른 방법보다 적합하다. 양도에 앞서 **회생**이 시도되는 것이 통상이라는 점에 유의해야 한다. 왜냐하면 아직도 회생이 필요한 사업에 대해서 양수인이 많은 돈을 지불할 준비가 된 경우는 드물기 때문이다.[487] 이러한 회생을 위해서는 기본적으로 일반적 규율이 유효하므로, Rdnr.413 이하에서 언급한 내용을 참조할 수 있다.

442 사업이 도산절차를 통해 이전된다는 사정은 민법 제613a조에 따른 **근로계약관계의 존속보장**에 변경을 가져오지 않는다. 이 규정은 도산절차에도 적용된다. 따라서 양수인은 영업이전과 동시에, 인수된 영업 또는 영업부분에 부가된 근로계약관계를 법률규정을 근거로 인수한다(Rdnr.217).

443 양수인은 그러나 **상법 제25조**에 따른 종전 사업주체의 채무에 대한 책임은 부담하지 않는다. 상법 제25조는 — 상호를 변경하거나 상업등기부에 책임배제를 등기함으로써 이러한 책임에서 벗어날 수 있는지(상법 제25조 제2항, 제3항)와 관계없이 — 사업이 도산관리인을 통

486 Rdnr.423 참조.

487 도산법 제128조에 따라, 이해관계조정 및 해지보호에 관한 규정인 도산법 제125 내지 127조는, 영업양도 후에 비로소 사업변경이 실행되는 상황에도 적용된다.

해 양도된 경우에는 적용되지 않는다는 것이 통설, 판례이다.[488] 이 규정은 사업이 모든 적극재산 및 소극재산과 함께 이전되는 것을 전제로 한다. 도산관리인은 적극재산만 이전하는 것이므로, 이 규정은 양도형 회생에 어울리지 않는다.

이와 같은 취지에서 조세기본법 제75조 제2항은 영업양수인은 그가 도산재단으로부터 영업을 인수한 경우 영업세금에 관하여 **조세기본법 제75조 제1항**에 따른 책임을 부담하지 않는다고 규정하고 있다. **444**

488 실질적 도산상태에 있었다는 것만으로는 충분하지 않다. BGH ZIP 2006, 367 Rdnr.14.

10편
잔존채무 면책

445

§ 33: 개관

A. 기본생각

446 통상적인 청산절차에서 채권자들은 — 도산절차에서 완전히 변제를 받지 못하는 한 — 도산절차 종료 후에도 계속 채무자에 대하여 채권을 행사할 수 있는 권리를 갖는다(도산법 제201조; Rdnr.359) 이러한 무제한의 사후(事後)채권은, 채무자가 지속적이고 확고한 경제적 활동을 다시 하지 못하게 하는 결과를 종종 야기한다. 따라서 도산법 제1조 제2문은 잔존채무면책을 도산절차의 독자적 목적으로 명시적으로 언급하고 있다.[489] 이 목적은 두 가지 방법으로 달성할 수 있다: 잔존채무면책에 관한 법률규정(도산법 제286조 이하)을 통해, 또는 도산계획을 통해. *도산법에 규정된 잔존채무면책절차*는 2013년에 상당부분 개정되었는데(Rdnr.23), 채권자들의 동의를 요건으로 하지 않는다.[490] 오히려 채무자가 도산절차개시 후 6년간 그의 근로소득 중 압류가능한 부분을 채권자들에 대한 변제를 위해 사용할 것을 요건으로 한다(Rdnr.450). *도산계획*에서는, 채무자가 법정면책절차에서보다 더 나빠지지 않는 한, 잔존채무 면책을 임의로 규정할 수 있다(Rdnr.396).

489 무엇보다도 미국 연방파산법 제13조의 면책절차를 참고한 것이다.

490 이에 대해서는 헌법적 우려도 존재한다. 연방헌법재판소는 이 문제에 대하여 아직 판단을 한 바 없다.

B. 면책대상이 되는 채무자의 범위

447 도산법 제286조에 따르면 자연인 채무자에 대해서만 면책이 가능하다. 법인이나 법인격 없는 조합은 도산절차에서 청산되거나(Rdnr. 158 이하) 회생이 이루어진다(Rdnr.413 이하). 따라서 잔존채무면책의 계기가 존재하지 않는다. 도산법은 자연인의 경우 그가 사업자인지 소비자인지에 따라 면책에 차이를 두고 있지 않다. 단독 상인, 인적으로 책임을 지는 조합원, 개별 소비자는 모두 면책을 받을 수 있다.[491] 그러나 이러한 모든 자연인들은 그들 자신의 재산에 대하여 도산절차가 개시되고 그 도산절차상 채무자인 경우에만 면책을 받을 수 있다.[492]

C. 요건

448 도산법 제1조 제2문에 따르면 정직한 채무자에 대해서만 잔존채무로부터 면책될 기회가 주어진다. 도산법 제290조 제1항은 **정직성**의 의미를 자세히 정의하고 있다. 이 규정에 따르면 도산법원은 비본질적 위반의 경우뿐만 아니라 이러한 위반을 통해 야기된 구체적 사해결과(채권자들을 해하는 결과)를 고려하지 않고, 다음의 경우에는 잔존채무면책을 불허해야 한다.

– 채무자가 도산절차개시 신청 전 5년간 또는 신청 후, 도산범

---

491 그러나 도산법 제304조 이하는 소비자에 대하여 특별한 채무조정 절차를 규정하고 있다(Rdnr.477 이하). 따라서 소비자의 경우 법률 개념상의 잔존채무면책은 보조적 의미만을 갖는다. 그러나 실무에서는 소비자를 위한 특별한 채무조정 절차가 기능하지 않는다. 왜냐하면 채권자들은 6년간의 성실행동기간을 고려하여 — 채권자들은 이 기간으로부터 추가적인 수익을 기대할 수 있다 — 법정 밖 채무조정절차를 통상 신청하지 않기 때문이다.

492 남편의 재산에 대한 도산절차 내에서 남편과 공동책임을 지는 처에 대한 잔존채무 면책은 이루어지지 않는다. 또한 조합의 재산에 대한 도산절차 내에서 조합과 함께 인적으로 책임을 지는 조합원에 대한 잔존채무 면책은 이루어지지 않는다.

죄로 인해 90일 이상의 벌금형 또는 3개월 이상의 자유형을 선고받고 확정된 경우[493](제1호),

- 채무자가 도산절차개시 신청 전 3년간 또는 신청 후 종결기일 전까지, 고의 또는 중과실로 부정확하거나 불완전한 서류 신고를 통해 신용이나 공적 급부를 얻은 경우(제2호),
- 채무자가 도산절차개시 신청 전 3년간 또는 신청 후, 고의 또는 중과실로 도산채권자들의 채권만족을 다음과 같은 방법으로 침해한 경우. 채무자가 부적절한 채무를 발생시키거나, 재산을 소비하거나,[494] 자신의 경제적 지위가 개선될 전망이 없음에도 불구하고 도산절차개시를 지체시키는 방법(제4호),
- 채무자가 고의 또는 중과실로 도산법상[495] 정보제공의무와 협력의무를 위반한 경우(제5호),
- 채무자가 소비자도산절차에서 부정확하거나 불완전한 신고를 한 경우(제6호),
- 채무자가 도산법 제287b조에 따른 그의 취득책무(Rdnr.450)를 유책하게 위반한 경우(제7호).

이러한 요건이 충족되면, 허위신고(도산법 제250조 제1항 제2호에서 규정된 의미와 같은 허위신고를 뜻한다)의 정정을 통한 사후적 *흠결치유*는 원칙적으로 고려되지 않는다. 그러나 도산법 제290조 제1항 제5호 사안의 경우, 채무자가 ― 그의 행위가 발각되어 면책거절신청이 이루어지기 전에 ― 누락된 정보를 보충하였다면 흠결이 치유된다. 왜냐하

493 확정의 효력은 양도의 의사표시가 만료되기 전까지 발생해야 한다. BGH ZInsO 2013, 1093 Rdnr.8ff.

494 이러한 재산소비가 도산법 제129조 이하에 따라 부인될 수 있는지 여부는 상관이 없다.

495 약정의무는 포함되지 않는다. BGH ZInsO 2018, 1509 Rdnr.7ff.

면 책무위반이 종국적으로 채권자들의 이익을 해하지 않았고, 따라서 면책거절은 비례의 원칙에 반하기 때문이다.[496]

449 이에 반해 **최소비율은 요구되지 않는다**. 잔존채무면책은, 채권자들이 도산절차에서 최소한의 비율의 채권만족을 받았거나 면책절차 진행 중 그러한 채권만족을 받을 수 있다는 것을 전제로 하지 않는다. 왜냐하면 재단부족으로 도산절차가 도산법 제211조에 따라 중지된 경우에도 잔존채무면책이 가능하기 때문이다(도산법 제289조). 그러나 도산법 제300조 제1항 제2호는 도산절차개시 후 3년이 지나면—그때까지 채무자가 도산채권 중 35% 이상을 변제한 경우,—잔존채무 면책이 이루어진다고 규정하고 있다.

450 그 밖에 채무자는 이른바 **성실행동기간** 동안 일정한 책무를 준수해야 한다. 이러한 의무로는 우선 채무자가 그의 근로소득 중 압류가능한 부분을 도산절차개시 후 6년간[497](이른바 양도기간) 법원이 선임한 수탁자에게 양도할 의무를 들 수 있다(도산법 제287조 제2항; Rdnr. 454, 458).[498] 독립적 활동을 통해 얻은 소득도 그에 상응하는 범위에서 수탁자에게 이전되어야 한다(도산법 제295조 제2항).[499] 또한 채무자는 특별한 책무를 준수해야 한다. 특별한 책무로는 무엇보다도 채무자가 적절한 *소득활동*을 할 의무, 이를 위해 노력할 의무가 있다. 이 책무는—독립적으로 직업활동을 하는 자의 경우에도 마찬가지이다—도산법 제287b조에 따라 도산절차개시 시점부터 도산절차 폐지시점까지, 그 이후에는[500] 도산법 제295조 제1항 제1호, 제2항에서 정한 기

496 BGH ZIP 2011, 133 Rdnr.6.

497 Rdnr.452 참조.

498 양도배제합의는 도산법 제287조 제3항에 따라 무효이고, 상계도 허용되지 않는다(도산법 제294조 제3항).

499 양도의 의사표시가 이러한 수입에 대해서까지 효력이 미치는 것은 아니다. BGH ZInsO 2010, 59 Rdnr.7ff.

500 이는 수탁자에게 급부해야 할 의무의 경우에도 마찬가지이다(Rdnr.451). BGH ZInsO 2010, 380, Rdnr.10.

간 동안 계속된다. 채무자는 성실행동기간 동안에도 채권자에게 변제해야 하기 때문에, 도산법은, 엄격한 기준에 따라 책무준수 여부를 판단하는,[501] 위와 같은 책무를 규정하고 있다.

451 그 밖에 채무자에게는 다음 사항들이 요구된다. 채무자는 도산절차 폐지 후 피상속인의 사망으로 인해[502] 또는 장래의 상속권[503]을 고려하여 취득하는 *재산* 중 절반을 수탁자에게 이전해야 한다.[504] 그러나 그 밖의 재산(증여받은 재산, 복권당첨금 등)의 경우 도산절차 종료 후 성실행동기간 중[505]에 취득한 것이라면, 채무자가 이를 보유할 수 있다.[506] 채무자는 채권자들에게 직접 변제하지 않아도 된다. 그러나 채무자는 도산절차폐지 시점부터(Rdnr.450) *수탁자에게 급부*해야 하고, 채권자에게 특별이익을 주어서는 안 된다(도산법 제295조 제1항 제4호). 이를 통해 성실행동기간 동안에도 채권자평등원칙이 지켜진다.[507] 마지막으로 채무자는 *정보제공의무*를 부담한다: 그는 모든 주거변경사실을 신고해야 하고, 반환해야 할 재산을 은닉하면 안 된다. 또한 요

501 "가령 채무자는 자신의 전공과 무관한 일, 외국에서의 일, 필요한 경우에는 임시직도 수인해야 한다. 소득활동을 하지 않는 자는, 단지 노동청을 위해서만 그의 노동력을 보유해서는 안 되고, 스스로 구직을 위한 노력을 해야 한다. 그러나 채무자가족에 대한 채무자의 의무는 고려할 필요가 있다; 가령 어린 아이의 엄마에게 소득활동을 하도록 요구하는 것은 불합리할 수 있다." (Begr.zu §244 RegE, BT-Drs. 12/2443, 192)

502 채무자가 취득하는 유류분권도 이에 포함된다. BGH ZInsO 2009, 1831 Rdnr.9.

503 당사자들의 의사에 따른 취득으로서 피상속인의 사망에 따른 취득을 대체하는 모든 것이 여기에 포함된다(사례 : 상속세를 줄이기 위한 토지양도; 농장상속인에 대한 농장의 인도; 젊은 "사업주"에 대한 사업이전).

504 그러나 상속포기는 가능하다. BGH ZInsO 2009, 1461 Rdnr.10ff.

505 (역자 주) 성실행동기간은 "도산절차개시 후" 6년이다. 따라서 도산절차 진행기간은 성실행동기간에 포함된다. 도산절차 진행기간이 성실행동기간을 초과하는 경우, 즉 6년을 넘어 진행되는 경우에 관해서는 Rdnr.460 참조.

506 도산절차 진행 기간과 관련된 조세환급청구권의 경우 본문의 법리가 적용되지 않는다. 이러한 청구권은 정지조건부 청구권으로서 도산재단의 일부이기 때문이다(Rdnr.145). 이러한 청구권은 도산법 제287조 제2항에 따른 양도의사표시의 대상도 아니다. 그러나 이러한 환급으로 인해 사후(事後)배당이 개시된다(Rdnr.351).

507 Rdnr.458도 참조.

청이 있으면 정보를 제공해야 한다(도산법 제295조 제1항 제3호).

조기(早期) 잔존채무면책은 도산계획을 통해(Rdnr.383) 또는 도산법 제300조에 따라 다음 4가지 경우에 가능하다: 452

- 채권을 신고한 채권자가 없고 절차비용과 그 밖의 재단채무가 변제된 경우, 즉시(도산법 제300조 제1항 제2문 제1호);
- 모든 채권자들이 전액 변제를 받았고 절차비용과 그 밖의 재단채무가 변제된 경우, 즉시(도산법 제300조 제1항 제2문 제1호);
- 신고된 채권의 35% 이상이 변제된 경우 도산절차개시 후 3년 후(도산법 제300조 제1항 제2문 제2호, 제2항; Rdnr.449)
- 절차비용이 변제된 경우 도산절차개시 후 5년 후(도산법 제300조 제1항 제2문 제3호)

§34: 절차

453

잔존채무면책은 **채무자의 신청**을 요건으로 한다(도산법 제287조 제1항 제1문). 채무자의 신청시 도산절차개시 후 6년간의 근로소득 중 압류가능한 부분을 양도한다는 의사표시를 첨부해야 한다(도산법 제287조 제2항).[508] 채무자의 면책신청은 채무자의 도산절차 개시 신청과 관련되어야 하고(도산법 제287조 제1항 제1문),[509] 늦어도 도산법 제20조 454

---

508 여기서 양도의 의사표시는 민법 제398조에 따른 수탁자와의 채권양도계약을 체결하려는 청약의 의사표시가 아니고, 소송행위이다. 소송행위인 양도의 의사표시를 통해 법률의 규정에 따라 채권양도의 효력이 발생하는 것이다. BGH ZIP 2006, 1651 Rdnr.13. 이러한 의사표시가 없으면 도산법원은 소비자도산절차상의 채무자에게 도산법 제305조 제3항에 따라 기간을 부여해야 한다. 이 기간 동안 양도의 의사표시가 사후적으로 이루어질 수 있다. BGH ZInsO 2009, 51 Rdnr.5ff.

509 따라서 잔존채무면책 신청은 항상 *채무자의* 개시신청을 전제로 한다. BGHZ 162, 181, 183. 채권자가 도산절차개시를 신청한 경우 면책을 받고자 하는 채무자는 그 도산절차개시 신청에 참가해야 한다. 도산법원은 도산법 제20조 제2항에 따라 자

제2항에 따라 안내가 이루어진 뒤 2주 내에 신청이 이루어져야 한다(도산법 제287조 제1항 제2문). 채무자가 신청기간[510]을 지키지 않으면, 채무자가 도산절차개시 신청을 철회하고 다시 새로운 도산절차개시 신청을 하면서 면책신청을 첨부한 경우에도 그의 면책신청은 허용되지 않는다. 도산절차가 채권자신청으로 개시되었거나, 또는 재단 곤궁(困窮)으로 도산절차가 개시되지 않거나[511](도산법 제26조) 중지된 경우(도산법 제207조; 도산재단으로 절차비용을 충당하기도 어려운 경우를 뜻한다)에는, ― 채무자가 도산법 제20조 제2항에 따른 적절한 안내를 받지 못한 경우를 제외하고는 ― 잔존채무면책절차가 개시되지 않는다.[512]

455 **신청의 적법성**은 지금까지 언급한 것 이외에 도산법 제287a조 제2항에 따라 결정된다. 이는 채무자가 면책을 통해 반복적으로 책임을 면하는 것을 방지하는 조항이다. 도산법 제287a조 제2항 제1호는, 잔존채무면책신청은 직전 면책시점부터 최소 10년이 지나야 가능하고, 도산법 제297조(Rdnr.459)에 따른 직전 면책거절 시점부터 최소 6년이 지나야 가능하다고 규정하고 있다. 종전절차에서 면책거절이 도산법 제290조 제1항 제5 내지 7호, 제296조, 제297a조에 의해 이루어진 경우(Rdnr.448, 459) 면책신청금지 기간은 3년이다.[513]

456 도산법 제287a조에 따르면 도산절차 개시 요건이 충족되는 한 법원은 도산절차개시 전이라 하더라도 면책신청의 **수리(受理)결정**(**Ein-**

연인 채무자에게 이와 같은 내용을 안내해야 한다.

510 이 기간은 잔존채무면책 신청에만 관련이 있고, 채권자가 도산신청을 한 경우 법원이 정한 채무자 자신의 도산신청기간과는 관련이 없다.

511 재단비용 지급이 유예될 수 없는 경우에만 이러한 상황이 발생한다(Rdnr.121).

512 이에 반해 도산재단이 재단채무를 전부 변제하기 부족하여(재단부족; 도산법 제208조) 도산절차가 중지된 경우에는, 잔존채무면책이 가능하다(Rdnr.449).

513 그러나 첫 번째 도산절차에서 채무자의 협력이 없다는 이유로 재단비용의 지급유예가 취소되고, 그에 따라 재단곤궁을 이유로 도산절차가 중지된 경우에는, 그 후의 면책신청(=채무자가 신청한 두 번째 도산절차에서의 채무자의 면책신청)은 적법하다. BGH ZInsO 2017, 1444 Rdnr.7ff.

gangsentscheidung)을 해야 한다. 수리결정에서는 채무자가 어떠한 요건을 갖추면 잔존채무면책을 받을 수 있는지 법원이 확인해주는 방법으로 채무자에게 잔존채무면책에 관한 고지가 이루어진다.

457 채무자의 정직성에 흠결이 있는 경우(Rdnr.448) 종결기일 후에 도산법 제290조에 따라 **면책거절**이 이루어진다. 면책거절은 채권자[514]가 종결기일까지 면책거절을 신청하고[515] — 거절근거에 관하여 다툼이 있는 한 — 거절근거를 소명하는 것[516]을 요건으로 한다. 채권자가 제시하지 않은 거절근거를 직권으로 고려하는 것은 허용되지 않는다. 채권자가 거절근거를 나중에 추가하는 것도 허용되지 않는다; 이는 항고절차에서도 마찬가지이다. 채무자는 면책거절결정에 대하여 즉시항고를 제기할 수 있다(도산법 제290조 제3항). 법원이 면책거절을 하지 않기로 결정하면 이 결정에 대해서는 면책거절을 신청한 모든 도산채권자들이 즉시항고를 제기하여 취소시킬 수 있다(도산법 제290조 제3항). 면책거절결정은 도산법 제303a조에 따라 민사소송법 제882b조에 의한 채무자표에 기재된다.

458 도산절차 폐지 또는 중지결정시, 법원은 **수탁자**를 지정한다(도산법 제288조). 기존 도산관리인은 수탁자가 될 수 있다. 그러나 채무자와 채권자는 다른 자연인을 수탁자로 제안할 수 있다. 수탁자 지정결정을 통해 채무자가 양도의 의사표시를 한 임금 및 보수채권(Rdnr.450)이 수탁자에게 이전한다. 수탁자는 사용자로부터 이 채권을 추심하여 이전되어야 하는 다른 재산(Rdnr.451)과 함께 일 년에 한 번씩 분배한다. 분배대상 재원(財源)은 지급이 유예된 절차비용이 변제되는 즉시,

---

514 채권자표에 신고된 채권의 채권자라면 그 채권에 관하여 다툼이 있더라도 면책거절을 신청할 수 있다.

515 서면신청이 필요하다. 도산법 제290조 제2항.

516 소명이 성공하면 이후 절차에서 법원은 직권조사의무가 있다. BGH ZInsO 2013, 1484 Rdnr.10.

종결표(Rdnr.350)의 기준에 따라 도산채권자들에게 배당된다(도산법 제292조 제1항 제2문).[517] 이를 통해 채권자평등이 보장된다. 왜냐하면 개별 도산채권자의 강제집행과 개별 채권자들과의 특별합의는 허용되지 않기 때문이다(도산법 제294조 제1, 2항).[518] 그러나 도산절차개시 후 비로소 청구권을 취득한 신(新)채권자는 배당을 받을 수 없다. 이들은 채무자의 신규재산으로서 수탁자에게 이전할 의무가 없는 재산(Rdnr. 451)으로부터 만족을 얻는 데 그쳐야 하고, 이 경우 도산법 제294조 제1항의 강제집행금지 원칙은 적용되지 않는다.

459 **성실행동기간 중 면책거절이 종국적으로 확정**되는 상황으로는 다음 세 가지가 있다: ① 채무자가 도산절차 종료 후 양도기간(=성실행동기간) 종료 전에 자신의 책무를 유책하게 위반한 경우(도산법 제296조), ② 채무자가 종결기일 후 도산절차폐지 전에, 또는 도산절차 종료 후 양도기간(=성실행동기간) 종료 전에 도산범죄로 인해 유죄판결을 받은 경우(도산법 제297조), ③ 수탁자에 대한 보수지급이 보장되지 않고 보수지급의 유예를 승인받지도 못한 경우(도산법 제298조). 그러나 잔존채무면책은 직권으로 거절되지 않는다: 처음 두 가지 상황에서는 채권자의 신청이 필요하다. 채권자의 신청에 따라 절차가 계속된 이후부터는, 채무자의 사후 성실행동을 통해 책무위반의 흠이 치유될 수 없다.[519] 마지막 상황에서는 수탁자의 신청이 필요하다. 채권

---

517 (역자 주) 재단부족이 고지된 후 도산절차가 중지되었고, 이어서 성실행동기간이 진행된 경우라면, 도산절차에서 변제를 받지 못한 재단채권자들에게 먼저 변제한 뒤, 도산채권자들에게 변제한다. BGH NZI 2005, 399.

518 Rdnr.451도 참조. 재단채권자에 대해서는 강제집행금지 원칙이 적용되지 않는다. 그러나 도산절차에 참여하지 않은 채권자, 도산법 제302조에 따라 면책대상에서 제외된 채권자에 대해서는 강제집행금지 원칙이 적용되고, 채무자의 신규재산으로서 수탁자에게 이전할 의무가 없는 재산에 대해서도 면책거절이 종국적으로 확정될 때까지 강제집행금지 원칙이 적용된다.

519 적법한 거절신청이 이루어진 뒤에는, 채무자가 면책신정을 철회하는 것도 허용되지 않는다. BGH ZInsO 2018, 1635 Rdnr.6ff.

자는 도산절차에 참여했어야 하고, 책무위반 사실과 책무위반으로 인해 채권자들의 채권만족이 침해되었음을 소명해야 한다(도산법 제296조 제1항 제3문, 제297조 제2항). 채무자는 자신의 책무를 이행하였다는 점에 관한 정보를 제공해야 하고, 경우에 따라서는 선서에 갈음하는 보증을 통해 그 정보의 정확성을 보증해야 한다(도산법 제296조 제2항 제2문). 채무자가 이를 이행하지 않는 경우, 채권자의 상태가 악화되었는지 여부와 상관없이 면책이 거절될 수 있다. 책무위반 사실은 채권자가 증명해야 하고, 채무자는 귀책사유가 없다는 점을 증명해야 한다. 법원은 신청인이 주장한 거절근거만을 기초로 면책 여부에 대하여 판단할 수 있다. 그러한 한도에서 채권자자치라는 관점에서 처분권주의가 적용된다. 신청이 인용되면 채무자는 즉시항고를 제기할 수 있다; 신청이 기각되면 신청인이 즉시항고를 제기할 수 있다(도산법 제296조 제3항 제1문, 제297조 제2항, 제298조 제3항). 면책거절은 공시되어야 한다(도산법 제296조 제3항 제2문, 제297조 제2항, 제298조 제3항). 면책이 거절되면 양도의사표시는 효력을 상실하고, 수탁자의 직무는 종료하며, 채권자들의 자유로운 사후채권이 부활한다(도산법 제299조).

도산절차가 조기종결되지 않은 경우, **성실행동기간의 종료시점에서 잔존채무면책에 관한 결정**[520]이 이루어짐과 동시에 도산절차가 종료된다(도산법 제300조 제1항). 이 경우에도 두 가지 경우의 수가 있다: ① 지금까지 주장되지 않은 면책거절 사유가 있는 경우(그 거절근거를 주장하는 것이 도산법 제296조 제1항 제2문, 제297조 제2항에 따라 금지되지 않는다는 점을 전제로), 잔존채무면책은 종국적으로 *거절*되고(도산법 제300조 제3항) 채권자들의 자유로운 사후채권이 부활한다. 공시되어야 **460**

---

520 도산절차 자체가 아직 종료되면 안 되는 경우에도(∵ 종료요건을 갖추지 못하였기 때문에), 성실행동기간이 종료되었다면 — 도산절차가 종료하기 전에 — 면책에 관하여 결정해야 한다. BGHZ 183, 258 Rdnr.14ff. 6년의 성실행동기간이 경과하기 전에 잔존채무면책을 조기결정하는 것에 관해서는 Rdnr.452 참조.

하는 면책거절 결정에 대하여 채무자는 즉시항고를 제기할 수 있다(도산법 제300조 제4항 제1, 2문). ② 면책거절 사유가 존재하지 않으면, *잔존채무면책 결정이 이루어진다.* 이 결정은 공시되어야 한다(도산법 제300조 제4항 제1문). 이에 대해 면책거절을 신청한 모든 채권자들은 즉시항고를 제기할 수 있고, 즉시항고가 인용되면 면책결정은 취소된다(도산법 제300조 제4항 제2문).

461 채무자가 그의 책무를 위반하였고 이를 통해 도산채권자들의 채권만족이 상당부분 침해되었다는 사실이 사후적으로 밝혀진 경우, 도산채권자의 신청으로 도산법원이 면책을 **철회**할 수 있다(도산법 제303조).

462 면책의 **효력**은 무엇보다도, 도산채권자의 채권[521]이 — 도산절차나 성실행동기간 동안 변제를 받지 못한 부분에 관하여 — 불완전한 채무가 된다는 점에 있다(도산법 제301조 제3항 참조): 그 채무는 이행할 수 있다. 그러나 강제이행할 수는 없다.[522] 이 효력은 장래를 향하여 발생하고, 모든 채권자들에 대해서(자신의 채권을 채권자표에 신고하지 않은 도산채권자들도 포함) 발생한다(도산법 제301조 제1항).[523] 채권자표에 신고된 청구권으로서 채무자의 고의의 불법행위로 발생한 청구권,[524] 연체된 부양료 청구권, 조세범죄로 발생한 청구권, 벌금이나 이

---

521 채권자가 제3자에 대하여 청구권을 갖고 있었고, 그 채권자가 사해행위의 수익자인 도산채무자에 대하여 도산절차 외부의 채권자취소권을 행사한 경우, 그 채권자는 도산채권자가 아니므로 그의 취소청구권은 면책결정의 영향을 받지 않는다. BGHZ 208, 1 Rdnr.15ff.; BGH ZIP 2018, 935 Rdnr.8ff. 재단채무도 면책의 대상이 아니다. BGH ZIP 2018, 593 Rdnr.12ff.

522 도산계획의 경우에도 도산법 제254조 제3항에 따라 마찬가지 효력이 발생한다. Rdnr.401 참조.

523 그러나 잔존채무면책 절차에서 채무자가 고의로 그 청구권을 묵비한 채권자는 채무자에 대하여 민법 제826조에 따른 손해배상청구권을 갖는다. BGH NZI 2009, 66 Rdnr.11.

524 불법행위로 인해 발생한 청구권으로서 신고되지 않은 채권의 경우 일반규정에 따른다. BGH ZInsO 2011, 244 Rdnr.16ff.

와 동일시할 수 있는 채무, 절차비용에 충당하기 위해 빌린 돈의 반환 채무는, 면책에서 배제되고 이는 강행규정이다(도산법 제302조;[525] Rdnr. 382). 잔존채무면책절차에 참여하지 않은 신규채권자는(Rdnr.458)은 그의 청구권을 계속 보유한다. 신규채권자는 도산절차가 아직 종료하지 않은 경우에도 신득재산(Rdnr.144)을 공취할 수 있다(도산법 제300a조). 공동채무자나 보증인에 대한 책임청구권과 물적담보도 그대로 유지된다(도산법 제301조 제2항).[526]

525 채무자는 채권신고에 대한 이의를 통해, 채권자는 채권신고 후 이어지는 확정소송절차를 통해, 도산법 제302조의 요건이 충족되는지 여부를 명확히 할 수 있다. BGH ZInsO 2016, 918 Rdnr.17. 이 책의 Rdnr.334도 참조(역자 주).

526 도산계획의 경우에도 도산법 제254조 제2항에 따라 마찬가지로 효력이 유지된다. Rdnr.402 참조.

11편
특별절차

§ 35: 자기관리

463

A. 기본생각

464 도산법은 채무자가 자기 재산에 관한 **처분권**을 잃고, 그 대신 도산관리인이 처분권을 행사하는 상황을 도산의 통상적 상황으로 예정하고 있다(Rdnr.150 이하). 그러나 채무자에게 처분권을 허용하는 것이 더 유리한 상황도 있을 수 있다. 왜냐하면 그의 지식과 경험이 사업운영에 불가결하고 다른 방법으로 대체될 수 없는 경우가 있기 때문이다. 도산법은 제270조 이하에서 이러한 수요를 고려하고 있다. 이를 통해 일정 조건 하에 채무자가 도산재단을 자기관리하는 것이 가능하다. 이 경우 채무자는 도산감독인(Sachverwalter)이 감독한다.

465 강제경매 및 강제관리법 제150b조는 농업, 임업, 원예업 용도로 사용되는 토지의 **강제관리**에 관하여 비슷한 규정을 두고 있다. 채무자 자신이 강제관리를 할 준비가 되어있고 주변 상황을 고려할 때 질서있는 관리를 할 것이 기대되는 경우에는, 채무자가 위와 같은 토지를 강제관리할 수 있다.

466 채무자에 의한 강제관리가 **예외적인 상황**에 머물러야 한다는 점에 대해서는 의문이 없다. 소비자도산에서는 강제관리가 이미 법적으로 배제되어 있다(도산법 제270조 제1항 제3문; Rdnr.478, 488). 그러나 다

른 경우에도 자기 힘으로 자신의 사업을 구제할 수 없었던 자들에게 자기 자신의 도산상황의 관리를 맡기기는 것, 즉 "고양이에게 생선가게를 맡기는 것(den Bock zum Gärtner machen)"은 통상 타당하지 않다. 자기관리는 채권자들에게 위험하다. 왜냐하면 처분권을 갖는 채무자는 회복 불가능한 손해를 입힐 수 있기 때문이다. 그러나 자기관리는 도산관리인에 의한 관리보다 저렴하고, (도산관리인) 교육을 위해 필요한 지출을 피할 수 있다. 그렇다고 해서 자기관리가 원칙이 되어서는 안 된다. 설령 자기관리가 제1회 채권자집회까지 임시적으로 이루어지는 경우(Rdnr.469)라 하더라도 마찬가지이다. 자기관리의 요건(Rdnr.467)은 — 법률이 그 요건을 완화하고 있지 않는 한(Rdnr.468) — 엄격히 해석해야 한다.

B. 요건

자기관리는 우선 채무자의 **신청**을 전제로 한다(도산법 제270조 제2 **467**
항 제1호). 또한 자기관리 결정으로 **채권자가 불리해진다**고 예상케 하는 사정이 알려져 있지 않아야 한다(도산법 제270조 제2항 제2호). 알려진 사정만이 고려된다; 의심만으로 채무자에게 불리한 결정을 해서는 안 된다. 법원은 이러한 원칙을 기초로 자기관리가 채권자에게 불리할 것으로 예상되는지 여부를 주의 깊게 심사해야 한다. 가령 ① 도산이 채무자의 개인적 약점으로 인해 발생하였다고 알려진 경우, ② 자기관리시 채무자에게 부여되는 임무의 수행을 위해 필요한 개인적 지식과 능력을 채무자가 갖고 있지 못한 경우, ③ 상담비용이 통상의 도산절차비용을 상당히 초과하는 경우에는, 자기관리가 채권자들에게 불리할 것이라고 예상할 수 있다. 모든 사안에서 법원은 사실관계의 포섭시 자기관리가 예외이고, 채권자의 이익을 위해 특별한 정당화를 필요로 한다는 점을 고려해야 한다(Rdnr.466).

468 그러나 이러한 요건은 도산법 제270b조의 이른바 **보호막절차**(Schutzschirmverfahren)를 통해 완화되었다. 입법자는 이 규정을 통해 회생의 의지가 있는 채무자에게 가급적 빨리 도산절차에 들어올 유인을 마련해주고자 하였다. 보호막절차는 임시 자기관리절차로서, 채무자가 지급불능의 우려가 있고/있거나 채무초과인 경우 채무자가 신청할 수 있다. 그러나 채무자가 지급불능이면 신청할 수 없다. 또한 회생이 명백히 가망이 없지 않아야 한다(도산법 제270b조 제1항 제1문). 위 두 요건은 도산전문가의 증명서를 통해 증명되어야 한다(도산법 제270b조 제1항 제3문). 위 요건들이 충족되면 도산법원은 채무자에게 도산계획 제출을 위해 최대 3개월의 기간을 부여한다(도산법 제270b조 제1항 제2문). 이 기간 동안 채무자의 신청이 있으면 채무자에 대한 강제집행이 금지되고(도산법 제270b조 제2항 제3문 제2반문(半文)), 도산절차는 보호막절차가 폐지되지 않는 한 개시될 수 없다(도산법 제270b조 제4항). 동시에 임시도산감독인이 선임되는데, 이를 위해 채무자는 후보자를 제안할 권리가 있다(도산법 제270b조 제2항 제1, 2문). 그 밖의 보전조치들도 가능하다(도산법 제270b조 제2항 제3문).[527]

C. 절차

469 자기관리는 채무자가 **신청**한 경우에만 발령될 수 있다(도산법 제270조 제2항 제1호. Rdnr.467). 법원은 신청에 대하여 — 상황에 따라서는 임시 채권자협의회의 의견을 들어(도산법 제270조 제3항) — **개시결정**에서 판단을 한다(도산법 제270조 제1항 제1문). 개시결정에서 자기관리에

527 보호막절차에서 채무자는 자신의 신청에 따라 법원이 이를 수권한 경우에만 재단채무를 발생시킬 수 있다. BGH ZIP 2016, 831 Rdnr.4ff.

관하여 판단을 하기 전 개시기간 동안에는, 법원은 영향력 있는 보전조치를 가급적 발령하지 않는다. 다수설에 따르면 자기관리에 관한 법원의 결정은 취소할 수 없다.[528] 자기관리신청이 기각되면, 채권자집회의 결의에 따라 법원의 종전결정은 수정될 수 있다(도산법 제271조).[529] 자기관리신청이 인용되면, 이후 채무자, 채권자집회, 그리고 모든 채권자는 자기관리의 **폐지**를 신청할 수 있다(도산법 제272조). 자기관리가 폐지되면 도산관리인이 선임된다. 개별채권자의 폐지신청은 자기관리 발령요건이 소멸하였음이 소명된 경우에만 가능하다(도산법 제272조 제1항 제2호, 제2항). 이에 반해 채무자의 신청이나 채권자집회의 신청의 경우 바로 폐지신청이 인용된다.

D. 법적 효과

자기관리결정은 **도산절차**가 개시된다는 점에 아무런 변화를 가져오지 않는다(도산법 제270조 제1항 제2문). 즉 자기관리 결정 후 도산절차가 폐지되는 것이 아니고, 여전히 채무자 재산은 채권자들을 위해 환가되어야 한다. 470

일반적인 규정들과의 결정적 차이점은 채무자가 **처분권**을 갖는다는 점이다(도산법 제270조 제1항 제1문). 채무자는 자신이 원래 갖고 있는 처분권을 행사하는 것이 아니다. 오히려 자기관리는 도산채무자 471

528 도산법은 자기관리신청 기각결정의 *취소가능성*에 관하여 언급하고 있지 않다. 도산법 제6조 제1항의 기본원칙에 따르면 자기관리 발령이나 거절은 독립하여 취소할 수 없다. 그러나 채무자가 도산절차개시 자체에는 반대하지 않고 자기관리의 거절에 대해서만 반대하는 경우에는, 채무자는 도산법 제34조 제2항에 따라 도산절차개시결정의 취소를 구할 수 있다.

529 그러나 채권자집회는 채무자의 신청 없이 자기관리를 결정할 수는 없다. 왜냐하면 채무자가 자기관리를 할 의사가 없는데 채무자에게 재산환가를 맡기는 것은 의미가 없기 때문이다. 따라서 자기관리는 채무자의 신청이 있으면 즉시 폐지될 수 있다(도산법 제272조 제1항 제3호).

자신이 도산관리인으로 선임되고 도산관리인의 권한을 행사하는 것으로 이해해야 한다.[530] 채무자가 처분권을 갖고 있기 때문에 필연적으로, 통상의 절차진행과는 차이가 발생한다. 가령 도산재단의 포기는 가능하지 않고,[531] 자기관리명령은 공시되어야 한다(도산법 제273조). 그러나 자기관리의 경우 도산절차개시는 물권법적 등기부에 기재될 필요가 없다(도산법 제270c조 제3문). 이에 반해 제3자 관리인이 선임되는 통상의 도산절차에서는 물권법적 등기부에 처분제한이 공시된다(Rdnr.136).[532] 채무자를 대신하여 행동하는 도산관리인은 존재하지 않는다. 그 대신 중립적인 **감독인**이 선임된다(도산법 제270c조 제1문). 감독인은 처분권이 없지만 채무자의 경제적 상황을 심사하고 채무자의 업무집행과 생활을 위한 지출을 감독해야 한다(도산법 제274조 제2항). 감독인이 심사·감독과정에서 채권자들에 대한 불이익이 예상된다고 확인한 경우, 감독인은 이를 지체없이 도산법원과 채권자협의회에 알려야 한다(도산법 제274조 제3항). 이를 통해 채권자들은 자기관리의 폐지(Rdnr.469)를 신청할 것인지 결정할 수 있다. 유책하게 의무를 위반한 감독인은 도산법 제274조 제1항, 제60조에 따라 도산관리인과 마찬가지로(Rdnr.68 이하) 책임을 부담한다.

472 이러한 기본구조를 바탕으로 **도산관리인의 권한이 채무자와 감독인에게 분배**된다. 원칙적으로 채무자가 도산절차를 진행한다. 채무자는 원래 도산관리인의 업무(Rdnr.61)인 *재산목록*을 작성하고, 감독인이 이를 심사한다(도산법 제281조 제1항). 또한 채무자는 도산관리인이 하는 것처럼(Rdnr.62) 채권자집회의 *보고기일*에 보고한다(도산법 제281조

---

530 따라서 자기관리인은 자기관리에 따른 업무집행에 과정에서 도산법 제60조, 제61조의 유추적용을 근거로 책임을 부담할 수 있다. BGH ZIP 2018, 977 Rdnr.10ff.

531 BGH ZIP 2017, 686 Rdnr.8. 도산재단 포기 일반에 관해서는 Rdnr.149 참조.

532 자기관리의 경우에도 진행 중인 소송절차는 민사소송법 제240조에 따라 중단된다. 자기관리의 경우에도 채권자평등을 보장해야 하기 때문이다(Rdnr.224).

제2항). 채권자집회는 채무자나 감독인에게 *도산계획*의 작성을 맡길 수 있다(도산법 제284조; Rdnr.365 참조). 원칙적으로 채무자가 도산법 제279조에 따라 쌍방미이행 쌍무*계약관계*를 계속할 것인지에 대하여 결정하고(Rdnr.186),[533] *소송을 인수*할 것인지에 관하여 결정한다(Rdnr. 220). 이에 반해 도산법 제280조에 따라 감독인이 *포괄손해청산*(Rdnr. 235)과 *부인권행사*(Rdnr.244 이하)를 담당한다.

도산재단의 *관리*(Rdnr.61)는 채무자가 하지만, 도산법은 감독인이 이에 관여해야 한다고 규정하고 있다(도산법 제275조 제1항).[534] 또한 감독인은 자신이 지급거래(금전의 수령과 지출)를 진행해야 한다고 요구할 수 있다(도산법 제275조 제2항). 특히 중요한 법적 행위에 대해서 채무자는 도산관리인과 마찬가지로(Rdnr.67) 채권자협의회의 동의를 얻어야 한다(도산법 제276조). 그 밖에 채무자의 특정 법률행위는 감독인의 동의를 얻어야만 유효하다는 명령을 법원이 발령할 수 있다(도산법 제277조).[535] 그러나 일반적 처분금지는 허용되지 않는다. 왜냐하면 일반적 처분금지를 허용하면 더 이상 자기관리가 아니기 때문이다. 도산법 제278조는 채무자가 생계유지를 위해 도산재단을 소비하는 것을 제한된 범위에서 허용하고 있다. **473**

533 그러나 단체협약의 해지(도산법 제120조), 사업변경에의 동의의 소(도산법 제122조), 해지의 적법성 확인의 소(도산법 제126조)는 감독인의 동의를 얻어야만 가능하다(도산법 제279조 제3문).

534 다른 경우(도산법 제282조 제2항 — 자기관리인인 채무자는 감독인과 합의하여 환가권을 행사해야 한다 — 참조)와 마찬가지로 이 경우에도 도산법은 채무자의 협조에 호소하고 있다. 즉 채무자가 감독인을 관여시키지 않더라도, 채무자의 관리행위의 대외적 효력에 영향이 없다. 이로 인해 단지 자기관리절차가 폐지(Rdnr.469)되거나 채무자가 책임을 질 수 있을 뿐이다. 그러나 채무자가 책임을 지는 것은, 채무자가 이미 자력이 없기 때문에 채권자들에게 실익이 없다.

535 이러한 동의가 없는 경우 법률행위는 절대적 무효이다; 도산법 제81조 제1항 제2, 3문, 제82조가 준용된다(도산법 제277조 제1항 제2문). 동의요건은 또한 등기부에 등기된다(도산법 제277조 제3항 제3문).

474 채무자는 도산재단의 *환가*(Rdnr.342 이하)도 담당한다(이 경우에도 도산재단의 관리에서처럼 — 감독인의 — 참여권한이 준수되어야 한다; Rdnr. 473). 별제권의 대상인 목적물의 환가의 경우도 마찬가지이다(도산법 제282조; Rdnr.298 이하 참조). 별제권자 입장에서는 채무자가 환가하기 때문에 '확인비용'(목적물 및 권리 확인비용. 도산관리인에 의한 환가의 경우 원칙적으로 확인비용이 발생한다. 도산법 제171조 제1항)이 전혀 들지 않고, 환가비용도 실제 발생한 비용만이 환가대금에서 공제된다(도산관리인에 의한 환가의 경우 실제 발생한 환가비용보다 더 많은 정액의 환가비용이 공제될 수 있다. 도산법 제171조 제2항)는 장점이 있다(도산법 제282조 제1항 제2, 3문; Rdnr.303 참조).

475 *도산채권의 신고*(Rdnr.332)는 도산법 제270c조 제2문에 따라 감독인이 담당하고, *확정절차*는 도산법원이 담당한다(도산법 제270조 제1항 제2문, 제176조 이하; Rdnr.333). 심사기일에 도산관리인 대신 채무자와 감독인이 신고에 대한 이의제기 권한을 갖는다(도산법 제283조 제1항; Rdnr.334 참조). 환가대금의 *배당*(Rdnr.347)은 다시 채무자가 담당한다(도산법 제283조 제2항). *재단부족*은 감독인이 신고해야 한다(도산법 제285조; Rdnr.327 참조).

§ 36: 소비자 도산절차

476

A. 기본생각

477 입법자는 도산법 제304조 이하에서 소비자도산을 위한 고유의 도산절차를 만들었다. 이는 소비자도산을 해결하는 데 통상의 도산절차

가 비용이 많이 들고 경직되어 있다는 점을 고려한 것이다. 또한 통상의 도산절차는 재산의 환가를 우선시하고 있기 때문에 소비자도산 고유의 과제를 수행하기 적절하지 않다. 왜냐하면 소비자들은 통상 환가할 재산이 거의 없고, 적절한 채무조정을 통해 소비자들이 새 출발을 할 수 있도록 하는 것이 우선적으로 중요하기 때문이다. 따라서 도산법은 법정 밖 및 법정 채무조정절차를 전면에 배치하고, 단지 보조적으로—통상적으로 매우 간이한—도산절차를 규정하고 있다.

B. 적용범위

소비자도산에 관한 규정은 **독립적인 영업활동을 하지 않거나 하지 않았던 모든 자연인**에게 적용된다(도산법 제304조 제1항 제1문). 따라서 모든 법인, 모든 법인격 없는 조합, 프리랜서를 포함한 모든 독립적 영업자가 적용대상에서 제외된다. 그러나 그 밖의 사람들(가령 실업자, 임원을 포함한 근로자, 인적조합의 조합원 중 업무를 집행하지 않는 조합원[536])에 대해서는 소비자도산절차가 **강행규정으로서** 적용된다. 도산법 제305조 이하가 달리 규정하지 않는 경우에 한해 일반규정이 적용된다(도산법 제304조 제1항). 478

채무자가 **종전에** 독립적 영업활동을 하였던 경우 그는 원래 도산법 제304조 이하의 적용대상이 아니다. 그러나 그의 재산관계가 복잡하지 않고 그에 대하여 근로계약상 채권이 존재하지 않는다면, 도산법 제304조 제1항 제2문에 따라 그를 소비자로 본다. 도산법 제304조 제2항에 따르면, 그가 절차신청시점에 20명 미만의 채권자를 갖고 있는 경우에만 그의 재산관계는 복잡하지 않은 것이다. 그러나 이 경우에도 다툼의 대상이 되는 채권의 숫자나 부인청구권으로 인해 재산관계가 복잡 479

---

536 법인의 기관대리인은 항상 소비자이다.

할 수 있다. 채무자의 채무구조가 그 전체모습을 고려할 때 종속적 직업활동을 하는 자의 채무구조와 부합하는지 여부가 중요하다. 의심스러울 때에는 소비자도산이 아니라 통상의 도산절차를 진행해야 한다.

C. 절차

480 도산법은 채무자가 도산절차개시를 신청한 경우와 신청하지 않은 경우를 구별하고 있다.

Ⅰ. 채권자의 개시신청

481 채무자가 아니라 채권자 측에서만 신청을 한 경우, 도산절차—그러나 통상 매우 간이한—가 진행된다(Rdnr.487). 뒤에서 언급할 법정 밖 그리고 법정 합의시도에 관한 규정들은 이 경우 적용되지 않는다(도산법 제306조 제3항 참조).

Ⅱ. 채무자의 개시신청

482 채무자만 또는 채권자와 채무자 모두 신청을 한 경우, 합의를 통한 해결책 모색이 도산절차보다 우선한다.

1. 법정 밖 합의시도

483 채무자는 종전에 법정 밖 합의시도가 있었던 경우에만 도산절차개시를 신청할 수 있다. 도산법 제305조 제1항 제1호에 따르면 채무자는 신청시, 채무조정계획[537]에 기초한 채권자들과의 법정 밖 채무조

537 전화를 통한 합의시도로는 충분하지 않다. 이는 도산법 제217조 이하의 도산계획

정합의 시도가 도산절차개시 신청 전 6개월 내에 성과 없이 끝났다는 증명서를 제출해야 한다. 이 증명서는 — 상담을 거친 뒤 — 적합한 사람이나 기관이 발급해야 하는데, 연방의 각 주들은 시행법률에서 어떠한 사람이나 기관이 발급자격이 있는지에 대하여 규정하고 있다. 소비자센터, 채무자상담소나 분쟁조정기관, 사회보장기관, 변호사, 공증인, 회계사, 세무사, 집행관, 중재인이 고려된다. 채무자가 합의시도를 하지 않은 경우 도산법원은 도산법 제305조 제3항 제1문에 따라 채무자에게 합의시도를 하여 요건흠결을 사후보완할 것을 촉구한다. 채무자가 관련된 서류를 1달 내에 제출하지 않으면, 그의 신청은 도산법 제305조 제3항 제2문에 따라 기각된다.

2. 도산신청

법정 밖 채무조정계획이 성립되지 않으면 도산절차개시를 신청할 **484**
수 있다. 채무자는 이러한 신청시 왜 법정 밖 합의제안(신청시 첨부하여 제출한다)이 성립하지 않았는지 그 이유를 밝혀야 한다(도산법 제305조 제1항 제1호). 또한 채무자는 (Rdnr.483에서 언급한 증명서 및 Rdnr.485에서 상세히 언급할 채무조정계획 이외에) 그의 수입과 재산, 채권자 및 채권목록을 제출해야 한다(도산법 제305조 제1항 제3호). 또한 채무자는 잔존채무면책을 신청할 것인지 밝혀야 한다(도산법 제305조 제1항 제2호).

3. 법원에 의한 채무조정 중재

채무자의 도산절차개시 신청은 바로 도산절차개시에 관한 결정으 **485**
로 이어지지 않고, 법정 중재절차로 이어진다. 중재기간 중 개시절차

을 뜻하는 것이 아니고(왜냐하면 이 시점에서는 도산절차 자체가 개시되지 않았기 때문이다), 법정 밖 채무조정계획을 뜻한다.

는 정지된다(도산법 제306조).[538] 채무자는 도산절차개시 신청시 **채무조정계획**을 제출해야 한다. 이 계획은 채권자들의 이익, 채무자의 재산관계, 수입관계, 가족관계를 고려할 때, 적절한 채무조정에 이르기에 적합한 모든 규정을 포함할 수 있다(도산법 제305조 제1항 제4호).[539] 사적자치에 기초한 모든 조치들이 채무조정계획에서 고려될 수 있다. 가령 권리행사 중지, (일부)면제, 분할지급, 권리실효조항(Verfallklauseln), 채무자가 직장을 잃은 경우에 대비한 규정, 특정재산—가령 자택—의 보호, 제3자에 의한 지급이나 담보제공 등. 법원은 채권자들에게 채무자가 제출한 채무조정계획과 재산명세서(Rdnr.484)를 송달하고 채권자들에게 1개월의 불변기간 내에 이에 대한 입장을 밝힐 것을 최고한다(도산법 제307조 제1항). 이러한 입장에 기초하여 채무자는 계획을 수정하고, 이에 대하여 채권자들은 다시 입장을 밝힐 수 있다(도산법 제307조 제3항).

486 채권자들은 **채무조정계획을 승인**할 것인지 결정해야 한다. 모든 채권자들이 동의하면 계획은 승인된다(도산법 제308조 제1항). 채권자가 정해진 기간 내에 의견을 밝히지 않으면 동의한 것으로 본다(도산법 제307조 제2항).[540] 동의가 없는 경우에도 채권자 과반수가 동의하고 그 채권액이 전체 채권액의 과반수에 달하면 도산법원의 결정에 의해 전체동의를 대체할 수 있다(도산법 제309조 제1항 제1문).[541] 그러나 동의하지 않은 채권자가 적절히 참여하지 못하였거나, 도산절차가 진행

---

538 법원이 채무조정계획절차가 가망이 없다고 판단한 경우에는 그렇지 않다(도산법 제306조 제1항 제3문).

539 채무자가 채권자들에게 채권 전액의 면제를 제안하는 이른바 "제로 계획"도 허용될 수 있다. BGH ZInsO 2013, 2333 Rdnr.6ff.

540 불변기간이기 때문에 (채권자가 기간을 지키지 못한데 과실이 없는 경우) 민사소송법에 따라 추완(追完)이 가능하다(도산법 제4조; 민사소송법 제233조).

541 이러한 방해금지(Rdnr.395)는, 경제적으로 의미 있는 조치들이 개별채권자의 반대로 좌절되는 것을 막고, 채권자들이 가급적 빨리 법정 밖 채무조정계획에 동의하도록 하기 위해 마련된 것이다.

되어 잔존채무면책까지 이루어진 경우에 비해 (채무조정계획으로 인해) 더 나쁜 상태에 놓이게 된다면, 이러한 대체는 배제된다(도산법 제309조 제1항 제2문). 계획이 승인되면 채권자의 청구권은 계획이 정한 내용대로 존재한다(도산법 제308조 제1항 제2문 참조).[542] 도산절차개시 신청과 잔존채무면책 신청은 기각된 것으로 본다(도산법 제308조 제2항). 채권자들은 소송상 화해에 근거한 것과 마찬가지로, 채무조정계획에 근거하여서도 강제집행을 할 수 있다(도산법 제308조 제1항 제2문).[543] 해제는 가능하지 않다. 왜냐하면 민법 제323조 이하의 규정에 따른 쌍무계약이 아니기 때문이다.

Ⅲ. 도산절차

채무자가 제안한 채무조정계획이 승인되지 않으면(Rdnr.486) **개시** **487**
절차가 다시 진행된다(도산법 제311조). 채권자가 신청한 경우에도 마찬가지로 개시절차가 진행된다(Rdnr.481). 도산법원은 도산절차개시 사유가 존재하는지(Rdnr.101 이하), 절차비용에 충당할 수 있는 충분한 도산재단이 존재하는지, 또는 절차비용지급이 유예될 수 있는지(Rdnr.117 이하)를 심사한다. 이러한 요건이 충족되면 도산절차가 개시된다.

도산절차는 통상 매우 간소하게 진행된다. 도산법 제29조 제2항 **488**

542 채무조정계획에서 언급되지 않은 채권자들도 — 그들이 송부받은 채권자표를 정정하지 않은 경우를 제외하고는 — 그들의 청구권을 보유한다(도산법 제308조 제3항). 채무자로서는, 다툼의 대상인 채권을 그 가치가 "0"이라고 채무조정계획에 일단 기재를 하고, 채권자가 이의를 제기하지 않으면 그 채권이 소멸하도록 만드는 것이 바람직하다. 반대약정(도산법 제305조 제1항 제4호 제2반문(半文))이 없는 한 부종적 담보도 채무자에 대한 청구권이 소멸하는 범위에서 소멸한다. 왜냐하면 소비자도산의 경우 도산법 제254조 제2항, 제301조 제2항에 상응하는 규정이 없기 때문이다.

543 소송상 화해와 마찬가지로 취급하기 때문에 승인된 채무조정계획의 유효성은 민법규정에 따라 판단한다.

제2문에 따르면 도산법원은 보고기일(Rdnr.88)을 생략해야 하고, 자기관리에 관한 규정(Rdnr.466)은 적용되지 않는다. 그리고 절차는 원칙적으로 서면으로 진행된다(도산법 제5조 제2항). 그 밖에 도산계획절차를 포함하여 통상의 도산절차에 관한 일반규정이 적용된다(Rdnr.367).

§ 37: 특별재산재단에 대한 도산절차

A. 상속재산 도산

489

Ⅰ. 기본생각

490 민법 제1922조, 제1967조에 따르면 상속인은 피상속인의 법적지위를 승계한다. 이는 상속인이 상속채무[544]에 대하여 상속재산뿐만 아니라, 그의 고유재산으로도 책임을 부담한다는 것을 의미한다. 자기재산과 상속재산은 *하나의* **책임재산**을 구성한다. 그러나 상속인이 상속재산관리나 상속재산도산을 신청하면(민법 제1975조), 책임재산을 상속재산으로 제한하고 상속재산과 고유재산을 책임법적으로 다시 분리할 수 있다(Rdnr.496 이하). 상속재산이 상속채권자들의 변제에 충분할 것으로 예상된다면 상속재산관리를 신청할 수 있다. 상속재산이 충분하지 않다면 상속재산도산절차를 신청해야 한다(민법 제1980조, 제1985조 제2항).

491 이러한 도산절차에서는 통상의 상황과 달리 채무자의 전체재산이

544 피상속인의 모든 채무(피상속인채무)는 *상속채무*이다. 또한 상속을 계기로 발생하는 상속인의 모든 채무(상속상황채무)도 상속채무이다; 사례 : 유류분반환의무, 유증과 부담(Auflage)으로 인해 발생하는 의무(민법 제1967조 제2항), 장례비용(민법 제1968조), 민법 제1969조에 따른 부양청구권, 상속세.

채무자의 모든 채권자들을 위해 환가되는 것이 아니고, 상속재산이 상속채권자들을 위해 환가된다(도산법 제325조). 이는 도산법 제11조 제2항 제2호에서 허용하는 **특별한 도산절차**이다(Rdnr.34, 42). 이러한 특별한 도산절차와 병행하여 상속인의 고유재산에 대한 두 번째 도산절차도 가능하다. 상속재산도산절차가 신청되지 않으면 상속인의 전체재산에 대한 도산절차가 고려될 수 있다.[545]

Ⅱ. 절차

1. 도산신청

상속재산도산의 경우 도산법 제315조 이하가 달리 규정하고 있지 않는 한, 원칙적으로 통상의 도산절차와 동일한 규정이 적용된다. 즉, 도산신청으로 절차가 시작되고(도산법 제13조; Rdnr.94),[546] 신청은 도산법원에 해야 한다. 상속재산도산절차의 **관할**법원은 상속법원이 아니라 도산법원이다. 토지관할에 관하여는 피상속인 사망시점에 피상속인이 경제활동을 중심적으로 하였던 곳을 관할하는 도산법원에 전속관할권이 있고, 2차적으로 피상속인이 보통재판적을 갖는 도산법원에 전속관할권이 있다(도산법 제315조; Rdnr.50). **492**

신청권자로는 우선 채무자인 상속인이 있다. 채무자가 아직 명시적으로 상속승인을 하지 않았거나[547] 민법 제1994조에 따른 목록작성기간을 준수하지 않아서 채무자가 이미 무한책임을 지는 경우[548]라 **493**

545 상속재산에 대하여 유언집행자가 지정된 경우에도 마찬가지이다. BGHZ 167, 352 Rdnr.7ff.

546 그러나 자연인의 재산에 대하여 도산절차가 개시되었고, 채무자가 사망하여 도산절차가 상속재산도산절차로서 계속되는 경우에는, 신청이 없어도 상속재산도산절차가 진행된다(Rdnr.36).

547 즉 상속의 승인은 상속인이 책임을 부담하는 요건이 아니고, 단지 그 후 상속포기를 못하게 하는 효과를 가질 뿐이다(민법 제1943조).

548 이 경우 상속채권자는 상속재산도산절차에도 불구하고 — 상속인의 고유재산에

할지라도 그러한 채무자도 신청권이 있다(도산법 제316조). 공동상속인은 단독으로 상속재산도산절차 개시를 신청할 수 있다(도산법 제317조 제2항).[549] 상속재산이 이미 분할된 경우에도 마찬가지이다(도산법 제316조 제2항).[550] 또한 상속재산관리인(Nachlassverwalter)이나 그 밖의 상속재산보호자(Nachlasspfleger),[551] 유언집행자, 모든 상속채권자도 상속재산도산절차를 신청할 수 있다(도산법 제317조 제1항). 또한 상속재산취득자도 신청할 수 있다(도산법 제330조).

494 통상의 도산절차와 달리 도산법은 채권자 신청의 경우, **신청기간**을 규정하고 있다: 상속승인 후 2년이 지나면 채권자의 신청은 허용되지 않는다(도산법 제319조). 이는 상속재산과 고유재산이 혼화된 후 오랜 기간이 지났다면, 두 재산의 분리(Rdnr.490)가 거의 불가능하다는 점을 고려한 것이다.

2. 개시근거

495 채무초과(Rdnr.108)와 지급불능(Rdnr.102), 그리고 지급불능의 우려(Rdnr.106)가 개시근거이다.[552] 그러나 채권자가 신청하는 경우, 지급불능의 우려는 개시근거가 될 수 없다(도산법 제320조). 개시근거는 상속재산과 관련하여 확정되어야 한다. 따라서 지급불능(우려)은 상속재산

대하여 도산절차가 개시되지 않는 한, — 상속인의 고유재산에 대하여 강제집행을 할 수 있다. 상속재산도산절차 이외에 상속인의 고유재산에 대한 도산절차도 개시된 경우, 두 재산 모두가 책임재산이 되는 채권자들은, 상속재산도산절차에서 변제를 받지 못한 한도에서만 상속인의 고유재산에 대한 도산절차에서 그들의 청구권을 신고할 수 있다(도산법 제331조).

549 공동상속의 경우 모든 공동상속인은 도산법상 채무자에 해당한다.

550 그러나 도산절차는 항상 전체 상속재산에 대하여 진행되고, 상속분에 대하여 이루어지지 않는다(도산법 제316조 제3항).

551 상속재산관리는 상속재산보호의 특수한 사례이다. 민법 제1975조 참조.

552 구 파산법에서는 채무초과만이 개시근거였다(구 파산법 제215조). 지급불능을 추가한 것은 상속재산의 경우 항상 정적 재산만 문제되는 것은 아니라는 점 — 이는 사업체가 상속재산에 속한 경우 분명히 드러난다 — 을 고려한 것이다.

의 유동성과 관련된 것이고, 상속인의 유동성과는 관련이 없다.

3. 도산재단

상속재산도산의 경우에도 도산절차의 개시로 우선 도산재단 압류 **496** 의 효과가 발생한다(Rdnr.140 이하). 도산재단은 압류가 가능한 상속재산만으로 구성된다. 상속재산도산절차의 개시로 **상속재산과 상속인의 고유재산이 책임법적으로 분리**된다(Rdnr.490). 상속재산도산관리인은 일반규정에 따라 상속재산의 점유를 인수하고, 이를 관리, 환가해야 한다(도산법 제148조). 이를 위해 도산관리인이 발견한 "있는 도산재단"은 상속재산도산의 경우에도 "있어야 할 도산재단"으로 전환되어야 한다(Rdnr.227 이하). 통상의 도산절차와의 차이점은, 상속재산에 대하여 강제집행의 방식으로 취득한 담보권은 도산법 제88조에 따라 무효가 될 뿐만 아니라, 그 강제집행이 상속개시 후 이루어진 경우에는 항상 무효가 된다는 점(도산법 제321조)에 있다.[553] 또한 유류분반환청구권, 유증 및 부담을 근거로 상속재산으로부터 급부가 이루어진 경우, 무상급부와 마찬가지로 부인의 대상이 된다(도산법 제322조). 왜냐하면 유류분권자나 수유자는 원칙적으로 상속채권자보다 후순위로 변제를 받아야 하기 때문이다(Rdnr.499). 또한 재산상태는 가급적 상속개시시점의 상태로 회복되어야 한다. 왜냐하면 상속재산도산에 관한 규정들은 "**상속개시시점으로의 소급 지향**(**志向**)"을 기초로 만들어졌기 때문이다: 도산법은 마치 상속개시시점에 도산절차가 개시된 것처럼 보고 도산상태를 청산하려고 한다.[554] 이는 상속재산과 고유재산의 책임법적 분리와도 일맥상통한다(Rdnr.490).

---

553 따라서 부인권을 행사할 필요가 없다.
554 이러한 관점에 대한 비판으로는 Häsemeyer Rdnr.33.05ff.

4. 채권자의 종류

497 상속재산도산절차가 특별도산절차라는 점(Rdnr.490)은 채권자 종류의 구성에도 영향을 미친다. 우선 도산법 제324조는 **재단채권자**의 범위를 언급하고 있는데, 그들의 청구권이 상속재산의 관리에 발생근거를 두고 있는 채권자들[555]은 원칙적으로 재단채권자이다. 이는 책임재산의 분리(Rdnr.490) 및 "상속개시시점으로의 소급지향"(Rdnr.496)과 부합한다.

498 이러한 책임재산의 분리는 **도산채권자**의 범위를 결정할 때에도 결정적 영향을 미친다: 상속채권자만이 도산채권자이다(도산법 제325조). 왜냐하면 그들에 대해서만 상속재산이 도산재단으로서 책임법적으로 귀속되기 때문이다. 상속인도 도산채권자가 될 수 있다. 그들의 피상속인에 대한 청구권은 상속개시시점에 혼동을 통해 소멸하지만 상속재산도산절차 개시 및 그와 연결된 상속재산과 고유재산의 분리를 통해 다시 부활한다(민법 제1976조).

499 도산법 제327조는 도산법 제39조에 추가하여 **후순위 도산채권자**로서 유류분권자, 수유자, 부담설정에 따른 수익자를 규정하고 있다. 이들을 후순위로 지정한 것은 이러한 자들은 단지 상속재산 중 잉여가 있는 경우, 이에 대하여 참가할 청구권을 갖기 때문이다. 이러한 채권자들이 상속인보다 더 유리한 위치에 놓여서는 안 된다.

---

555 상속인이 관리비용을 지출한 경우에도 재단채권자가 된다. 다만 이 경우 민법 제1978조, 제1979조의 요건을 충족해야 한다.

B. 부부공동재산 도산

500

I. 혼인법적 근거

민법은 세 가지 형태의 부부재산제를 규정하고 있다: 부부는 공동재산제(민법 제1415조. Rdnr.502)나 별산제(민법 제1414조)를 합의할 수 있다; 합의가 없는 경우 법정재산제인 부가이익공동제가 적용된다(민법 제1363조 제1항). 이는 부가이익의 정산이 추가된 별산제이다(민법 제1363조 제2항). **부가이익공동제**(민법 제1363조)와 **별산제**의 경우(민법 제1414조) 모든 배우자가 자기 고유재산을 가지고, 이는 다른 배우자의 고유재산과 분리된다(민법 제1364조 참조). 모든 배우자는 자신의 채권자에 대해서 그의 고유재산으로만 책임을 진다. 따라서 모든 배우자의 고유재산에 대해서는 바로 자신의 도산절차가 개시될 수 있다. 다른 배우자의 재산은 이와 무관하다. 다만 부부가 공동으로 취득하는 등의 이유로 부부가 공유하는 재산의 경우, 영향을 받는 부분이 있다. 이 경우 도산상태에 있는 배우자의 공유지분이 도산재단에 포함되고 일반규정에 따라 환가된다(도산법 제84조). 501

그러나 부부가 **공동재산제**를 선택한 경우 서로 구별되어야 하는 다양한 재산이 존재한다: 502

- 양도할 수 없는 재산은 각 배우자의 *특별재산*이 된다(민법 제1417조).
- 양도할 수 있는 재산은 혼인계약에서 그와 같이 지정을 하거나 출연을 한 제3자가 그와 같이 지정한 경우, 각 배우자의 *유보재산*이 된다(민법 제1418조).

– 그 밖의 각 배우자의 양도할 수 있는 재산은 *공동재산*이 된다(민법 제1416조). 그러한 한도에서 부부는 조합을 구성하게 된다(민법 제1419조). 공동재산을 공동으로 관리할지 일방이 단독관리할지는 혼인계약으로 정한다(민법 제1421조). 단독관리를 하는 경우 공동재산은 공동재산채무에 관하여 책임을 진다. 공동재산채무에는 관리를 하는 배우자의 모든 채무와 민법 제1438조 이하의 규정에 따른 관리를 하지 않는 배우자의 채무[556]가 포함된다(민법 제1437조 제1항). 또한 관리하는 배우자는 다른 배우자의 채권자로서 공동재산채권을 갖고 있는 자에 대하여 연대채무자로서 개인적으로 책임을 부담한다(민법 제1437조 제2항). 따라서 이러한 채권자는 공동재산뿐만 아니라 유보재산도 공취할 수 있다.[557] 공동재산이 공동관리되는 경우 민법 제1460조 이하의 규정에 따라 두 배우자의 채무에 대하여 책임을 부담한다(민법 제1459조 제1항).[558] 또한 각 배우자는 상대방 배우자의 공동재산채무에 대하여 연대채무자로서 책임을 부담한다(민법 제1459조 제2항).

503 민법 제1483조에 따르면 부부는 혼인계약에서 **계속된 공동재산제**를 선택할 수도 있다. 이는 일방 배우자의 사망 후에도 생존 배우자와

556 공동재산은 공동재산제가 성립하기 전에 발생한 관리하지 않는 배우자의 채무에 대해서는 무제한으로 책임을 부담한다. 공동재산제 성립 후에 발생한 관리하지 않는 배우자의 채무에 대해서는 민법 제1438조에 따라 관리하는 채무자가 동의하거나 그 법률행위가 민법 제1429조, 제1431조, 제1432조, 제1434조, 제1357조에 따라 관리하는 채무자의 동의 없이도 공동재산에 대하여 효력이 있는 경우에 한해 책임을 부담한다.

557 특별재산은 양도가 불가능하므로 통상 압류가 가능하지 않다.

558 공동재산은 공동재산제가 성립하기 전에 발생한 각 배우자의 채무에 대하여 책임을 부담한다. 공동재산제 성립 후에 발생한 채무에 대해서는 다른 배우자가 동의하거나 그 법률행위가 민법 제1454조 이하에 따라 다른 배우자의 동의 없이도 공동재산에 대하여 효력이 있는 경우에 한해 책임을 부담한다(민법 제1460조).

합유관계에 있는 직계비속들 사이에(망인의 상속인들 사이에서가 아니다!) 공동재산제가 계속된다는 것을 뜻한다. 이 경우 사망한 배우자의 공동재산에 대한 지분은 상속재산에 속하지 않는다(민법 제1483조 제1항 제3문). 생존배우자가 공동재산을 — 설령 그가 전에 관리권한이 없었던 경우라 할지라도 — 단독관리한다(민법 제1487조 제1항 제2반문(半文)). 이 경우 공동재산은 생존배우자의 모든 채무에 대하여 책임을 부담한다(민법 제1488조). 또한 생존배우자는 공동재산채무에 대하여 연대채무자로서 개인적으로 책임을 부담한다(민법 제1489조).

Ⅱ. 도산법적 결과

1. 배우자의 재산에 대한 도산절차

공동재산제에서 일방 배우자의 재산에 대하여 도산절차가 개시된 경우, 도산법적 결과는 관리권한이 어떻게 배분되어 있는지에 따라 달라진다. 채무자가 **단독 관리권자인 경우** — 압류가능한(Rdnr.502) 특별재산 및 유보재산 이외에 — 공동재산도 도산재단에 속한다(도산법 제37조 제1항 제1문). 공동재산의 청산은 일어나지 않는다(도산법 제37조 제1항 제2문). 관리하지 않는 배우자의 채권자들은 이 절차에 참가할 수 있다. 왜냐하면 공동재산채무가 문제되는 한 그들에 대하여 관리하는 배우자가 연대채무자로서 책임을 부담하고 있기 때문이다(민법 제1437조 제2항; Rdnr.502). 504

채무자가 **관리권한이 없는 경우** 그의 특별재산과 유보재산은 도산재단에 귀속되지만 공동재산은 귀속되지 않는다(도산법 제37조 제1항 제3문). 이 결과는 수인할 수 있다. 왜냐하면 관리하지 않는 배우자의 채권자들에 대하여 — 그들의 청구권이 공동재산채무인 한 — 관리하는 배우자가 연대채무자로서 책임을 부담하고, 따라서 채권자들은 관 505

리하는 배우자에게 청구를 할 수 있으며, 그가 도산상태에 있는 경우 공동재산을 공취할 수 있기 때문이다(Rdnr.504). 관리권한이 있는 배우자는 공동재산에 속한 목적물을 환취할 수 있다(도산법 제47조, 민법 제1422조). 도산상태에 있는 관리하지 않는 배우자에게 속한 합유지분도 도산재단에 속하지 않는다. 왜냐하면 이 지분은 압류할 수 없기 때문이다(도산법 제36조 제1항. 민사소송법 제860조).[559]

506 **부부 공동으로 관리권이 있는 경우**도 마찬가지이다(도산법 제37조 제2항). 그러나 이 경우 공동재산에 대한 도산절차가 가능하다(Rdnr. 507).

2. 공동으로 관리되는 부부공동재산에 대한 도산절차

507 도산법 제11조 제2항 제2호에 따르면 공동재산제의 공동재산으로서 두 배우자가 공동으로 관리하는 재산에 대해서는, 독자적 도산절차가 진행될 수 있다. 이는 **특별도산절차**이다(Rdnr.34, 42, 491). 이 도산절차에서는 공동재산이, 공동재산으로부터 채무를 이행할 것을 청구할 수 있는 채권자들만을 위해 환가된다.

508 공동재산으로부터 채무를 이행할 것을 청구할 수 있는 모든 채권자와 모든 배우자(도산법 제333조)가 **신청권**이 있다. 모든 배우자가 신청권이 있는 이유는, 부부는 이 도산절차에서 환가되는 재산의 보유자로서 채무자이기 때문이다(Rdnr.33). **도산절차개시 근거**는 도산법 제333조 제2항이 규정하고 있는 것처럼(그리고 도산법 제334조 제1항으로부터 간접적으로 도출되는 것처럼) 공동재산[560]의 *지급불능*이다(배우자가 신청하는 경우에는 지급불능의 우려도 근거가 된다). 부부가 그들의 다른 재산에 관해서도 지급불능인지 여부는 중요하지 않다. 왜냐하면 특별

559 압류가 불가능하다는 점(민사소송법 제860조)은 처분가능성이 없다는 점(민법 제1419조)에 상응하는 것이다.

560 공동재산의 채무초과는 상속재산도산과 달리(Rdnr.495) 도산절차개시 근거가 아니다.

도산은 공동재산의 적극재산과 소극재산에만 관련되기 때문이다. 다만 채권자들은 부부에 대해서 개인적으로 청구를 할 수도 있다. 왜냐하면 이들은 공동재산채무에 대하여 연대채무자로서 책임을 부담하기 때문이다(민법 제1459조 제2항; Rdnr.502). 그러나 이러한 책임은, 각 배우자에 대해서도 도산절차개시근거가 존재하는 경우, 배우자들의 재산에 대한 별도의 도산절차에서 관철되어야 한다. 공동재산도산절차가 진행 중인 경우 이러한 개인책임청구권은 도산관리인이 행사한다(도산법 제334조).[561]

3. 계속된 부부공동재산제에서의 도산절차

계속된 공동재산제가 합의된 경우 일방 배우자의 사망으로 책임상 **509**
태가 악화된다. 일방 배우자의 사망으로 공동재산이 생존배우자의 채무에 대해서도 책임을 부담하게 되기 때문이다(민법 제1488조; Rdnr.503). 이로 인해 공동재산의 도산절차가 개시될 수 있다. 공동재산은 상속재산에 포함되지 않으므로(민법 제1483조 제1항 제3문), 상속재산도산은 가능하지 않다. 그러나 도산법은 계속되는 공동재산제에서의 공동재산에 대하여 특별도산절차를 허용하고 있다(도산법 제11조 제2항 제2호). 그리고 도산법 제332조 제1항은 이러한 특별도산절차에 상속재산도산에 관한 규정을 적용하고 있다. 상속재산도산과 다른 점은, 이 경우 도산채권자가, 공동재산으로부터 채권만족을 얻어야 하고 계속된 공동재산제가 개시된 시점(즉 상속개시 시점)에서 공동재산채권자로서 존재하는 채권자들에 한정된다는 점이다.[562] 그 외에는 Rdnr.492 이하의 서술이 적용될 수 있다.

---

561 이는 도산법 제93조에 상응하는 규정이다(Rdnr.239).

562 생존배우자의 고유채무는 이 요건을 충족하지 못한다. 왜냐하면 이 채무는 상속개시 시점에 비로소 공동재산채무가 되었기 때문이다(이 채무가 종전에 이미 민법 제1437조에 따라 공동재산채무에 해당하지 않는 상황을 전제로 한다. Rdnr.503). 상속개시 후 발생한 모든 채무도 이 요건을 충족하지 못한다.

12편

국제도산 개관

§ 38: 도산절차의 국경을 넘어선 효력

510

A. 입문

511 국제도산법은 실무에서 종종 발생하는 **국경을 넘어서는 사건**을 다룬다: 채무자가 외국에 주소를 갖고 있는 경우; 채무자가 국내에 주소를 갖고 있지만 채권자가 외국인인 경우; 채무자가 외국에 재산을 갖고 있는 경우; 채권자들을 위해 외국에서 담보권이 설정된 경우; 외국에서 도산절차가 개시되었고 도산관리인이 독일에 소재한 재산을 청구하는 경우 등.

512 **국제도산법의 기본질문**은 이러한 상황에서 제기된다. 우선 도산절차의 국제관할 문제가 제기된다(Rdnr.514). 그리고 (도산절차의) 국경을 넘어서는 효력확장이 문제된다. 국내에서 개시된 도산절차가 외국에 어떠한 효력을 갖는지, 즉 외국에 소재한 재산도 압류되고 도산관리인의 처분권이 인정되며 외국에서 진행 중인 법적 쟁송(爭訟)도 중단되는지 검토해야 한다(국내도산의 국외적 효력; Rdnr.516). 또한 국제도산법은 반대상황도 다룬다. 즉 외국에서 개시된 도산절차가 국내에서 승인될 수 있는지 문제된다(국외도산의 국내적 효력; Rdnr.518). 준거법 문제는 이와 밀접한 관련이 있다(Rdnr.522).

513 도산법 제335조 이하는 이러한 질문에 대한 **법적 근거**를 규정하고

있다. EU영역에서는 EU도산규정(EuInsVO)이 2002. 5. 31.부터 구속력이 있는 국제도산법을 규율하고 있다. 도산법시행법(EGInsO) 제102c조가 EU도산규정을 위한 시행규정이다. EU도산규정은 직접 적용되는 법으로서 EU의 다른 회원국과의 관계에서 도산법 제335조 이하의 규정보다 우선한다. 그러나 그 밖의 다른 나라와의 관계에서는 — 국제조약의 유보하에 — 원칙적으로 독일 국제도산법(도산법 제335조 이하)이 적용된다. 대부분의 도산사례가 유럽연합 영역 내의 외국과 관련하여 발생하므로, 이 장에서는 EU도산규정에 따른 법상황을 우선 살펴보고 독일 국제도산법 규정은 부수적으로만 언급한다.

B. 국제관할

외국과 관련이 있는 사안에서는 우선 어느 국가의 도산법원이 도 **514**
산절차를 관할하는지 문제된다. EU회원국의 경우 **EU도산규정 제3조**에서 그 답을 찾을 수 있다. 이 조항에 따르면 도산절차[563]의 경우 채무자의 주된 이익의 중심지(COMI)가 소재한 회원국의 법원이 관할한다. 국경을 넘어서는 사안에서 이러한 중심지를 특정하는 작업은 어려울 수 있다. 따라서 EU도산규정 제3조 제1항 제2 내지 4문은 추정규정을 두고 있다. 법인의 경우 등록된 사무소의 소재지를, 자연인의 경우 주된 영업소 또는 상거소지를 주된 이익의 중심지로 추정한다. 객관적이고 제3자가 확인할 수 있는 사정을 근거로 주된 이익의 중심지가 등록된 사무소가 아닌 다른 회원국에 있다는 점이 정당화된 경우, 이러한 추정은 번복될 수 있다.

563 EU도산규정 제6조는 도산절차와 밀접한 관련이 있는 소, 가령 부인의 소의 경우 도산절차개시를 관할하는 법원에 국제관할을 인정하고 있다. 판례에 따르면 이러한 국제관할은 제3국과의 관계에서도 유효하다(EuGH, 04.12.2014－C－295/13). 그러나 부인권이 양도된 경우는 그렇지 않다(EuGH, 19.04.2012－C－213/10).

515 **독일 국제도산법**은 국제관할에 관한 규정을 두고 있지 않다. 국제관할은 토지관할에 따른다는 일반원칙이 적용된다. 즉 도산법 제3조 및 (도산법 제4조를 통해) 민사소송법 제12조 이하가 준용되어야 한다.[564] 이는 채무자가 독일에 그의 독립적 경제활동의 중심지 또는 주소를 갖고 있는 경우 독일도산법원이 관할권을 갖는다는 것을 뜻한다(도산법 제3조 유추).[565] 또한 독일에 소재한 재산으로 인해 독일도산법원의 관할권이 인정될 수 있다(민사소송법 제23조와 관련된 도산법 제4조 유추). 그러나 이 경우 독일에 소재한 재산에 대해서만 특별도산절차가 진행될 수 있다(Rdnr.525).

C. 도산절차개시의 승인

Ⅰ. 국내도산의 국외적 효력

516 독일도산법원에 의해 도산절차가 개시된 경우, 외국에 소재한 채무자의 재산은 독일 국제도산법에 따라 도산재단에 속한다. 이 경우 독일법은 **보편주의 원칙**을 따른다. 이에 따르면 국내도산절차의 효력은 전 세계에 미친다. 독일연방공화국은 독일도산절차 개시의 효력이 외국에서도 승인되도록 요구해야 한다. 이 요구가 실제 관철될 수 있는지는 별개의 문제이다. 이는 다른 나라의 국제도산법에 달려있다. 왜냐하면 독일법이 다른 나라에게 절차개시의 압류효 및 강제집행금지효(도산법 제89조), 독일 도산관리인의 처분권(도산법 제80조 제1항)을 승인하도록 강제할 수 없음이 명백하기 때문이다. 외국이 독일도산절차의 효력을 인정하지 않는 경우, 외국에 소재한 채무자의 재산을 공

564 상속재산도산절차의 경우 도산법 제315조(Rdnr.492)가 적용된다.
565 그러나 경제활동의 중심지가 외국에 있는 경우 독일에 주소가 있는 것만으로는 충분하지 않다. AG Münster ZInsO 2000, 49, 50.

취한 제3자는 독일에서는 부당이득반환책임을 지게 될 것이다(민법 제812조). 또한 채무자는 도산재단 환가시 도산관리인을 지원할 의무가 있다(도산법 제97조 제2항). 따라서 가령 외국에서 법적 지위가 승인되지 않은 도산관리인에게는 대리권이 부여되어야 한다.

EU회원국의 경우 **EU도산규정 제19조**에 따라 상호승인이 이루어진다. 이에 따르면 한 회원국에서 도산절차가 개시되면, 다른 모든 회원국에서 — 별도의 집행판결 절차를 거칠 필요 없이 — 자동적으로 승인된다. 이 경우에도 보편주의 원칙이 적용된다(그러나 세부적으로는 보편주의 원칙이 수정된다 Rdnr.525). 승인이 이루어지면 **EU도산규정 제20조**에 따라 독일도산절차의 개시는 다른 모든 회원국에서도 독일에서와 마찬가지 효력을 갖게 된다. 따라서 외국에 소재하는 재산에 대한 압류, 이 재산에 대한 도산관리인의 처분권은 승인되어야 한다(**EU도산규정 제21조 이하**도 참조). **517**

Ⅱ. 국외도산의 국내적 효력

외국도산절차의 독일에서의 승인은 잦은 변동의 **역사**를 갖고 있다. 판례는 오랜기간 속지주의 원칙을 따랐다. 이 원칙에 따르면 외국도산절차의 효력은 국내에서 승인될 수 없다. 그러나 연방대법원은 1985년 보편주의원칙으로 선회함으로써 오랜 기간 학설상으로 주장되어 온 견해 — 도산절차 개시국가의 법에서 예정된 도산절차의 효력은 독일에서도 승인되어야 한다는 견해 — 를 따랐다. 판례에 따르면 이러한 승인은, 외국절차가 실질적으로 도산절차이고 외국법에 따라 유효하게 개시되었으며 외국도산법원이 국제관할을 가지고 있고 그 승인이 독일의 공서에 합치할 것을 요건으로 한다(민법시행법 제6조, 민사소송법 제328조 제1항 제4호). **518**

519 법률은 이러한 판례를 채택하였다. **도산법 제343조 제1항**에 따르면 외국에서 개시된 도산절차는, 절차개시법원이 독일법에 따를 때 국제관할이 있었고 그 승인이 독일의 공서에 반하지 않는 경우,—그것이 청산절차인지 회생절차인지, 주된 도산절차인지 부수적 도산절차인지 불문하고—국내에서 자동적으로 승인된다. 입법자는 보편주의 원칙을 근거로 그간 인정되어 오던 독일 국제도산법의 기본원칙을 성문법화 하였다.

520 EU회원국에서 도산절차가 개시된 경우, **EU도산규정 제19조**(Rdnr. 517)에 따라 독일에서도 승인이 이루어진다. 이는 유효한 도산절차개시를 전제로 한다. EU도산규정 제33조는 공서유보를 담고 있다. 그 효과는 보편주의 원칙을 따른다. 외국에서의 압류는 국내재산도 포함한다. 외국절차에서 도산관리인이 선임되었고 이 관리인이 외국법에 따라 처분권이 있다면, 그는 독일에 소재한 재산도 도산재단에 귀속시킬 수 있다. 그가 이를 위해 소송절차를 진행해야 하는 경우, 그는 독일법원에서 소송수행권한을 갖는다(EU도산규정 제21조 제2항 참조). 따라서 EU도산규정 제18조, 도산법 제352조, 민사소송법 제240조는 국내 법적 쟁송(爭訟)은 외국도산절차의 개시로 인해 국내법의 기준에 따라 중단된다고 규정한다.

521 위에서 언급된 규정들은 도산절차 개시결정뿐만 아니라 도산절차에서 전형적으로 이루어지는 **그 밖의 결정의 승인**도 포함한다(도산법 제343조 제2항, 제344조; EU도산규정 제32조). 보충적으로 민사소송법 제328조, 제722조 이하가 적용될 수 있다.

D. 준거법

522 보편주의 원칙에 따른 승인은 도산절차가 원칙적으로 그 도산절

차가 개시된 나라의 도산법(도산법정지법)에 따라 진행되는 결과를 가져온다. EU영역에서는 **EU도산규정 제7조 이하, 제20조 이하**가 이를 명시적으로 규정하고 있다. 가령 독일에서 도산절차가 개시된 경우 원칙적으로 독일도산법이 적용된다.[566] 따라서 EU도산규정 제21조에 따라 승인된(Rdnr.517) 압류효 및 독일 도산관리인의 권한은 독일법에 따라 정해진다(EU도산규정 제7조 제2항 b, c호). EU도산규정 제7조 제2항에 따르면 상계의 허용 여부(d호), 진행 중인 계약에 대한 효력(e호), 채권의 순위(i호), 채권신고를 하지 않은 경우의 효과도 마찬가지이다.

그러나 도산법정지법 우선원칙은 여러 방면에서 지켜지지 않는다. 가령 EU도산규정 제8조는 **물권**, 가령 담보권에 대하여 그 권리가 다른 회원국에 소재하는 경우 절차개시국가의 도산법이 적용되지 않는다고 규정한다. EU도산규정에 대한 제68번 이유에 따르면 이러한 물권의 근거, 유효성, 효력범위는 통상적으로 목적물소재지법에 따라 결정되고 도산절차 개시에 의해 영향을 받아서는 안 된다. 채무자 도산상황에서 담보권자는 외국법에 따른 뜻밖의 결과로부터 보호되어야 한다. 다수설에 따르면 이러한 보호는 물권이 도산법으로부터 완전히 배제됨으로써, 즉 목적물 소재지의 도산법도 적용되지 않음으로써 달성된다. **523**

부인권의 경우도 비슷하다. 부인권은 원칙적으로 도산절차개시국의 법에 따른다(EU도산규정 제7조 제2항 m호). 따라서 부인의 소는 EU도산규정 제6조에 따라 절차개시국 법원에 제기하여 소송이 계속될 수 있다.[567] 그러나 이러한 원칙을 제한하는 취지에서 EU도산규정 제16조는, 부인상대방이 부인대상 법적 행위 자체에 대하여 절차개시국법이 아닌 다른 나라의 법이 적용되고 다른 나라의 법에 따르면 해당 법적 행위는 부인가능한 행위가 아니라고 주장, 증명할 수 있다고 규 **524**

566 도산법 이외에 다른 법도 포함될 수 있다. 가령 유한책임회사법 제64조.

567 부인권이 양도되면 이러한 원칙은 더 이상 적용되지 않는다(EuGH, 19.04.2012 – C – 213/10). 그러나 이 판례의 타당성은 의심스럽다.

정한다. 이 경우에도 권리보유에 대한 신뢰가 외국도산절차로 인한 뜻밖의 결과로부터 보호되어야 한다.

E. 특별도산절차

525 도산절차가 개시된 경우에도 도산절차개시국이 아닌 다른 나라에 소재한 채무자의 일부재산에 대하여 특별도산절차를 진행하는 것은—그것이 주된 도산절차에 부수하는 절차이든, 주된 도산절차가 존재하지 않든 상관없이—의미가 있고 필요할 수 있다. EU영역에서는 **EU도산규정 제3조 제2 내지 4항, 제34조 이하**에 따라 채무자가 두 번째 나라에 조직적으로 그리고 인적으로 확고한 사무소를 갖고 있는 경우에만 특별도산절차가 가능하다; 단지 두 번째 나라에 재산이 존재한다는 것만으로는 충분하지 않다. 독일에서는 두 번째 주된 도산절차가 신청될 수도 없고 진행될 수도 없다(도산법시행법 제102c조 §§2, 3) 그러나 절차가 중지될 때까지 이루어진 조치는—독일의 주된 도산절차 개시가 외국절차를 모르고 이루어진 경우에 한하여—도산법시행법 제102c조 §3 제2항에 따라 유효하다.

526 독일국제도산법에서는 **도산법 제356조**에 따라 외국도산절차의 승인은 국내에 소재한 재산에 한정된 국내 특별도산절차를 배제하지 않는다. 독일에 소재한 채무자 재산에 한정된 특별도산절차는 도산법 제354조에 따라 외국도산절차가 그 전에 개시되지 않은 경우에도 개시될 수 있다. 외국에서 도산절차가 이미 개시된 경우, 독일에서의 특별도산절차가 추가적으로 개시될 수 있다. 이 경우 개시근거를 증명할 필요는 없다(도산법 제356조 제3항). 채권자와 외국 도산관리인이 신청권을 갖고, 채무자는 신청권자가 아니다. 왜냐하면 채무자는 외국도산절차의 개시로 인해 그의 처분권을 상실하였기 때문이다.

13편

도산형법

§ 39: 도산관련 형사처벌규정 개관

527

A. 일반론

도산형법은 도산법의 목적 — 채권자들의 청구권을 질서 있고 평등하게 만족시키는 것 — 을 실현하기 위해, 도산재단을 모든 채권자들의 이익을 위해 확보한다는 관점에서 도산법 규율을 보충한다. 그러나 특별 파산범죄의 영역에서 처벌규정을 관철하는 것은 특히 어렵다. 증명의 어려움, 도산관리인과 검사의 협력 부족, 형사제재의 불충분한 억제효과 때문이다. 도산형법만으로는 경제거래의 실효적 보호를 보장할 수 없다. 도산절차 안에서는 도산범죄가 잔존채무면책과 관련이 있다(도산법 제297조, 제290조 제1항 제1, 2호). 이 규정들에 따르면, 형법 제283 내지 283c조 상의 범죄 또는 형법 제263조 이하의 사기범죄를 저지른 경우 면책이 부정될 수 있다. 528

B. 개념

도산형법은 좁은 의미의 도산범죄와 넓은 의미의 도산범죄로 나뉜다. 좁은 의미의 도산범죄는 형법 제283 내지 283d조의 범죄{파산, 장부작성의무 위반, 채권자 또는 채무자 비호}와 도산법 제15a조 제4, 5항 529

의 범죄(도산절차신청지연)를 뜻한다. 이는 특수한 범죄이다. 왜냐하면 이들은 나중에 도산채무자가 된 자가 실질적으로 도산상태에 있을 것을 구성요건으로 하기 때문이다. 넓은 의미의 도산범죄는 모든 일반적 범죄구성요건을 충족하는 행위로서, 종전에 존재하였거나 현재 도래한 도산상황과 관련하여 채권자, 국가, 제3자에게 손해가 되는 방향으로 이루어진 행위를 뜻한다. 가령 사기(형법 제263조), 배임(형법 제266조), 임금의 체불 및 횡령(형법 제266a조). 상법 제331조 이하의 회계관련형법과 질서위반법은 도산형법에 속하지 않는다.

C. 좁은 의미의 도산범죄

530 형법전 제24장의 범죄구성요건이 도산형법의 핵심영역이다. 그 중에서도 형법 제283조에 따른 **파산의 죄**가 핵심이다. 이 규정에 따르면 자신의 실질적 도산상태, 즉 도산법 제17조 이하에 따른 도산절차개시 원인(Rdnr.101 이하)을 고의로 야기하거나(제2항) 실질적 도산상태가 발생한 뒤 제1항 제1 내지 8호에 규정된 행위를 한 자는 처벌된다. 처벌대상 행위로는 나중에 도산재단이 될 재산을 감소시키거나 숨기는 행위, 소극재산을 신뢰할 수 없게 증가시키는 행위, 장부작성의무 위반 등이 있다. 제3항에 따라 미수도 처벌된다. 형법 제283a조는 특히 중한 사안을 규정하고 있다. 채무자 요건은 형법 제14조에 따른 특수한 인적 표지이기 때문에 그 조항에서 언급하고 있는 회사의 기관이나 대리인도 행위자가 될 수 있다.

531 형법 제283b조에 따르면 **장부작성의무 위반**과 허위장부의 비치도 처벌된다. 이 규정은 도산절차개시 요건의 존재를 전제로 하지 않는다는 점에서 형법 제283조 제1항 제5 내지 7호의 특별규정과 다르다.

532 형법 제283c조는 **채권자 비호**(**채권자에게 이익을 공여하는 행위**)를

처벌한다. 행위자가 자신의 지급불능 사실을 알면서 채권자에게 비본지 담보나 채권만족을 제공하였고(Rdnr.262) 이를 통해 의도적으로 또는 알면서 다른 채권자들보다 그 채권자를 우대한 경우, 채권자 비호가 있는 것이다. 이 경우 형법 제283조 제1항 제1호(책임재산 은닉, 손상 등)의 우선적용 여부도 문제된다.

형법 제283d조는 **채무자 비호**(**채무자에게 이익을 공여하는 행위**)를 규율하고 있다. 이 규정에 따라 외부의 제3자가 ① 채무자 지급불능 우려를 알면서, 또는 ② 지급정지 후이거나 채무자의 도산절차에서, 채무자의 재산(도산절차가 개시되면 도산재단에 속할 재산)을 채무자의 동의를 받아 또는 채무자의 이익을 위해 은닉하거나, 정상적인 경영의 요청에 반하는 방법으로 멸실, 손상, 사용불가능하게 한 경우 처벌된다. **533**

형법 제283조 제6항(및 위 조항을 준용하는 형법 제283b조 제3항, 제283c조 제3항, 제283d조 제4항)에 따르면 행위자가 그의 지급을 정지하였거나, 그의 재산에 대하여 도산절차가 개시되었거나, 도산절차 개시신청이 재단부족으로 기각되었다는 점이, 형법 제283조 이하 범죄의 **객관적 처벌조건**이다. **534**

도산법 제15a조 제4, 5항에 따른 **도산절차신청 지연**의 구성요건은 실무상 중요한 의미가 있다. 도산신청의무위반죄는 형식범죄(또는 거동범죄: Formaldelikt)로서 증명이 쉽지 않은 다른 도산범죄에 대한 보충적 구성요건으로 기능한다. 또한 도산법 제15a조는 민법 제823조 제2항에 따른 보호규범(채권자들을 위한 보호규범)으로서 손해배상책임과도 관련이 있다(Rdnr.98). **535**

D. 넓은 의미의 도산범죄

도산상황을 배경으로 일반적 범죄가 종종 발생한다. 따라서 넓은 **536**

의미의 도산범죄의 실무상 중요성은 크다. 가령 형법 제263조, 제265b조의 **사기죄 구성요건**이 그러하다. 사기는 이미 위기가 발생하였음에도 불구하고 물건이나 용역의 주문이 이루어지는 방식으로 종종 일어난다(공급자 기망, 물품기망. 형법 제263조). 영업이나 사업에 신용을 조달하거나 유지하기 위해 허위 또는 불완전한 진술을 한 자는 신용사기죄(형법 제265b조)를 범한 것이다. 가령 허위 또는 불완전한 장부, 이익 및 손실계산서를 제출하는 것, 제출된 서류에서 서술된 경제적 관계가 악화되었다는 점에 관하여 알리지 않는 것은 신용사기죄의 구성요건에 해당한다. 형법 제265b조 제2항에 따르면 행위자가 신청된 급부를 저지하거나 자의로 진지하게 저지하기 위해 노력한 경우 처벌하지 않는다.

537 회사법의 영역에서는 형법 제266조의 **배임죄 구성요건**도 중요한 의미를 갖는다. 그에게 부여된 재산보호의무를 위반하거나 남용한 자, 그가 보호해야할 재산이익의 보유자에게 손해를 가한 자는 배임죄를 범한 것이다. 가령 업무집행 대표자가 회사가 자기자본으로서 처분권을 갖고 있어야 할 재산을 자신의 이익을 위해 사용한 경우 배임죄 구성요건이 충족된다.

538 형법 제266a조에 따른 **임금 체불 및 횡령죄**도 도산상황을 배경으로 종종 이루어지는 범죄이다. 이 조항은 사회보장기관(의료보험) 및 연방노동청(노동관청)에 지급되어야 할 근로자의 임금부분을 유보하고 있는 모든 행위자를 대상으로 한다. 이에 따르면 사용자[568]가 도산상황에 놓인 기업의 현금 유동성을 유지하기 위해 임금은 지급하지만, 그에 해당하는 사회보장기여금은 지급하지 않은 경우 처벌된다.

568 형법 제14조가 적용되므로 유한책임회사의 경우 업무집행 대표자가 — 회사내부관계에서 업무집행대표자의 권한과 상관없이(BGH ZIP 2017, 224) — 처벌된다.

조문색인

(번호는 방주번호를 가리킴)

EGBGB : 민법시행법

EGInsO : 도산법시행법

EuInsVO : EU도산규정

FamFG : 가사소송 및 비송사건 절차법

FGG : 비송사건절차법

GBO : 토지등기법

GenG : **협동조합법**

GewO : **영업법**

GG : **기본법(헌법)**

GmbHG : **유한책임회사법**

GVG : **법원조직법**

HGB : **상법전**

InsO : **도산법**

KO : 구 파산법

ZVG : 강제경매 및 강제관리법

사항색인

(번호는 방주번호를 가리킴)

ㅇ

저자 약력

Reinhard Bork

뮌스터 대학 졸업, 1차 사법시험(1980)
2차 사법시험(1982)
박사논문, 뮌스터 대학(1984)
교수자격논문, 뮌스터 대학(1988)
본 대학 교수 역임
현 함부르크 대학 법과대학 교수
E-Mail: bork@uni-hamburg.de

역자 약력

최준규

서울대학교 법과대학 졸업(2003)
서울대학교 법학박사(2012)
사법연수원 34기(2005)
해군법무관, 서울중앙지방법원 판사, 한양대학교 법학전문대학원 교수 역임
현 서울대학교 법학전문대학원 부교수
E-Mail: kyu77@snu.ac.kr

제 9 판
독일도산법

제 9 판발행 2021년 1월 10일

지은이 Reinhard Bork
옮긴이 최준규
펴낸이 안종만 · 안상준

편 집 이승현
기획/마케팅 조성호
표지디자인 이미연
제 작 고철민 · 조영환

펴낸곳 (주) 박영사
서울특별시 금천구 가산디지털2로 53, 210호(가산동, 한라시그마밸리)
등록 1959. 3. 11. 제300-1959-1호(倫)
전 화 02)733-6771
f a x 02)736-4818
e-mail pys@pybook.co.kr
homepage www.pybook.co.kr
ISBN 979-11-303-3724-1 93360

정 가 28,000원